ALTER ANGEBER!

Leinenaggression bei Hunden verstehen und beheben

Patricia B. McConnell
Karen B. London

KYNOS VERLAG

Titel der englischen Originalausgabe: *Feisty Fido*
Help For The Leash Aggressive Dog

© 2003 by Dog's Best Friend, Ltd., USA

Aus dem Englischen übertragen von Gisela Rau

Titelbild: Dog's Best Friend, Ltd.

© 2008 für die deutsche Ausgabe
KYNOS VERLAG Dr. Dieter Fleig GmbH
Konrad-Zuse-Straße 3 • D – 54552 Nerdlen / Daun
Telefon: +49 (0) 6592 957389-0
Telefax: +49 (0) 6592 957389-20
http://www.kynos-verlag.de

Gedruckt in Hong Kong

ISBN 978-3-938071-53-3

Das Werk einschließlich aller seiner Teile ist urheberrechtlich
geschützt. Jede Verwertung außerhalb der engen Grenzen des
Urheberrechtsgesetzes ist ohne schriftliche Zustimmung des
Verlages unzulässig und strafbar. Das gilt insbesondere für
Vervielfältigungen, Übersetzungen, Mikroverfilmungen und die
Einspeicherung und Verarbeitung in elektronischen Systemen.

EINLEITUNG

In jeder Nachbarschaft gibt es mindestens einen »alten Angeber«, der viel Chaos anrichten kann, denn er bellt und zerrt wütend an der Leine, wenn er nur einen anderen Hund sieht. Schlimm genug, wenn der Hund von jemand anderem Ihre Wohngegend terrorisiert, aber noch schlimmer, wenn Ihr eigener Hund der Schwerenöter ist. Sicher möchten Sie, dass Ihr Hund sich höflicher aufführt, wissen aber nicht, wie Sie ihn dazu bringen sollen. Viele Besitzer solcher Hunde wagen sich irgendwann gar nicht mehr zum Spazierengehen auf die Straße. Es entsteht ein Teufelskreis – mangelnde Bewegung und mangelnde geistige Anreize führen zu einem Hund, der schwieriger unter Kontrolle zu halten ist, wenn man mit ihm spazieren geht. Die Spaziergänge werden also immer weniger und die Probleme immer mehr. Oh je ... das könnte durchaus einer dieser Momente sein, an denen man sich als Hundehalter fragt, warum man sich eigentlich überhaupt je einen Hund angeschafft hat.

Falls diese Beschreibung auf Ihren Hund zutrifft: Kein Grund zur Verzweiflung! Es gibt eine Menge guter Neuigkeiten für Menschen, deren Hunde sich daneben benehmen, wenn sie draußen anderen Hunden begegnen. Wenn Ihr Hund beim Spazierengehen an der Leine andere Hunde anbellt und dabei nach vorne zerrt, dann lassen Sie sich vor allem versichern, dass Sie mit diesem Problem nicht allein sind. Dieses Verhaltensproblem kommt sehr häufig vor, sogar bei Hunden, die problemlos mit anderen spielen, wenn sie frei auf einer Wiese oder im Park laufen dürfen.

Auch wenn Leinenaggression gegen andere Hunde anfangs für Probleme ohne Ende sorgen kann, ist sie doch eins unserer Lieblings-Verhaltensprobleme, weil sie in der Therapie eine so hohe Erfolgsquote hat. Fast alle Hunde, die an der Leine vorbeigehende andere Hunde aggressiv anbellen, anspringen und bedrohen, können »Straßenmanieren« lernen, sodass die stressigen Spaziergänge wieder entspannt werden können.

Seien Sie sich aber auch darüber im Klaren, dass dieses kleine Buch nicht dazu gedacht ist, Hunde zu produzieren, die sich in jeder Situation mit allen anderen Hunden gut vertragen. Wenn Ihr Hund auch dann Aggressionen gegen Artgenossen zeigt, wenn er frei und unangeleint ist, dann wird dieses Buch aus ihm nicht den Typ machen, der in jeder Hundetagesstätte der Liebling ist. Was Sie mit unserer Hilfe auf den folgenden Seiten aber erreichen können, ist, dass Sie mit Ihrem angeleinten Hund in der Nähe anderer Hunde spazieren gehen können, sei es den Bürgersteig entlang oder auf dem Weg zur Tierarztpraxis. Sie werden erreichen, dass Ihr Hund höflich an anderen Hunden vorbeigeht, anstatt jedes Mal eine Szene zu machen.

Warum macht mein Hund das?

Wir können nicht mit Gewissheit sagen, warum so viele Hunde an der Leine grob und aggressiv werden, wenn sie an anderen Hunden vorbeigehen sollen, aber wir können ein paar wohlbegründete Vermutungen anstellen. Manche Hunde haben offenbar das Gefühl, in der Falle zu sitzen, wenn sie angeleint sind und sich ein anderer Hund nähert.

Wenn man eigentlich Angst hat, ist es das Schlimmste überhaupt, sich auch noch verletzlich zu fühlen – und ein angeleinter Hund weiß, dass er nicht weglaufen kann. Hunde, die aus diesem Grund wütend auf andere Hunde losschießen, handeln nach dem Motto »Angriff ist die beste Verteidigung« und »Ich kriege dich, bevor du mich kriegst.«

Es gibt viele Gründe dafür, warum Hunde vor anderen Hunden, die ihnen unterwegs begegnen, Angst haben können. Manche haben vielleicht bereits schlechte Erfahrungen gemacht, andere wurden vielleicht nie richtig mit fremden Hunden sozialisiert und fühlen sich nur in der Nähe von Hunden wohl, die sie kennen. Wieder andere sind von Natur aus scheu gegenüber anderen Hunden, obwohl die Besitzer sich viel Mühe mit der Sozialisation gegeben haben. Die Genetik spielt in allen Bereichen des Hundeverhaltens eine große Rolle. Besonders Scheu ist in hohem Maße erblich, sodass selbst gut sozialisierte Hunde mit diesem Merkmal ängstlich gegenüber fremden Hunden bleiben können. Aber egal, ob frühe Umwelterfahrungen oder Genetik schuld sind (vermutlich eher beides zusammen) – wichtig zu wissen ist: Hunde, die grundsätzlich misstrauisch gegenüber sich nähernden fremden Hunden sind, können mit Bellen und Attackierversuchen auf einen Hund reagieren, der ihnen Angst macht. Nur, weil ein Hund auf andere bedrohlich und furchterregend wirkt, heißt das noch lange nicht, dass er nicht auch selbst Angst hat. (Der Hund auf dem Titelbild mit seinen weit aufgerissenen Augen ist übrigens ein perfektes Beispiel dafür.)

Aber nicht alle reaktiven Hunde handeln aus Angst vor anderen Hunden so. Manche regen sich auch aus anfänglicher Freude so auf, wenn sie einen anderen Hund sehen, dass sie sich in einen regelrechten Wahn hineinsteigern. Wenn sie mit dem anderen keinen Kontakt aufnehmen können, drehen sie sich so in eine Spirale der Aufregung hinein, dass nicht nur die Besitzer keine Kontrolle mehr über sie haben, sondern auch sie selbst ihre Reaktionen nicht mehr im Griff haben. Ein hohes Maß an gefühlsmäßiger Erregung kombiniert mit Frustration ist ein häufiger Faktor, der manche Hunde dazu bewegt, andere anzubellen und in deren Richtung loszuspringen. Anfangs springt der Hund vielleicht nur nach vorn, weil er gern mit dem anderen Hund spielen möchte, aber wenn er dann wieder und wieder von der Leine aufgehalten wird, lernt er möglicherweise, die Annäherung eines anderen Hundes mit Frustration zu assoziieren. Und wie wir alle von uns selbst wissen, kann Frustration Aggression genauso anheizen wie Öl, das man ins Feuer gießt.

Das perfekte Beispiel dafür sind genervte, frustrierte, aggressive Autofahrer. Es kann also sein, dass der Hund anfangs nur mit einem Kumpel spielen will, aber sich seine ganze Energie und Frustration nach Monaten und Jahren des Festgehaltenwerdens in einen wahren Hexenkessel unkontrollierter Gefühle verwandelt. Ein Hund mit der Neigung, sich schnell aufzuregen und Frustrationen schlecht zu ertragen, kann den abendlichen Spaziergang für seinen Besitzer zu einem wahren Albtraum werden lassen. Leider können manche Hunde mit diesen Neigungen wirklich ernsthaft aggressiv werden und lassen vielleicht irgendwann ihre Frustration an irgendeinem unglücklichen Hund aus, der zufällig gerade zu nahe kam.

Eine andere Erklärung für das aggressive Verhalten gegen Artgenossen an der Leine ist eine mögliche erlernte Assoziation zwischen dem Anblick eines Hundes und dem unangenehmen Gefühl, vom Halsband gewürgt zu werden. Man kann sich gut vorstellen, was ein solcher Hund in etwa denken würde, wenn er denn so denken würde wie wir: »Immer wenn ich an der Leine bin und einen anderen Hund sehe, wird mir wehgetan. Am besten begegne ich heute überhaupt keinen Hunden. Oh nein, Mist, da kommt einer! HEJ DU DA! Bleib mir vom Leib! Rrrrrrrrr ... wau wau wau (und einiges, das besser ungedruckt bleibt). Wenn du mir näher kommst, tut man mir weh!« Leider wird vielen Hundebesitzern geraten, sie sollten jedes Mal streng an der Leine rucken, wenn ihr Hund sich auf einen anderen Hund zubewegt oder ihn anknurrt. Das aber verstärkt leider nur den Argwohn des Hundes gegenüber anderen Hunden und macht alles noch schlimmer. Davon abgesehen führt die dramatische Szene, die der Hund aufführt, meistens auch noch dazu, dass der andere Hund weggeht – so hat er trotz der Leinenkorrektur letzen Endes erreicht, was er wollte.

Andererseits gibt es aber auch Hunde, die einfach Grobiane und Bulldozer-ähnliche Typen sind und offenbar Spaß an ihrer eigenen groben Angeberei haben. Diesem Typ von Hund kann man eine höflichere Reaktion beibringen, aber es ist schwieriger, ihn auch in Situationen ohne Leine künftig zu besserem Verhalten gegenüber anderen Hunden zu bewegen.

Hunde, die wenig Erfahrung mit anderen Hunden haben, lernen auch oftmals nur schwierig, wie man denn richtig spielt. Höfliches Spielen von unangeleinten Hunden untereinander ist ein Thema, das ein eigenes Buch verdienen würde und den Rahmen dieses Büchleins sprengt. Falls Sie aber einen Hund besitzen, der sich sowohl unangeleint rüpelhaft benimmt als auch an der Leine andere anbellt, dann sorgen Sie unter allen Umständen dafür, zuerst das Verhalten an der Leine zu ändern, ehe Sie zum nächsten Schritt übergehen.

Was also soll der Besitzer tun?

Auf gewisse Weise ist die Lösung einfach. Bellen und Attackieren sind nur eine der möglichen Reaktionen auf die Anwesenheit eines anderen Hundes, und so gut wie jedem Hund kann man auch eine andere Reaktion beibringen. Viele Hunde, die sich so benehmen, scheinen sich gar nicht darüber im Klaren zu sein, dass es auch Alternativen gibt, so, als ob sie nur ein einziges Softwareprogramm installiert hätten. Viele Hunde nehmen es aber dankbar an, wenn man ihnen eine alternative Reaktion zeigt und manche scheinen sogar regelrecht erleichtert darüber zu sein. Wenn Sie Ihrem Hund zum Beispiel beibringen, auf den Anblick eines anderen Hundes damit zu reagieren, dass er Sie anschaut anstatt auf den anderen zuzustürzen, haben Sie Ihr Problem im Grunde gelöst. Klingt einfach und ist es in gewisser Hinsicht auch. Aber hören Sie noch nicht zu lesen auf: »Einfach« ist nicht das gleiche wie »leicht«. Wie kompliziert ist der Vorgang, einen Golfball in ein Loch im Boden zu befördern? Es ist ganz simpel zu beschreiben, aber man braucht viel Erfahrung und Übung, damit man es immer und unter verschiedenen Bedingungen schafft. Ihrem Hund beizubringen, Sie jedes Mal beim Anblick eines anderen Hundes anzuschauen, verlangt genauso viel Übung wie das Golfspielen, bis sowohl Ihre Reaktionen als auch die Ihres Hundes automatisch geworden sind.

Wir besprechen in diesem kleinen Buch zwei verschiedene Verhaltensalternativen, die Ihr Hund lernen kann – und die er dann irgendwann vorführreif jedes Mal zeigen wird, wenn er einen anderen Hund sieht. Sie werden lernen, wann und wo Sie welche davon am besten einsetzen, damit Sie immer wissen, was zu tun ist, wenn Sie einen anderen Hund treffen. Wir haben auch Rat für Besitzer, deren Hunde so große Angst vor anderen Hunden haben, dass sie diese noch nicht einmal ansehen wollen oder dazu, was Sie tun sollen, wenn Sie auf einen frei laufenden Hund treffen und wie Sie Ihre Spaziergänge planen, damit Sie diesen verflixten Begegnungsdramen auf dem Bürgersteig aus dem Weg gehen.

Alle hier vorgestellten Ideen wurden über viele Jahre hinweg in der Arbeit mit Kunden und ihren leinenaggressiven Hunden entwickelt und erprobt. All diese Jahre und all diese Kunden haben uns vor allem eins gelehrt, nämlich dass die Hunde sich besser benehmen, wenn sie und ihre Besitzer eher an der Perfektionierung einiger weniger grundlegender Übungen arbeiten anstatt viele verschiedene Signale zu lernen, die alle nur manchmal funktionieren. Zunächst mag es so aussehen, als ob diese Übungen zu simpel seien, um wirklich nützen zu können. Sie klingen in

Ihren Ohren vielleicht ein bisschen so wie »Nehmen Sie zwei Aspirin und rufen Sie mich morgen wieder an.« Aber nochmals: »Simpel« heißt nicht »leicht«! Das Verzwickte in unserem Fall liegt darin, die Übungen unter allmählich, aber ständig steigenden Ablenkungsreizen aus der Umwelt zu trainieren. Am meisten helfen Sie Ihrem Hund, wenn Sie immer ganz genau wissen, wie stark die Ablenkungen derzeit für ihn sind, unter denen Sie von ihm Mitarbeit verlangen und wenn Sie realistische Erwartungen dazu haben, was er in unterschiedlichen Situationen leisten kann. Wenn Sie sich Schritt für Schritt durch steigende Ablenkungen hindurcharbeiten, werden Sie beide irgendwann auch mit der Art von überraschenden Begegnungen zurechtkommen, die Ihnen jetzt noch jeden Feierabend verdirbt.

Die Zukunftsperspektive

Und so könnte Ihr Leben aussehen, wenn Sie und Ihr Hund sich an den Plan halten:

Wenn Ihr Hund einen anderen Hund kommen sieht, wird er automatisch von diesem weg und zu Ihnen hochschauen, ohne dass Sie etwas sagen müssen. Wir nennen das gern den »Selbstgucker«. Es ist absolut irre, wie viele Hunde das lernen können – selbst solche, die sich vorher wie komplett Wahnsinnige benommen haben, wenn sie einen anderen Hund nur von weitem gesehen haben. Mit etwas Zeit werden die meisten Hunde lernen, höflich an einem anderen Hund vorbeizugehen und dabei auf ihre Besitzer zu achten. Und falls ein anderer Hund da auftauchen sollte, wo Sie am wenigsten mit ihm rechnen, dann drehen Sie und Ihr Hund sich einfach nonchalant um und schreiten in die andere Richtung. (Wir nennen das Kehrtwende.) Nehmen wir zum Beispiel einmal an, Sie werden von einem Hund überrascht, der Ihnen um die Ecke entgegenkommt und nur noch ein paar Schritte von Ihnen entfernt ist. Kein Bellen und Zerren von Ihrem wohlerzogenen Hund, der willig an Ihrer Seite den Schwierigkeiten aus dem Weg geht und eine Konfrontation vermeiden hilft, anstatt sich an einer zu beteiligen.

Sie und Ihr Hund werden einen Notfallplan für den Fall haben, dass frei laufende Hunde auf Sie zugerannt kommen (das »Not-Sitz und Bleib«). Ihr Hund wird sich verlässlich hinter Sie setzen und dort bleiben, während Sie Ihre neu erworbenen Fähigkeiten an den auf Sie zustürmenden Hunden anwenden. Ihr Hund wird in jeder Situation mehr emotionale Stabilität haben und sich nicht mehr in eine endlose Spirale der Aufregung hineinsteigern.

Bereiten Sie sich vor

Beginnen Sie mit einer Überprüfung Ihres Handwerkzeugs und fragen Sie sich, ob Ihr Halsband-Leinen-System Ihnen hilft oder eher gegen Sie arbeitet. Verwenden Sie unbedingt eine Leine, die Ihnen die beim Training Ihres Hundes nötige Präzision erlaubt. Wir empfehlen Leder- oder Nylonleinen von etwa zwei Metern Länge. Machen Sie einen Bogen um Ausziehleinen aller Art, denn sie geben Ihnen nicht die Kontrolle, die Sie brauchen, um Ihren reaktiven Hund aus Schwierigkeiten herauszuhalten.

Noch wichtiger bei der Arbeit mit einem reaktiven Hund ist das Halsband, machen Sie sich also auch darum ein paar Gedanken. Halsbänder mit Strafwirkung wie Stachel- oder Würgehalsbänder können die Sache schlimmer machen – wir meiden sie wie die Pest.

Eine viel bessere Alternative, die bei fast allen Hunden funktioniert, ist ein Halti®, das aussieht und funktioniert wie ein Kopfhalfter beim Pferd. Weil es den Kopf des Hundes kontrolliert, ermöglicht es Ihnen damit eine humane Kontrolle über das gesamte Verhalten Ihres Hundes. Mit einem Kopfhalfter nutzen Sie nicht nur die Gesetze der Physik zu Ihren Gunsten, sondern Sie vermeiden auch, dass bei einem Hund, der schon eine Assoziation zwischen der Annäherung eines Hundes und dem Gefühl des Gewürgtwerdens am Hals gebildet hat, eine unerwünschte Reaktion ausgelöst wird. Kopfhalfter sind außerdem sicherer, weil der von normalen Halsbändern ausgeübte Druck ernsthafte Schäden an Kehle und Wirbelsäule Ihres Hundes anrichten kann.

Wenn Sie zu einem Kopfhalfter wechseln, dann erwerben Sie es von jemand, der sich mit seinem Gebrauch auskennt, denn das richtige Anpassen ist sehr wichtig. Die meisten Hunde kommen gut damit zurecht, aber alle müssen sich erst in Ruhe an die neuen Strippen und Riemen um ihren Kopf gewöhnen können, bevor sie damit spazieren gehen. Nur ein kleiner Prozentsatz von Hunden akzeptiert Kopfhalfter gar nicht oder hat Verletzungen an Hals oder Wirbelsäule, die ihren Gebrauch ausschließen. Bei solchen Hunden funktionieren oft spezielle Führgeschirre gut, bei denen der Ring für die Leine nicht oben auf dem Rücken, sondern vorn auf der Brust angebracht ist. So wird dem Ziehen an der Leine vorgebeugt, das die üblichen Geschirre eher fördern. Manche Hunde kommen damit besser zurecht als mit Kopfhalftern und akzeptieren sie schnell.

Wenn Sie einen kleinen Hund haben, kann auch ein normales Geschirr gut funktionieren, bei dem die Leine am Rücken befestigt wird. Wenn Ihr Hund schwerer als sechs bis zehn Kilo ist, versetzt ihn ein normales Geschirr aber nur in die Lage, zu ziehen wie ein Ackergaul. Halsbänder mit so genanntem Martingale-Verschluss können sinnvoll für Hunde sein, die zu groß für Geschirre sind, aber kein Kopfhalfter akzeptieren. Sie ziehen sich bei Belastung nur so weit zu, dass sie zwar fest um den Hals des Hundes sitzen und dieser nicht herauskann, sie aber keine Schäden verursachen können. Die richtige Weite muss vorher eingestellt werden. Der Nachteil ist, dass Hunde damit immer noch eine Assoziation zwischen »Zug am Hals« und »fremdem Hund« lernen können, probieren Sie also zuerst andere Alternativen aus.

Bei einigen sehr reaktiven Hunden funktioniert es in der Anfangsphase des Trainings am besten, wenn der Halter mit zwei Leinen gleichzeitig arbeitet – eine am normalen Schnallenhalsband und die andere am Kopfhalfter. Dieses System bietet mehr Sicherheit – wir haben schon mehrfach erlebt, wie stabil aussehende Leinen zerrissen sind. Bei manchen Hunden kann also eine zusätzliche Sicherung nicht schaden. Natürlich hat der Besitzer mit den zwei Leinen auch mehr zu sortieren, was wiederum ein Nachteil ist. Wenn Ihr Hund gerne versucht, sich aus dem Halsband zu ziehen, können Sie ein Halsband mit Martingale-Verschluss zusammen mit einem Kopfhalfter verwenden und die Leine aus Sicherheitsgründen an beidem befestigen.

Wenn ein Hund schon einmal einen anderen Hund verletzt hat oder seine Aggression auf den Besitzer umgeleitet und diesen gebissen hat, kann ein Maulkorb in den späteren Trainingsphasen eine Hilfe sein. Der Hund muss aber mit vielen Leckerchen sorgfältig daran gewöhnt werden und darf den Maulkorb anfangs nur sehr kurz tragen (wenige Sekunden!), damit er lernt, ihn zu tolerieren oder sogar zu mögen. Er muss gut passen, damit er für den Hund bequem ist und dieser frei atmen kann.

Befestigen Sie den Kopfriemen des Maulkorbs zusätzlich am normalen Halsband Ihres Hundes, damit er nicht mit den Pfoten abgestreift werden kann. Passen Sie immer auf, dass ein Hund mit Maulkorb sich nicht überhitzt. Hunde müssen ihren Fang öffnen können, um sich abzukühlen, weshalb Sie Maulkörbe nicht an heißen Tagen, bei größerer Anstrengung oder für kurznasige Rassen verwenden sollten, die ohnehin schon Schwierigkeiten mit der normalen Atmung haben.

Im Anfangsstadium des Trainings arbeiten wir nie mit Maulkörben, weil sie nicht nötig sind, wenn die Hunde noch weit voneinander entfernt sind. Sobald sich die Hunde aber nahe kommen, können sie sowohl für die Besitzer als auch für die Hunde eine große Hilfe sein.

Gehen Sie nie ohne Leckerchen aus dem Haus!

Gute Futterbelohnungen oder interessante Hundespielsachen sind für den Trainingserfolg unerlässlich. Sie müssen mit einer beeindruckend starken Konkurrenz um die Aufmerksamkeit Ihres Hundes kämpfen, also ziehen Sie nicht mit ein paar krümeligen Hundekeksen oder ein paar Bröckchen Trockenfutter bewaffnet los.

Sie müssen erreichen, dass Ihr Hund wirklich unbedingt und dringend das haben möchte, was Sie da Tolles in der Tasche haben. Machen Sie sich also ein paar Gedanken, welche Art von Futterbelohnung Sie im Training einsetzen. Ein häufiger Fehler ist, es mit einem zweit- oder drittklassigen Leckerchen zu versuchen und dann aus dem Ergebnis zu schließen, dass der Hund sich nichts aus Futterbelohnung macht. Außerdem kann es sein, dass Ihr Hund nach einem mittelmäßigen Leckerchen ganz verrückt ist, solange er sich im Wohnzimmer befindet, das gleiche Leckerchen aber draußen im Garten ignoriert. Suchen Sie also etwas aus, das Ihr Hund unter allen möglichen Umständen haben möchte. Immerhin ist »Futter« ein ziemlich weiter Begriff. Ist nicht auch Ihre eigene Reaktion auf altes Brot eine andere als auf warme, frische, duftende Zimtröllchen? Auch Ihr Hund hat Vorlieben! Experimentieren Sie also ein bisschen herum und finden Sie heraus, was für ihn der Gipfel der Genüsse ist und arbeiten Sie dann damit in den nachfolgenden Übungen. Dabei hat immer Ihr Hund das letzte Wort darüber, was ein gutes Leckerchen ist und was nicht. Wenn er Hühnchen liebt und sich von Leber abwendet, dann versuchen Sie es mit Leber nicht weiter, nur weil schließlich »alle Hunde Leber mögen«. Vielleicht hat Ihrer das Kapitel nicht gelesen, in dem es heißt »alle Hunde mögen Leber«, wird Ihnen aber gerne mitteilen, was er stattdessen mag. Egal, was die schlauen Bücher dazu sagen. Ihr Hund wird diese Versuchsreihe heiß und innig lieben und Ihnen aus tiefstem Herzens dafür danken, dass Sie dieses Buch gekauft haben.

Verstauen Sie die Leckerchen für das Training so, dass Sie im Bedarfsfall augenblicklich darauf zugreifen können. Versuchen Sie es mit einer Tasche, die am Gürtel oder um Ihre Hüfte befestigt wird und die Sie schnell öffnen und schließen können – die mit anderen Worten keinen Reißverschluss hat. Unsere Lieblingstaschen sind solche, die sich mit einer Hand öffnen und verschließen lassen. Sie sind über das Internet oder im guten Hunde-Versandhandel erhältlich (häufig unter der Kategorie »Clicker-Training Zubehör«).

Achten Sie darauf, dass die verwendeten Leckerchen auch gesund für Ihren Hund sind und dass sie kein Übergewicht fördern. Gute Möglichkeiten sind gekochtes Hähnchenfleisch, gekochtes Rindfleisch, gekochte Leber, leicht gedünstetes Gemüse wie Karotten oder Erbsen (unsere Hunde lieben Erbsen!). Es gibt auch gute fertige Leckerchen zu kaufen, aber suchen Sie unbedingt etwas aus, das Sie gut in kleine Stückchen aufteilen können. Es kann im Training nötig werden, dass Sie Ihrem Hund fünfundzwanzig Belohnungen innerhalb weniger Minuten geben müssen, also müssen die Stückchen wirklich klein sein. Wenn Ihr

Hund zu den eher leichtfuttrigen Typen gehört und Sie viel trainieren, dann reduzieren Sie seine Futterration entsprechend ein wenig. Üben Sie möglichst nicht mit einem satten Hund – ein kleines bisschen Hunger kann Ihnen sehr entgegen kommen!

Trotzdem sind Futterbelohnungen nicht für alle Hunde die beste Wahl. Manche würden alles dafür tun, ihrem Ball nachjagen zu können, mit Ihnen Seilzerren zu spielen oder auf ihrem Quietschespielzeug herumzubeißen. Wenn Sie einen ballverrückten Hund haben, ist Ihnen das vielleicht schon aufgefallen, ansonsten kann ein Versuch nie schaden: Nehmen Sie ein Stück gekochtes Hühnchen in die eine und einen Tennisball in die andere Hand. Ihr Hund wird Ihnen schon sagen, was er lieber mag. Die meisten Hunde wählen das Futter (wenn es gut genug ist), aber wenn Ihr Hund verrückt nach Spielzeugen ist, dann nehmen Sie unbedingt die Spielzeuge! Wenn Sie das Lieblingsspielzeug darüber hinaus nur für die Trainingsstunden mit Ihnen reservieren, machen Sie es sogar noch interessanter für Ihren Hund.

Sobald das Verhalten, an dem Sie arbeiten, sich gut gefestigt hat, sollten Sie die Art der Bestärkung variieren, die Sie Ihrem Hund geben. Wir wechseln gerne zwischen Leckerchen, Stimmlob und Spiel ab, damit der Hund lernt, sich »gut zu fühlen« anstatt immer nur das Gleiche zu erwarten, wenn er Ihren Wünschen nachkommt. Nehmen Sie in den Anfangsphasen immer das, wofür Ihr Hund am liebsten arbeitet, aber ersetzen Sie es später in den einfacheren Situationen auch immer wieder einmal durch andere Dinge. Vergessen Sie nicht, dass auch Ihre Stimme eine wunderbare Belohnung für den Hund sein kann, auch wenn sie in der Anfangsphase des Trainings selten ausreicht, um ihn wirklich zu motivieren. Selbst dann nicht, wenn Sie eine Stimme haben wie Pavarotti. Schließlich sprechen Sie den ganzen Tag lang zu Ihrem Hund – aber wie oft bekommt er Hähnchen? Aus Gründen der Einfachheit werden wir auf den folgenden Seiten »Belohnung« als Sammelbegriff für das sagen, was für Ihren Hund am besten als Bestärkung funktioniert – sei es Futter oder das Spielen mit einem Lieblingsspielzeug.

Jetzt, wo Sie wissen, wofür Ihr Hund zu arbeiten bereit ist, sind Sie so weit: Sie können mit der ersten Übung beginnen, die da lautet: Bringen Sie Ihrem Hund bei, sich jedes Mal dann, wenn er einen anderen Hund sieht, umzudrehen und Sie anzuschauen.

»SCHAU« –
EINE KLEINE ÜBUNG MIT
GROSSER WIRKUNG

Cindy und ich hatten keine Zeit, uns gegenseitig anzuschauen. Aber wenn, dann hätten wir beide blanke Angst im Gesicht der anderen gesehen. Cindys Weimaraner Astro stand brav an der Leine neben uns, aber die beiden außer Kontrolle geratenen Golden Retriever, die direkt auf uns zu galoppierten, waren Vorboten für drohendes Unheil. Astro und Cindy waren wegen ernsthafter Aggression gegen andere Hunde zu mir gekommen, und in der Vergangenheit hätte dieses Szenario in einem Haufen Zähne und Probleme geendet. Aber Cindy sagte im Bruchteil einer Sekunde »Astro, schau!«, und als die Goldens nur noch Zentimeter von ihrem großen, grauen Rüden entfernt waren, schaute er tatsächlich zu ihr hoch. Er drehte seinen Fang ihrem Gesicht zu und hielt Blickkontakt mit ihr, während ich den einen Hund abblockte und den anderen eine Kehrtwende machen sah. Astro wackelte kaum mit einem Ohr. Er schaute weiterhin Cindy an, während ich die Goldens umzingelte und von uns wegtrieb. »Okay« sagte Cindy. Astro löste seinen Blick von ihrem Gesicht und drehte sich ruhig um, um den Goldens auf ihrem Rückzug nachzuschauen. Cindy und ich schauten einander überrascht und freudig erleichtert an und fütterten ihm so viele Leckerchen, dass es für die Versorgung einer Kleinstadt gereicht hätte.

Patricia McConnell

Im Moment bellt Ihr Hund und zerrt an der Leine, wenn er andere Hunde sieht, genau wie Astro es früher getan hatte – aber was, wenn er eine andere Reaktion hätte? Was, wenn er stattdessen sofort seinen Kopf drehen, Sie anschauen und in freudiger Erwartung mit dem Schwanz wedeln würde? Wir nennen diese Übung »Schau« und sie hat dafür, dass sie scheinbar so simpel ist, eine Menge Vorteile. Erstens kann Ihr Hund nicht bellen und in Richtung eines anderen Hundes an der Leine zerren, wenn er seine Aufmerksamkeit auf Ihr Gesicht richtet. Einem Hund ein mit dem Problemverhalten unvereinbares Ersatzverhalten beizubringen ist eine elegante und bewährte Lösung für eine ganze Reihe an Verhaltensproblemen und funktioniert wunderbar bei Hunden, die bei Spaziergängen an der Leine allzu angeberisch sind. Wenn Sie Ihrem Hund beibringen, Ihnen bei Annäherung eines anderen Hundes ins Gesicht zu schauen, zeigen Sie ihm außerdem genau, was er tun soll, anstatt ihn selbst raten zu lassen. Es ist fast immer effektiver, jemandem etwas Richtiges beizubringen als etwas Falsches zu korrigieren. »Sag einfach nein« mag ja ein verbreiteter Spruch sein, aber er bringt Sie nicht sehr viel weiter, wenn Ihr Hund kein anderes Verhalten in seinem Repertoire hat.

Einer der Gründe dafür, warum »Schau« so wirksam ist, ist auch ganz einfach der: Wenn Ihr Hund den Kopf dreht, um Sie anzuschauen, wird er nicht mehr durch den Anblick des anderen Hundes gereizt. Anstatt den anderen näher kommen zu sehen und sich immer weiter aufzuspulen, reagiert er damit, dass er den Kopf wegdreht, sich beruhigt und auf etwas Wundervolles wartet, das gleich, wie er weiß, von

Ihnen kommen wird. Er bewegt sich nicht nur in die gewünschte Richtung, sondern auch sein Verhalten ändert sich von gespannter Aufregung zu entspannter Vorfreude. Er kann es im Sitzen, Stehen, Gehen oder Liegen tun. Es ist einfach zu machen und einfach beizubringen – kein Wunder, dass es so gut funktioniert. Das ist auch der wichtigste Grund dafür, warum wir empfehlen, Hunden die Übung »Schau« für die Begegnung mit anderen Hunden beizubringen – es funktioniert einfach. Mit den Jahren haben wir festgestellt, dass es die wirksamste aller Methoden ist, die wir je ausprobiert haben – und was könnte ein besseres Argument sein als Erfolg?

Wir definieren »Schau« als Signal, das den Blick des Hundes auf Ihr Gesicht lenkt und ihn so lange dort ruhen lässt, bis Sie ihn wieder freigeben. Ein Hund, der auf Signal hin zu Ihnen schaut, ist allerdings nicht das Endziel für einen Fall von Leinenaggression gegen andere Hunde. Das Ziel ist vielmehr ein Hund, der von selbst zu Ihnen schaut, sobald er einen anderen Hund sieht. Der sich nähernde Hund wird zum Reiz, der die Reaktion auslöst – und dann haben Sie einen Hund, der von sich aus höflich und angemessen auf fremde Hunde reagiert.

Vielleicht können Sie sich all das nur schwer vorstellen, wenn Sie einen Hund haben, der sich wie ein Wahnsinniger gebärdet, sobald er andere sieht. Verzagen Sie nicht. Wir haben mehr als einmal erlebt, dass ein Hund, der anfangs schon beim entfernten Anblick eines Hundes hysterisch wurde, schließlich zum Vorzeigehund des Viertels wurde. Eine unserer Kundinnen machte genau diese Erfahrung.

Melissa hatte einen großen Hund namens Riley, dessen Verhalten gegenüber anderen Hunden Spaziergänge zu einem Albtraum werden ließ. Nach ein paar Monaten Trainingsarbeit unter Anleitung begegnete sie einem neu zugezogenen Nachbarn, der mit seinen beiden vor Temperament überschäumenden Irish Settern auf der anderen Straßenseite entlangging. Sie befahl ihrem im Besserungstraining befindlichen alten Angeber »Schau« – und Riley drehte ihr ohne ein Zögern sein Gesicht zu. Während sie immer wieder erleichtert »guter Junge, guter Junge« wiederholte, hörte Melissa den Mann sagen: »Was für einen braven Hund Sie haben.« Später erfuhr sie, dass er jetzt seine eigenen Hunde nicht mehr so gern spazieren führte – er fürchtete den für ihn unvorteilhaften Vergleich zwischen seinen ungezogenen Hunden und dieser Reinkarnation von Lassie aus der Nachbarschaft.

Damit Riley zur Lassie der Nachbarschaft werden konnte, mussten er und Melissa »Schau« so gut beherrschen, dass sie es auch in einem Überraschungsmoment zeigen konnten. Selbst die simpelste Übung kann schwierig sein, wenn man jemand völlig unvorbereitet damit konfrontiert – das gilt für Menschen genauso wie für Hunde. Kopfrechnen zuhause am Küchentisch ist etwas ganz anderes als Kopfrechnen dann, wenn man sehr aufgeregt ist. Genauso ist es für Ihren Hund etwas anderes, dann zu kommen, wenn er Sie in der Küche hantieren hört oder dann, wenn er gerade auf der Wiese mit anderen Hunden spielt. Damit »Schau« also dann funktioniert, wenn Sie es brauchen, müssen Sie und Ihr Hund es unter verschiedenen Bedingungen beherrschen. Für Profis in Sachen Hundetraining ist das selbstverständlich: Sie »sichern« ein Verhalten in allmählich immer stärker ablenkenderen Umgebungen und erwarten nie Leistung von einem Hund, wenn die Situation noch zu viel für ihn ist.

Einer der Gründe dafür, warum viele Besitzer sich nicht die Mühe machen, ihren Hunden beim Sicherwerden in einer Übung zu helfen ist vermutlich der verbreitete Glaube, der Hund »wüsste« doch genau, was er machen soll. Aber was genau heißt schon »wissen«? Viele Hunde »wissen«, wie man sich setzt, wenn sie in ruhiger Umgebung dazu aufgefordert werden, aber in der spannenden Atmosphäre eines Zoofachgeschäfts tun sie es nicht. Das liegt daran, dass zu »wissen«, wie man etwas zuhause tut, nicht das Gleiche ist, wie es inmitten von lauter Ablenkungen zu tun. Auch Profi-Tennisspieler »wissen«, wie ein perfekter Aufschlag geht, üben ihn aber trotzdem stundenlang jeden Tag, damit sie ihn auch unter Druck hinbekommen.

Geben Sie sich und Ihrem Hund die gleiche Gelegenheit, »Schau« zu perfektionieren – es wird sich am Ende lohnen. Hier kommt uns besonders zugute, dass »Schau« so simpel ist – Sie und Ihr Hund können die Grundlagen schnell abarbeiten und dann die Zeit darin investieren, es mit der Zeit unter immer schwieriger werdenden Bedingungen zu verfestigen. Sobald Sie beide es in ruhiger Umgebung können, können Sie in Situationen mit leichter Ablenkung zu üben beginnen und dann in aufregenderer Umgebung, bis Sie und Ihr Hund »Schau« mitten im größten Durcheinander tadellos absolvieren können.

So fangen Sie an

Beginnen Sie mit dem Lernen von »Schau« in einer ruhigen Umgebung, in der Sie die einzige Attraktion für den Hund sind und nichts anderes mit Ihnen um seine Aufmerksamkeit konkurriert. Unterschätzen Sie nicht, wie stark ablenkend ein anderer Ihrer Hunde sein kann. Beginnen Sie also dann, wenn Sie und Ihr alter Angeber alleine sind. Sagen Sie »Schau« und schwenken Sie ein feuchtes, lecker duftendes Stückchen Futter drei Zentimeter vor der Hundenase. Führen Sie dann die Hand mit dem Leckerchen nach oben vor Ihr Gesicht, um die Augen des Hundes zu den Ihren zu locken. Unterstützend können Sie mit der Zunge schnalzen oder ein, zwei Schritte zurückgehen. Sobald die Hand vor Ihrem Gesicht ist, ermuntern Sie Ihren Hund mit Lächeln, Kopfwackeln, Fingerwackeln neben einem Auge (eine sehr wirkungsvolle Bewegung, um den Hund aufmerksam zu machen) und loben mit »Guter Hund, guter Hund«! Ihre Stimme soll ruhig, aber fröhlich klingen, damit Ihr Hund weiß, dass Sie zwar erfreut sind, aber nicht von zu viel Enthusiasmus überdreht wird.

Nach ein oder zwei Sekunden (nicht später) sagen Sie »okay« oder »gut« (eins von beiden, immer konsequent), um Ihren Hund freizugeben und geben ihm das Leckerchen. Achten Sie darauf, das Leckerchen nicht von Ihrem Gesicht wegzubewegen, bevor Sie »okay« gesagt haben. Sonst wird Ihr Hund nämlich glauben, dass die Bewegung seine Freigabe ist, und das könnte Ihnen später Schwierigkeiten machen.

Es macht nichts, wenn Ihr Hund in den Anfangsphasen des Trainings das Leckerchen und nicht Ihr Gesicht anzuschauen scheint. Für den Moment ist es in Ordnung, wenn er sich auf das Futter konzentriert, denn das werden wir später allmählich wieder ausschleichen. Wenn Ihr Hund sich nicht dabei wohlfühlt, Ihnen direkt in die Augen zu sehen, bitten Sie ihn um Konzentration auf Ihr Kinn. Wir selbst halten bei den meisten Hunden das Futter leicht seitlich vors Gesicht, etwa in Höhe der Wangenknochen. Achten Sie aber unabhängig von der endgültigen Position Ihrer Hand darauf, dass Sie die Handbewegung von unten nach oben immer auf die gleiche Art und Weise machen, denn sie wird später zu einem wichtigen visuellen Signal für Ihren Hund. Weil die meisten Hunde visuelle Signale schneller lernen als verbale, könnten Sie ihn verwirren, wenn Ihre Handbewegung in der Anfangsphase des Trainings nicht immer die gleiche ist.

Nachdem Sie »okay« gesagt haben, geben Sie Ihrem Hund entweder das Leckerchen oder lassen es vor ihm auf den Boden fallen. Falls Ihr Hund nicht zwischen Fingern und Leckerchen unterscheidet, sind Sie besser beraten, wenn Sie es sofort nach dem Freigabewort zu Boden fallen lassen. Allerdings finden manche Hunde es dermaßen spannend, dann anschließend nach weiteren möglicherweise versteckten Leckerchen im Gras zu suchen, dass man es kaum schafft, ihre Aufmerksamkeit zurückzugewinnen. Probieren Sie also aus, was bei Ihrem Hund am besten funktioniert. Egal, ob Sie das Leckerchen aus der Hand füttern oder es fallen lassen: Versuchen Sie nicht, den Hund damit zu bestärken, solange er Sie noch anschaut. Diese

Methode funktioniert gut, um einem Hund ein verlässliches »Platz« beizubringen, aber im Fall von »Schau« führt sie nur dazu, dass seine Aufmerksamkeit von Ihrem Gesicht abgelenkt wird. Sagen Sie also einfach »guuuut« oder »braaaaav«, solange er Sie anschaut, aber liefern Sie das Leckerchen erst dann aus, wenn Sie ihn freigegeben haben.

Manchen Hunden fällt es schwer, still zu bleiben und sich auf Ihr Gesicht zu konzentrieren, wenn sie gerade einen fremden Hund gesehen haben und selbst die beste Belohnung der Welt scheint dann nicht gut genug für sie zu sein. Bei solchen Hunden funktioniert es am besten, wenn die Bestärkung dafür, dass sie den Kopf gedreht haben, ein schnelles Weglaufen in die andere Richtung ist. Gerade erst letzte Woche haben wir mit einem Hund gearbeitet, dessen Besitzerin »schon alles probiert hatte«. Ihr Hund hüpfte und sprang und winselte, sobald er einen anderen Hund sah, und hätte sich in dieser Situation nicht weniger aus Leberstückchen machen können. Aber dann änderte sich alles, als ein kleines Nachlaufspiel mit ins Bild eingebaut wurde. Jetzt schnellt der Kopf des Hundes sofort zu seiner Besitzerin herum und die beiden flitzen fröhlich zusammen weg. Und sobald sie etwa fünf, sechs Meter weit gerannt sind, nimmt der Hund gerne ein Stückchen Leber als Extrabonus entgegen. Nach nur einer Woche Training war der Fortschritt phänomenal und die beiden waren verdientermaßen zufrieden mit sich selbst und hatten Spaß zusammen.

Neben dem Wissen darüber, welche Art von Bestärkung bei Ihrem Hund am besten funktioniert, ist es auch wichtig, nicht zu viel Zeit damit zu verbringen, dem Hund ein sehr langes »Schau« beibringen zu wollen. Der wichtigste und wertvollste und zugleich der schwierigste Teil der Übung ist für leinenaggressive Hunde, von dem dicken Neufundländer auf der anderen Straßenseite weg- und zu Ihnen hinzuschauen. Überlegen Sie mal, wie oft Sie selbst »Ja, sofort« sagen, wenn jemand Sie ruft und Sie dabei weiter dahin schauen, worauf Sie sich gerade konzentrieren. Es ist für Menschen wie für Hunde gleichermaßen schwierig, unsere Aufmerksamkeit von etwas wegzunehmen, mit dem wir gerade beschäftigt waren. Bestärken Sie also die Kopfdrehung an sich und machen Sie sich weniger daraus, wie lange Ihr Hund Sie anschaut. Halten Sie das Anschauen besonders in der Anfangsphase des Trainings oder dann, wenn Sie es unter schwierigen Bedingungen verlangt haben, kurz.

Hoppla – mein Hund hat weggeschaut, bevor ich okay gesagt habe

Seien Sie darauf gefasst, dass Ihr Hund wegschaut, bevor Sie »okay« gesagt haben. In erster Linie versuchen Sie das aber zu verhindern, indem Sie anfangs nur ein oder zwei Sekunden lang Anschauen verlangen. Je weiter Sie fortschreiten, desto unvermeidlicher wird es aber sein, dass die Aufmerksamkeit Ihres Hundes umherzuschweifen beginnt. Darauf müssen Sie vorbereitet sein. Bleiben Sie selbst konzentriert und bewegen Sie Ihre Hand mit dem Leckerchen exakt in dem Moment wieder vor die Hundenase zurück, wenn Ihr Hund gerade den Kopf wegzudrehen beginnt. Nutzen Sie den verlockenden Duft dieses leckeren Futters bestmöglich aus, indem Sie es dem Hund nur einen knappen Zentimeter weit vor die Nase halten und dann seine Aufmerksamkeit wieder auf Ihr Gesicht lenken, indem Sie die Hand wieder nach oben führen. Wenn er weggeschaut hat, haben Sie es vielleicht mit schwerer Konkurrenz zu tun – packen Sie dann die schärferen Waffen aus und nehmen Sie Hühnchen oder Käse, oder wem auch immer Ihr Hund wirklich nicht widerstehen kann. Helfen Sie ihm großzügig mit Stimmlob, wenn er Ihnen den Kopf zuzudrehen beginnt, auch wenn Sie ihn mit Futter locken mussten. Was macht es schon, warum er das getan hat? Er tut es, und das allein ist es, worauf es ankommt. Ihre Stimme kann den Hund dabei in genau dem Augenblick bestärken, in dem er Sie anzuschauen beginnt. Sie können gerne auch schnalzen, um sich die Aufmerksamkeit des Hundes wieder zu holen. Falls Ihr Hund zu abgelenkt ist, um den Kopf wegdrehen zu können, gehen Sie ein paar Schritte weiter von der Quelle der Ablenkung weg und versuchen es dann noch einmal.

Sagen Sie kein zweites Mal »Schau«, auch wenn es Sie noch so sehr danach juckt. Wenn Sie »Schau« wiederholen, beginnen Sie eine ganz neue Übung von vorn und Ihr Hund wird folglich nicht lernen, dass »Schau« erst dann endet, wenn Sie es sagen. Hüten Sie sich auch davor, es als Strafe zu benutzen: »SCHAU HER, VERDAMMT!« Falls Ihr Hund auf »falsch« oder »ah ah« oder einen anderen ruhigen Laut reagiert, der ihm sagt, dass er falsch liegt, dann können Sie diesen jetzt gerne nutzen, um ihm zu erklären, dass er nicht hätte wegschauen sollen. Sagen Sie es aber genau dann, wenn der Hund wegzuschauen beginnt und nur mit ruhiger Stimme, sonst bringen Sie nur noch mehr Anspannung in die Situation.

Wir nähern uns dem wahren Leben

Sobald Sie und Ihr Hund »Schau« an einem ruhigen Ort mit wenigen Ereignissen beherrschen, verlangen Sie es unter stärker ablenkenden Umständen. Fremde Hunde sind keine kleinen, sondern sehr große Ablenkungen, gehen Sie ihnen deshalb im Moment noch so gut Sie können aus dem Weg. Möglicherweise müssen Sie Ihre Spaziergänge in der nächsten Nachbarschaft für die nächsten Wochen ganz streichen und stattdessen mit dem Hund in einsamere Gegenden fahren oder ihm mehr Bewegung im Garten verschaffen, falls Sie einen haben. Der Plan könnte etwa so aussehen: Üben Sie »Schau« ein paar Tage lang in einem leeren Raum oder auf einem ruhigen Hof. In den nächsten ein oder zwei Wochen üben Sie es unter schwachen bis mäßigen Ablenkungen, zum Beispiel dann, wenn Ihr Hund auf dem Nachbargrundstück (nicht in fünf Metern Entfernung!) ein Eichhörnchen sieht oder gerade ein interessantes Geräusch gehört hat.

Sobald »Schau« unter mäßiger Ablenkung gut funktioniert, verlangen Sie es dann, wenn Ihr Hund einen anderen Hund sieht. Natürlich bauen Sie diese Übung sorgfältig auf und stellen sicher, dass der andere Hund weit genug weg ist und auch nicht näher kommen wird. Ihr Hund soll Erfolg haben, verlangen Sie also »Schau« vorerst nur dann, wenn der andere Hund so weit weg ist, dass Ihr Hund ihn zwar sehen kann, aber nicht wahnsinnig darüber wird. (Wir werden später noch sehen, was Sie tun können, wenn das Leben Sie trotz aller Planung kalt erwischt und plötzlich ein fremder Hund unvermittelt vor Ihren Füßen steht.)

Planen Sie diese Übungen also so, dass Ihr Hund die Entfernung ertragen kann, in der er den anderen Hund sieht. Überlegen Sie vorher, für welche Situationen Sie voraussagen können, dass Sie andere Hunde sehen, aber die komplette Kontrolle darüber haben, wie weit sie entfernt bleiben. Unsere Kunden haben zum Beispiel auf Parkplätzen, vor Hundeschulen, Tierarztpraxen oder Zoofachgeschäften geübt, weil man dort voraussagen kann, wo die anderen Hunde sein werden und dass sie an der Leine sind. Oder Sie verabreden sich mit Freunden, die mit ihrem angeleinten Hund zu einer vereinbarten Zeit an einer vereinbarten Stelle auftauchen. Oder Sie üben mit Hunden aus der Nachbarschaft, die immer auf dem Grundstück der Besitzer hinter einem Zaun sind. Versuchen Sie den Moment vorwegzunehmen, in dem Ihr Hund dem anderen den Kopf zuzudrehen beginnt und sagen Sie genau dann »Schau«, wenn er gerade den anderen Hund anschauen möchte. Ihr Ziel in dieser Trainingsphase ist es, Situationen zu schaffen, in denen Ihr Hund andere Hunde aus so großer Entfernung sieht, dass er sich immer noch auf Sie konzentrieren kann. Sagen Sie jedes Mal »Schau«, wenn er gerade den anderen Hund anschauen möchte und belohnen Sie ihn reichlich, wenn er sich für Sie entscheidet. Die Übung »Schau« beim Anblick eines anderen Hundes ist der Schlüssel dazu, das leinenaggressive Verhalten Ihres Hundes zu ändern – planen Sie also ein paar Wochen oder Monate Üben dafür ein. Sie arbeiten daran, dass Ihr Hund

Sie irgendwann automatisch anschaut, wenn er irgendwo einen Hund erspäht. Betrachten Sie das Ganze als einen Sport, dessen Grundlagen man gut üben muss, um später weiterzukommen.

Es macht nichts, wenn Ihr Hund sofort wieder zu dem anderen Hund schaut, nachdem Sie ihn freigegeben haben. Das ist prima – er gibt Ihnen gerade eine weitere Gelegenheit, »Schau« zu üben. Am effektivsten ist es, wenn Sie pro Übungseinheit mehrmals schnell hintereinander kurze Einheiten von »Schau« verlangen anstatt eines einzigen langen Anguckens, bei dem Sie Ihren Hund auch nur ein einziges Mal für die richtige Reaktion bestärken können. Sie sollten »Schau« auch in Situationen einsetzen, in denen keine anderen Hunde vorkommen, sonst lernt Ihr Hund bald, dass »Schau« bedeutet: »Hej, irgendwo in der Nähe ist ein anderer Hund!« Weil »Schau« ein so praktisches Signal ist, raten wir Ihnen, es für den Hund generalisiert zu halten, indem Sie es in möglichst vielen verschiedenen Kontexten nutzen.

Ein Jackpot für den »Selbstgucker«

Mit etwas Übung wird Ihr Hund bald lernen, dass es Spaß macht, Sie anzuschauen, sobald er irgendwo einen anderen Hund sieht. Anstatt sich wie bisher angespannt oder frustriert zu fühlen, wenn er einen Artgenossen ausmacht, wird er das nun als Gelegenheit betrachten, sich Futter oder ein lustiges Spiel mit Ihnen zu verdienen, indem er Sie bloß anzuschauen braucht. Sobald er dieses Muster gelernt hat (Hund sehen, Frauchen/Herrchen anschauen, sich gut fühlen) wird er irgendwann Ihr Signal »Schau!« vorwegnehmen und Sie ansehen, noch bevor Sie irgendetwas sagen konnten. Bingo! Das ist genau das Verhalten, auf das Sie hingearbeitet haben. Wir nennen es den »Selbstgucker«, weil der Hund Sie von selbst angeguckt hat, nachdem er einen anderen Hund erspäht hat. Der erste Selbstgucker ist ein wirklich gewaltiger Schritt vorwärts. Er bedeutet, dass der Anblick des anderen Hundes anstelle Ihrer Stimme nun zum Signal dafür wird, dass Ihr Hund Sie anschaut. Und das ist genau das, was wir haben möchten: Ein Hund, der Sie von selbst anschaut, sobald er einen anderen Hund sieht, anstelle diesen anzubellen und wild an der Leine zu zerren.

Wer ein Kind erzieht, möchte, dass es irgendwann von alleine »bitte« und »danke« sagt, ohne dass es jedes Mal darauf hingewiesen werden muss. Das gleiche Ziel gilt auch für Ihren Hund. Streben Sie also nach dieser wichtigen Änderung in seinem Verhalten und ziehen Sie alle Lobregister, wenn es passiert. Sie wissen, wie Ihr Hund sich freut, wenn Sie von der Arbeit nach Hause kommen? Es ist das Ereignis des Tages! Der Selbstgucker ist Ihr Ereignis des Tages oder sogar der Woche – lassen Sie Ihren Hund das spüren. Anstatt allerdings im Kreis zu rennen, in die Luft zu hüpfen oder sich auf den Rücken zu werfen (obwohl: Wenn es Ihren Hund amüsiert – nur zu!), geben Sie ihm so viele Leckerchen, dass er schlichtweg verblüfft ist. Ein Jackpot ist genau das, was der Name sagt: Eine Super-Belohnung, die weit über das Gewohnte und Normale hinausgeht, Ihren Hund sehr freudig überrascht und bewirkt, dass er motiviert nach der nächsten Gelegenheit

Ausschau hält, wieder einen Selbstgucker zu zeigen. Sobald Sie den ersten Selbstgucker bekommen haben, können Sie beim nächsten Mal bewusst eine kleine Pause einlegen, bevor Sie »Schau!« sagen, um Ihrem Hund die Chance zur Eigeninitiative zu geben.

Unser typischer Jackpot sieht so aus, dass wir dem Hund schnell hintereinander 10 bis 15 Stückchen einer ganz besonders leckeren Futterbelohnung geben und ihm dabei vorschwärmen, dass er der allerbeste Hund der ganzen Welt ist. Sie können 10 bis 15 Mal hintereinander bei jedem Leckerchen »guter Hund« sagen, Sie können lachen, singen oder irgendein fröhliches Herumgealbere von sich geben, das Ihren Hund erfreut. Tun Sie irgendetwas, das ihn wirklich von seinen Pfoten haut, damit er sich das Ereignis gut merkt und sich anstrengt, es möglichst bald wieder haben zu können.

Hüten Sie sich davor, irgendetwas zu tun, das Sie zwar wirklich mögen, aber Ihr Hund nicht – zum Beispiel, ihn zu streicheln, wenn er viel lieber mehr Leckerchen haben möchte oder ihn auf diese ungehobelte Art und Weise zu umarmen, wie Primaten sie an sich haben, wenn sie Zuneigung ausdrücken möchten. Wenn Sie den Selbstgucker für den Hund zum Ereignis des Tages schlechthin machen, wird er bald von selbst nach anderen Hunden Ausschau zu halten beginnen, damit er dann zu Ihnen kommen und eine Belohnung kassieren kann. Nun sind Sie da, wo Sie hinwollten – Sie haben einen Hund, der auf das Auftauchen anderer Hunde damit reagiert, dass er Sie anschaut anstatt zu bellen und Theater zu machen. Das schreit nach einem tiefen Durchatmen, breiten Grinsen und Jackpot für Sie selbst!

Neben dem Jackpot für einen Selbstgucker können Sie Ihren Hund auch dann mit dieser Super-Belohnung bestärken, wenn er Sie auf Ihr Signal in einer ganz besonders schwierigen Situation angeschaut hat. Zum Beispiel dann, wenn ein fremder Hund überraschend für Sie beide aufgetaucht ist und jetzt schon viel näher ist, als die Entfernung, in der Sie bis jetzt geübt haben. Sie haben ohne viel nachzudenken »Schau!« gesagt und sind total verblüfft, dass es tatsächlich funktioniert hat. Wow! Das war richtig schwierig, aber Ihr Hund hat es geschafft. Lassen Sie ihn also spüren, dass er gerade die hündische Entsprechung einer Reise in die Karibik gewonnen hat.

Durchdachtes Training Schritt für Schritt

Einer der wichtigsten Bestandteile im Training eines neuen Verhaltens ist der, das neu Erlernte in allmählich immer schwieriger werdender Situationen vom Hund zu verlangen. Das verlangt eher durchdachte Planung als Intuition und Bauchgefühl. Ein häufiger Fehler ist, etwa eine Woche lang »Schau« in Situationen zu verlangen, die für den Hund relativ einfach sind, dann aber die mittlere Schwierigkeitsstufe zu überspringen und gleich zum richtig Schweren überzugehen. Der Hund kann diese Anforderung noch gar nicht erfüllen und scheitert kläglich. Es wäre so ähnlich, als ob man von einem Anfänger im Eiskunstlauf nach einer Woche Grundlagentraining einen doppelten Rittberger bei den Olympischen Spielen verlangen würde.

Eine derartige Überforderung kann bei Mensch und Hund zu erheblicher Frustration führen. Mit ein wenig durchdachter Planung lässt sich diesem Problem gut vorbeugen, sodass am Ende doch irgendwann eine Goldmedaille dabei herauskommt.

Nehmen Sie sich die Zeit, eine Liste der Situationen anzufertigen, in denen es für Ihren Hund leicht, mäßig schwierig, schwierig und sehr schwierig ist, auf Ihr Signal »Schau!« zu reagieren. Natürlich ist jeder Hund anders, aber untenstehende Liste kann Ihnen als Fallbeispiel und Anhaltspunkt dienen. Sie ist für einen Hund namens Muffin, von dem »Schau!« in den folgenden Situationen verlangt wird:

Leicht
- In der Küche, kurz bevor es abends Futter gibt und wenn niemand sonst zuhause ist (am einfachsten).
- Im Garten hinter dem Haus, wenn an einem ruhigen Morgen niemand sonst in Sicht ist. (Ein bisschen schwieriger als die Küche, weil es draußen immer so viele interessante Gerüche gibt, aber immer noch relativ einfach.)

Mittel
- Im Garten, wenn Muffin drei Häuser weiter ein Eichhörnchen hüpfen sieht.
- In der Küche, wenn die Kinder von der Schule nach Hause gekommen sind.
- Vor dem Haus, wenn Menschen, die Muffin mag, auf der anderen Straßenseite vorbeigehen.

- Auf dem Parkplatz der Hundeschule, wenn Muffin knapp 50 Meter von einem anderen Hund entfernt ist.
- Auf dem Bürgersteig, wenn Muffin auf einen Hund zugeht, den er kennt und mag und von dem er noch etwa 20 Meter entfernt ist.
- Auf dem Bürgersteig, wenn Muffin einen Hund sieht, den er in der Vergangenheit schon öfter aggressiv angebellt hat und von dem er hundert Meter weit entfernt ist.

Schwierig
- Im Garten, wenn ein Eichhörnchen drei Meter vor Muffin vorbeiflitzt und einen Baum hinaufklettert.
- Auf dem Bürgersteig, wenn Muffin seinen Hundefreund begrüßen möchte, der nur noch einen Meter entfernt ist und ihn zum Spielen auffordert.
- Auf dem Bürgersteig, wenn Muffin in zehn Metern Entfernung einen fremden Hund sieht, der auf Sie beide zukommt.
- Auf dem Bürgersteig, wenn Muffin in siebzig Metern Entfernung einen Hund sieht, den er schon öfter aggressiv angebellt hat.

Wirklich schwierig!
- Auf dem Bürgersteig, wenn ein fremder Hund vorbeigeht.
- Beim Tierarzt, drei Meter von fremden, bellenden Hunden entfernt.
- In der Hundeschule, einen knappen Meter von den anderen Hunden entfernt, die gerade auf den Übungsplatz gehen.
- Auf einem Spaziergang, wenn zwei frei laufende Hunde

auf Ihren Hund zurennen und ihn beschnüffeln möchten, während der Besitzer aus fünfzig Metern Entfernung ruft: »Keine Angst, die tun nichts!«

Natürlich reagiert nicht jeder Hund gleich. Manche werden bei fremden Hunden in fünf Metern Entfernung vielleicht relativ entspannt bleiben und erst dann reagieren, wenn einer näher als einen Meter herankommt. Andere bellen und machen Theater, wenn der andere Hund noch hundertfünfzig Meter weit entfernt ist. Nur Sie kennen Ihren Hund gut genug, um einen maßgeschneiderten Plan entwerfen zu können, mit dem er Schritt für Schritt allmählich immer schwierigere Anforderungen bewältigen muss. Bedenken Sie, dass die einfachste Stufe am wenigsten Zeit und Energie erfordert und dass »mittel«, »schwierig« und »sehr schwierig« die echten Herausforderungen sind. Achten Sie immer auf mögliche feine Signale dafür, dass Ihr Hund überfordert sein könnte – sei es Züngeln, Zittern, Wegschauen, das Lieblingsleckerchen verweigern oder scheinbar sehr beschäftigt am Boden schnüffeln – und beschließen Sie jede Trainingseinheit möglichst immer mit einem Erfolgserlebnis.

Wann Sie *nicht* »Schau!« sagen sollten

Während Sie mit Ihrem Hund »Schau« üben und immer wieder methodisch äußere Umstände schaffen, die er bewältigen kann, werden Sie trotzdem gelegentlich in Situationen geraten, die man einfach »das wahre Leben« nennt. Es wird Nachbarn geben, die ihre Hunde dann ausführen, wenn Sie überhaupt nicht damit gerechnet haben, eine

Hunde-Geburtstagsparty am Ende der Straße, ein Mann mit zwei Hunden, der auf Sie zukommt, um Sie nach dem Weg zu fragen oder irgendeins der vielen anderen Dinge, die ein Debakel mit Ihrem alten Angeber geradezu heraufbeschwören. Wenn Sie tief in Ihrem Inneren ahnen, dass eher eine Kuh das Klavierspielen lernen wird als Ihr Hund Sie jetzt auf »Schau!« hin angucken wird, dann denken Sie erst gar nicht daran, dieses Wort auszusprechen. Ein vorprogrammierter Misserfolg bringt Sie nicht weiter.

Falls eine Situation zu schwierig ist, als dass Sie und Ihr Hund sie elegant meistern könnten, dann gehen Sie unverzüglich zu Plan B über. Plan B bedeutet, dass Sie mit einer Kehrtwendung oder einem »Not-Sitz-Bleib« (Näheres im nächsten Abschnitt) aus der Situation herauskommen. Was immer Sie tun – verlangen Sie nie »Schau«, wenn Sie wissen, dass Ihr Hund nur mit Hilfe eines Wunders richtig darauf reagieren kann. Es ist sehr schön, wenn man an Wunder glauben kann, aber weise Hundebesitzer verlassen sich nie auf sie.

Im Überblick

- Benutzen Sie das Signal »Schau!«, um die Aufmerksamkeit Ihres Hundes in dem Moment zu bekommen, in dem er einen anderen Hund sieht.

- Bringen Sie ihm »Schau!« anfangs bei, wenn keine anderen Hunde in der Nähe sind und arbeiten Sie sich dann langsam an Situationen mit Hunden heran. Erwarten Sie nicht zu schnell zu viel.

- Helfen Sie Ihrem Hund anfangs, indem Sie seine Nase mit einem guten Leckerchen in Richtung Ihres Gesichtes locken, nachdem Sie ruhig »Schau« gesagt haben.

- Sobald er in Ihr Gesicht sieht, sagen Sie »Guuuuuter Hund« und bewegen Ihren Finger und/oder Kopf, während er Sie anschaut.

- Wiederholen Sie das Signal »Schau!« nicht und achten Sie darauf, es ruhig und nicht angespannt auszusprechen.

- Geben Sie Ihrem Hund ein klares Auflösungskommando (»okay« oder »frei«) und bestärken Sie ihn mit Futter, Spielzeug oder einem Nachlaufspiel.

- Falls Ihr Hund wegschaut, führen Sie das Leckerchen vor seine Nase zurück und locken Sie wieder seinen Blick nach oben, ohne erneut »Schau« zu sagen.

- Halten Sie die Dauer der Anschau-Übung sehr kurz, insbesondere zu Beginn des Trainings.

- Geben Sie Ihrem Hund für »Selbstgucker« oder außergewöhnliche Leistungen einen Jackpot.

- Falls Ihr Hund mit der Situation überfordert ist, drehen Sie sich um und gehen weg. Verlangen Sie dann »Schau«, wenn Sie wieder so weit von dem anderen Hund entfernt sind, dass Ihr Hund sich beruhigen konnte.

KEHRT, MARSCH:
DREHEN SIE SCHWIERIGKEITEN
DEN RÜCKEN ZU

Bugsy schnüffelte und lehnte sich nach vorn. Sein Haar stellte sich an Nacken und Rücken auf und er bellte mehrmals hintereinander mit tiefer, rauer Stimme. Das war etwas anderes als sein übliches aufgeregtes Bellen, es war die Sorte von tiefem, drohendem Bellen, die Unheil erwarten lässt. Alarmiert drehte ich mich in die Richtung um, in die er schaute und sah in sechs Metern Entfernung einen Kojoten die Straße entlanglaufen. Ich war entgeistert, und ich glaube das Gleiche auch von Bugsy behaupten zu können. Er begann zu springen und an der Leine zu zerren und war so aufgeregt, wie ich ihn seit gut einem Jahr nicht mehr erlebt hatte.

Es war keine Frage, dass Bugsys Schau-mich-an-Signal unter diesen Umständen unmöglich funktionieren konnte. Also ging ich sofort zu Plan B über, sprich, uns so schnell aus der Situation herauszubringen, wie unsere Beine uns trugen. Ohne groß nachzudenken, machten wir auf dem Absatz kehrt und liefen in Gegenrichtung davon, so, wie wir es für den Notfall geübt hatten. Und zwar so lange, bis der potenzielle Krawall-Kojote außer Sichtweite war. Wenn es ein Hund gewesen wäre, den wir da in sechs Metern Entfernung gesehen hätten, hätte »Schau« bestens funktioniert. Nach Monaten des Übens zeigt Bugsy heute fast jedes Mal, wenn er einen Hund sieht, einen »Selbstgucker« und kann sogar mit frei laufenden Hunden umgehen, die uns überraschend begegnen. Aber ein Kojote? Das war definitiv ein Notfall. Wir machen nicht oft auf dem Absatz kehrt, aber wenn, dann haben wir hinterher immer dieses erleichterte Gefühl, einer Gewehrkugel ausgewichen zu sein.

Karen London

Wie Sie sehen, ist es nützlich, solche Kehrtwendungen in seinem Trainingsrepertoire zu haben. Eine Kehrtwendung ist genau das, was der Name sagt: Sie und Ihr Hund machen im Vorwärtsgehen auf Kommando um 180 Grad kehrt und gehen in die entgegengesetzte Richtung. Ihr Hund macht kehrt, weil er weiß, was Ihr Signal bedeutet: »Schnell! Wir spielen das Dreh-dich-schnell-und-lauf-in-die-andere-Richtung-Spiel!« Er macht *nicht* kehrt, weil er am Ende der Leine ankommt und deren Zug spürt. Das würde die Anspannung in der Situation nur noch steigern und könnte genau das Verhalten auslösen, das Sie zu vermeiden versuchen. Er macht kehrt, weil er dieses Spiel kennt, das Signal dazu hört und damit ohne groß darüber nachzudenken die Schwierigkeiten einfach hinter sich lässt.

Die Handlung selbst ist genau wie bei »Schau!« simpel, aber damit sie im Ernstfall nutzt, muss sie wirklich gut beherrscht werden. Außerdem ist die Kehrtwendung genau wie »Schau!« ein Verhalten, das nicht mit Bellen und »Anmachen« eines anderen Hundes vereinbar ist. Der Unterschied zu »Schau« ist, dass Sie dieses Signal verwenden, wenn Sie wissen, dass Ihr Hund für »Schau« zu aufgeregt ist oder wenn er einen anderen Hund schon anbellt. Ziel der

Übung ist, aus schwierigen Situationen heil herauszukommen. Wenn Ihr Hund und Sie sowohl »Schau« als auch die Kehrtwendung gut beherrschen, werden Sie die allermeisten Situationen meistern, die das Leben so aus dem Überraschungshut zaubern kann.

Nehmen wir einmal an, Sie haben »Schau« geübt und Ihr Hund sieht Sie inzwischen jedes Mal an, wenn er in fünf bis fünfzehn Metern Entfernung einen anderen Hund sieht. Sie sind sorgfältig Schritt für Schritt vorgegangen und haben deshalb das Anschauen noch nicht verlangt, wenn der andere Hund nur drei Meter weit entfernt war. Und dann biegen Sie und Ihr Hund eines schönen Abends nichtsahnend um eine Ecke und laufen sozusagen auf eine Deutsche Dogge auf. Da haben Sie den Salat, Ihr Hund ist nur eine halbe Sekunde davon entfernt, gleich vollkommen wahnsinnig zu werden. Jetzt ist nicht die Zeit, »Schau!« von Ihrem Hund zu verlangen, jetzt ist es vielmehr Zeit, zu machen, dass Sie fortkommen – und zwar plötzlich. Kaum jemand von uns, sei es Mensch oder Hund, kann noch klar denken, wenn er überrascht und geschockt ist. Das Beste, was Sie hier tun können, ist also umdrehen und weggehen. Wenn Sie und Ihr Hund das so lange üben, bis es Ihnen zur zweiten Natur geworden ist, werden Sie auch dann kehrt machen können, wenn Sie gar keine Zeit mehr zum Nachdenken haben – und genau dann werden Sie es brauchen.

Eine unserer Kundinnen machte einmal davon Gebrauch, als sie und ihr Hund beim Tierarzt überrascht wurden. Normalerweise vermied Mary dramatische Begegnungen im Wartezimmer, indem sie erst nach Sprechstundenschluss kam. Aber als sie eines Abends in das vermeintlich leere Wartezimmer kam, liefen Mary und ihr Hund geradewegs einem anderen Hund vor die Füße. Ohne nachzudenken und wie auf Auto-Pilot geschaltet sagte sie »Kehrt!« und schwenkte rechts um. Ihr Hund machte genauso schnell kehrt und ging sicher neben ihr hinaus auf den Parkplatz. Sie hätten Marys Gesicht sehen müssen, als sie uns von diesem Sieg erzählte. »Es war Wahnsinn! Noch vor ein paar Monaten wäre diese Situation im Desaster geendet. Wir machten beide so schnell kehrt, dass wir gar nicht realisierten, was wir da eigentlich taten, bis wir schon fast draußen waren. Nachdem alles gesackt war, war ich absolut begeistert, und ich schwöre, mein Hund war genauso froh darüber wie ich.«

Sie können diese Technik immer dann benutzen, wenn Sie Schwierigkeiten aus dem Weg gehen möchten, sei es ein hysterisch kläffender Terrier auf dem Bürgersteig oder eine Überraschungsbegegnung mit einem Labrador. Unserer Erfahrung nach sind viele Hunde erleichtert, wenn man ihnen aus einer schwierigen Situation heraushilft und werden dann in Zukunft gelassener. Vielleicht lernen sie, darauf zu vertrauen, dass sie vor Konfrontationen beschützt anstatt in Situationen gezwungen werden, mit denen sie nicht fertig werden.

Kehrtwendungen haben noch einen weiteren Vorteil – sie können auch sehr praktisch bei der Art von Ablenkungen sein, denen Ihr Hund ganz schlecht widerstehen kann, wie zum Beispiel freche Eichhörnchen oder Inline-Skater direkt vor der eigenen Nase.

Wann Sie »Schau« und wann die Kehrtwendung einsetzen, hängt davon ab, mit welchem Grad von Ablenkungen Ihr Hund derzeit umgehen kann. Wenn Sie an »Schau!« arbeiten, steigern Sie die Intensität der Ablenkungen allmählich und konditionieren Sie Ihren Hund, sich von immer schwieriger werdenden Dingen abzuwenden. Irgendwann können Sie dann von ihm erwarten, dass er ruhig und gefasst auf eine Überraschungsbegegnung reagiert. Unfair wäre es aber, »Schau« von ihm zu verlangen, wenn die gegebene Ablenkung noch zu viel für ihn ist. Stellen Sie sich das Ganze wie einen Sport vor: Von einem Basketballspieler würden Sie nie erwarten, dass er in einem wichtigen Spiel bei jedem Korbwurf trifft, wenn er nicht zuhause geübt hätte.

Schwierigkeiten den Rücken zu drehen ist für die meisten Hunde viel einfacher, als stillzustehen und ihre Gefühle zu beherrschen. Wenn Ihr Hund also an die Grenze dessen kommt, was er ertragen kann, funktioniert eine Kehrtwendung besser als das Anschauen. Damit wir uns nicht missverstehen: Natürlich möchten wir erreichen, dass alle Hunde irgendwann in der Lage sind, an anderen Hunden vorbeizugehen oder diese ruhig wartend vorbeizulassen. Aber solange Sie daran noch arbeiten, kann Ihnen die Kehrtwendung eine große Hilfe sein. Wenn Sie in einer Situation kehrt machen, die für den Trainingsstand des Hundes noch zu schwierig ist, dann tun Sie mehr als nur einem Problem aus dem Weg gehen. Sie bringen ihm eine Reaktion bei, die mit Bellen und »Anmache« unvereinbar ist und helfen damit Ihrem Hund, zu dem Musterbürger zu werden, den wir alle uns wünschen.

In gewisser Weise bringt die Kehrtwendung Ihrem Hund das gleiche bei wie »Schau«. Beide Signale führen zu einem Hund, der sich von einem anderen Hund weg und in die entgegengesetzte Richtung bewegt. Beim Anschauen wird nur verlangt, dass der Kopf sich bewegt, während es bei der Kehrtwendung der gesamte Körper ist. Kehrtwendungen fallen den meisten Hunden aber leichter, weil sie danach den anderen Hund nicht mehr sehen können und zu anderen Dingen weitergegangen sind. Manche Hunde lieben denjenigen Teil der Übung, wenn sie Ihnen nachlaufen können und finden das eine bessere Bestärkung als Futter. In unserer Praxis haben sich beide Signale gleichermaßen als hilfreich für die Hunde erwiesen, mit denen wir gearbeitet haben. Betrachten Sie also das Anschauen und die Kehrtwendung als zwei sich ergänzende Dinge, die Sie je nach Bedarf und den Umständen einsetzen können.

So fangen Sie an

Bevor Sie anfangen, Ihrem Hund die Kehrtwendung beizubringen, überlegen Sie sich gut, welches Signal Sie künftig dafür einsetzen möchten. Idealerweise sollte es ein Wort oder Laut sein, den Sie schnell und einfach aussprechen können. Achten Sie darauf, dass es nicht so ähnlich klingt wie ein anderes Signal, das Sie schon benutzen. Mögliche Worte wären zum Beispiel »rum«, »kehrt« oder »hier lang« oder auch »gehn wir«. Nehmen Sie keine Worte wie »komm« oder »hier«, die Sie schon vorher in anderem Zusammenhang benutzt haben – das hier muss etwas ganz Neues sein. Wir nehmen in diesem Buch »rum« als Signalwort, weil es die Bewegung beschreibt, die Sie und Ihr

Hund machen sollen, aber eigentlich gefällt uns persönlich in der Arbeit mit Hunden der Klang von »gehen wir« besser. Wichtig ist eigentlich nur, dass Sie das Wort mögen und dass es Ihren Hund nicht verwirrt. Machen Sie keine zu große Sache aus der Wahl des richtigen Signals, aber behalten Sie es konsequent bei, wenn Sie erst einmal eins ausgesucht haben und sprechen Sie es in einem Tonfall aus, als ob Sie selbst überrascht wären.

Beginnen Sie wie beim Lernen jedes neuen Verhaltens in einer ruhigen Umgebung, in der Sie und Ihre Leckerchen (oder Spielsachen) die einzige Attraktion sind. Ruhige Hinterhöfe oder lange, leere Flure machen es Ihnen beiden leichter, sich zu konzentrieren.

Nehmen Sie tolle Leckerchen oder das Lieblingsspielzeug Ihres Hundes in die rechte Hand und gehen Sie, den Hund links von sich, flott los. Es ist egal, ob er in perfekter Bei-Fuß-Position geht oder nicht, nur sollte er nicht mehr als eine Hundekörperlänge vor Ihnen sein, wenn Sie zur ersten Kehrtwendung ansetzen. Falls er zu weit nach vorn geraten ist, gehen Sie einen Kreis und dann wieder geradeaus. Jetzt sind Sie vorne und können zu Ihrer Kehrtwendung ansetzen, wenn der Hund genau neben Ihnen ist.

Wenn sich der Hund also neben Ihnen oder ein kleines bisschen vor Ihnen befindet, sagen Sie im flotten Vorwärtsgehen mit fröhlicher Stimme »rum!« und machen nach rechts kehrt, bis Sie in die Richtung schauen, aus der Sie gekommen sind. Gehen Sie dann wieder geradeaus weiter.

Wenn Sie Ihren Hund nicht auffordern, mit Ihnen kehrt zu machen, wird er vielleicht weiter in die ursprüngliche Richtung laufen wollen. Helfen Sie ihm also, indem Sie eins oder alle der folgenden Dinge tun:

1. *__Halten Sie ein tolles Leckerchen oder Spielzeug__* in Ihrer rechten Hand und locken Sie den Hund damit herum, während Sie kehrt machen. Achten Sie darauf, es dem Hund in nur zwei bis drei Zentimetern Entfernung vor die Nase zu halten, was bedeutet, dass Sie Ihre rechte Hand vor Ihrem Körper erst nach links bewegen müssen, dahin, wo die Hundenase ist. Locken Sie dann den Hund um sich herum, während Sie sich drehen, wie den berühmten Esel mit der Karotte.

2. *__Gehen Sie ein bisschen in die Knie, während Sie kehrt machen.__* Die meisten Hunde reagieren wunderbar darauf! Vielleicht deshalb, weil es ein klares visuelles Signal auf ihrer Augenhöhe ist oder weil es das ist, was Ethologen eine »Intentionsbewegung« nennen, die eine Handlung ankündigt. Was auch immer der exakte Grund ist – es wird einen großen Unterschied in der Reaktion Ihres Hundes bewirken.

3. *__Machen Sie in der Anfangsphase Geräusche, um den Hund aufmerksam zu machen.__* Nachdem Sie »rum!« gesagt haben, ist Zungenklicken oder -schnalzen prima dazu geeignet, die Aufmerksamkeit des Hundes auf sich und das, was vor ihm liegt, zu lenken. Achten Sie aber darauf, zuerst »rum!« zu sagen, sonst werden die anderen Laute zum Signal für Ihren Hund. Schnalzen Sie

nicht allzu viel, aber im Anfangsstadium kann es sehr hilfreich sein, um den Hund aufmerksam zu machen.

4. *Manchmal hilft es, sich in der Drehung selbst auf das linke Bein zu klopfen,* aber tun Sie das auf keinen Fall mit der Hand, in der Sie die Leine halten. Sonst wird die Leine Ihrem Hund nämlich unangenehm ins Gesicht schlagen, wenn er in der richtigen Position war – nicht unbedingt eine positive Bestärkung für ihn!

Sagen Sie bei den ersten zwei oder drei Malen in dem Moment »Guter Hund!« und geben ein Leckerchen, wenn er die komplette Kehrtwendung vollführt hat. Den besten Erfolg haben wir immer mit Lob, das in zwar erfreutem, aber nicht allzu überschwänglichem Tonfall ausgesprochen wird. Sie möchten ja erreichen, dass der Hund sich zwar freut, mit Ihnen zusammen kehrt gemacht zu haben, aber er soll auch ruhig und gefasst weitergehen. Bleiben Sie nicht stehen, um ihn zu loben – gehen Sie weiter und schieben Sie ihm das Leckerchen dabei ins Maul.

Falls Sie mit einem Spielzeug als Bestärkung arbeiten, werfen Sie es gerade vor sich und lassen Ihren Hund danach laufen. Das richtige Timing ist hier entscheidend, achten Sie also darauf, Ihren Hund so schnell wie möglich nach der Drehung und Richtungsänderung zu bestärken, auch wenn das Ganze am Anfang vielleicht etwas ungeschickt oder langsam ausfällt.

Bei den ersten Versuchen ist vor allem wichtig, dass Sie und Ihr Hund sich mehr oder weniger gemeinsam um 180

Grad drehen und flott weiter vorwärtsgehen, nur eben in die entgegengesetzte Richtung – und vor allem, dass Ihr Hund das Ganze sehr spannend findet. Sobald Sie beide mehr Geschick darin haben, gemeinsam kehrt zu machen, zögern Sie die Bestärkung weiter hinaus, bis Sie nach der Wendung ein paar Schritte nach vorn gemacht haben.

Damit es funktioniert, wenn Sie es brauchen

Sobald Ihr Hund in der Beschaulichkeit des eigenen Grundstücks mit Ihnen gemeinsam kehrt machen kann, ist es Zeit, das Gleiche auch dann von ihm zu verlangen, wenn er stärker abgelenkt ist. Denn irgendwann möchten Sie ja auch bei der Ablenkung aller Ablenkungen kehrt machen können – nämlich dann, wenn plötzlich wie von Zauberhand ein fremder Hund direkt vor Ihnen auftaucht. Den Weg dahin müssen Sie sich allerdings schrittweise erarbeiten.

Wie schon bei der Übung »Schau« erwähnt, ist genau das der Teil des Trainings, den viele Hundebesitzer leider vernachlässigen. Es scheint sehr weit verbreitet zu sein, dass nach Schritt eins (kehrt machen in einer Umgebung ohne Ablenkungen) sofort und ohne Zwischenschritt zu Schritt fünfundzwanzig gesprungen wird (vier Golden Retriever erscheinen plötzlich wie hingezaubert direkt vor Ihrer Nase). Profis wissen, dass gerade das Arbeiten an den Zwischenschritten über Erfolg oder Misserfolg entscheidet. Planen Sie deshalb so, dass Ihr Hund genügend Möglichkeiten zum Üben der Schritte zwei bis vierundzwanzig hat, bevor Sie mit Schritt fünfundzwanzig beginnen.

Beginnen Sie die Arbeit an den Zwischenschritten, indem Sie eine Kehrtwendung von etwas weg verlangen, das weit weniger Ablenkung bedeutet als ein anderer Hund. Suchen Sie etwas aus, was das Interesse Ihres Hundes weckt und zu dem er gerne hinmöchte, zum Beispiel eine sich nähernde Person, ein befreundeter Hund, mit dem Ihrer sich gut versteht (und der nicht allzu nahe ist) oder ein im Gras liegender Ball, den Ihr Hund gerne aufheben möchte. Es muss etwas sein, zu dem Ihr Hund sich hingezogen fühlt. Sobald er die ausgesuchte Ablenkung anschaut, verlangen Sie die Kehrtwendung. Denken Sie daran, ihn genau wie bei den ersten Anfängen mit Stimme und Körper zu unterstützen, denn auf gewisse Weise machen Sie auch hier wieder einen Neuanfang. Von etwas Interessantem weg kehrt zu machen ist etwas ganz anderes, als einfach so kehrt zu machen! Er lernt also eigentlich eine ganz neue Übung. Weil Sie den Schwierigkeitsgrad erhöht haben, müssen Sie anfangs schon die leichteste Kopfdrehung von der Ablenkung weg bestärken. Sobald Ihr Hund auf dieser Schwierigkeitsstufe mehr Übung hat, können Sie langsam mehr von ihm erwarten, bevor er sein Leckerchen bekommt. Falls er Sie ignoriert und weiter nach vorn schaut, führen Sie Ihre Hand mit dem Leckerchen oder Spielzeug wieder bis knapp vor seine Nase und locken damit seinen Kopf herum. Nutzen Sie Ihre Körpersprache (leicht in die Knie gehen, Oberkörper nach rechts drehen) und Ihre Stimme, um ihn zu unterstützen.

Und auch wenn Sie Ihr ganzes Repertoire an Hilfen einsetzen mussten, um ihn zum Kehrtmachen zu bewegen: Geben Sie ihm eine wirklich gute, tolle Belohnung, sobald er in die andere Richtung schaut. GUTER HUND! Versuchen Sie es möglichst so lange wieder mit der gleichen Ablenkung, bis Sie eine Verbesserung sehen, und sei sie auch noch so gering. Und lassen Sie ihn spüren, dass Sie sehr erfreut über sein Verhalten sind!

Natürlich lernt jeder Hund unterschiedlich schnell, aber die meisten brauchen etwa zwei bis acht Wochen Übung bei mittelstarker Ablenkung, bevor Sie erwarten können, dass die Kehrtwendung auch bei starker Ablenkung glatt funktioniert. Schreiben Sie genau wie für die Übung »Schau« eine Liste von leichten, mittleren, starken und sehr starken Ablenkungen auf, bevor Sie mit dem Üben beginnen. Ihr Ziel ist auch hier, den Schwierigkeitsgrad allmählich zu erhöhen – und das bedeutet, dass Sie eine klare Vorstellung davon haben müssen, was für Ihren Hund leicht und was schwierig ist.

Hier ist eine Beispielliste für einen fiktiven Hund namens Schorsch:

Leicht
- Schorsch sieht zwei ihm bekannte Menschen in etwa fünfzig Metern Entfernung auf sich zukommen.
- Schorsch beginnt, an einer mäßig interessanten Stelle im Gras zu schnüffeln.
- Er hört ein Motorrad und schaut in die Richtung des Geräuschs, aber es ist außer Sichtweite.

Mittel
- Schorsch sieht zwei Kinder, die er sehr gerne mag, aber sie sind mehr als fünfzig Meter weit weg.

- Schorsch sieht einen ihm bekannten Hund, mit dem er sich verträgt, in zwanzig Metern Entfernung.
- Ein fremder Hund kommt auf Sie und Schorsch zu, ist aber noch etwa hundert Meter weit weg.

Schwierig
- Ein fremder Hund kommt in zwanzig Metern Entfernung auf Sie und Schorsch zu.
- Schorschs beide besten Hundekumpel spielen drei Meter vor seiner Nase.
- Schorsch schnüffelt am Boden und ist drauf und dran, eine fettige Frittentüte zu fressen.

Sehr schwierig
- Ein fremder Hund kommt auf Sie in fünf Metern Entfernung zu.
- Ein Hund in der Größe eines Kalbs biegt zweieinhalb Meter vor Ihnen um die Ecke und steht vor Ihnen.

Eine allgemeingültige Aussage dazu, wie lange Sie auf jeder Schwierigkeitsstufe üben müssen, ist unmöglich zu treffen. Das hängt vom Hund selbst ab, wie schwerwiegend sein Problem ist und wie oft Sie üben können. Manche Hunde schaffen es innerhalb von vier bis acht Wochen bis zur höchsten Schwierigkeitsstufe, realistischer ist aber, für das Training eines alten Angebers vier bis sechs Monate zu veranschlagen. Hunde, die als Welpen schlecht sozialisiert wurden, die leicht erregbar oder stark zum Bellen motiviert sind, können länger brauchen. Viele Hunde sind niemals »fertig« und werden immer weiteres Üben und Rücksicht darauf benötigen, wie viel sie vertragen können.

Kehrtwendungen funktionieren am besten, wenn man sie nicht übertrieben oft macht. Wir empfehlen, in schwierigen Situationen niemals mehr als zwei oder drei hintereinander zu verlangen und gut auf Anzeichen von Stress zu achten (Züngeln, Gähnen, angespannte Körperhaltung, Sie meiden, ein gutes Leckerchen verschmähen oder am Boden schnüffeln). Wenn Sie eins dieser Anzeichen bemerken, gehen Sie ein oder zwei Schritte in den Anforderungen zurück und beenden Sie die Übung mit einem Erfolgserlebnis. Am besten werden Sie im Training vorankommen, wenn Sie ein bis fünf Kehrtwendungen pro Tag üben, von denen aber nie alle auf höchster Schwierigkeitsstufe sein dürfen. Unterschätzen Sie nicht den Wert einer einzigen, aber dafür sehr gut ausgeführten Kehrtwendung, die Sie begeistert belohnen und anschließend mit etwas anderem weitermachen.

Viele Wiederholungen sind nicht immer das beste Rezept, wenn eine Übung ein bisschen stressig ist. Wir haben mit unseren alten Angebern jedenfalls die Erfahrung gemacht, dass man mit kleinen Schritten weiter kommt als mit zu großen.

Wenn es Sie kalt erwischt

Wenn Sie die Kehrtwendung in einem Notfall einsetzen müssen, gehen Sie unbedingt so weit von dem anderen Hund weg, bis Ihrer sich wieder entspannen kann. Bleiben Sie stehen, atmen Sie tief durch, helfen Sie Ihrem Hund, das Gleiche zu tun und verlangen dann von ihm »Schau«. Gern können Sie zum Spannungsabbau jetzt auch ein kleines Spielchen einbauen, wenn Sie schon aus der Problemzone heraus sind. Juhu! Desaster abgewendet!

Das Gute an Kehrtwendungen ist, dass Sie dem möglichen Problem nicht nur den Rücken zuwenden, sondern auch Abstand zwischen sich und das bringen, was Ihrem Hund vermutlich zu viel gewesen wäre. Kehrtwendungen bewahren Sie beide vor einer Überreaktion und bringen Sie in einen Abstand, in dem »Schau« wieder funktioniert. Stellen Sie sich »Schau« als Ihr Hauptwerkzeug und die Kehrtwendung als Zubehör vor und Sie werden für so gut wie alles gerüstet sein.

Im Überblick

- Machen Sie in Notsituationen eine Kehrtwendung, damit Ihr Hund nicht wieder in rüpeliges Verhalten zurückfällt.

- Sagen Sie »Rum!« oder »Kehrt!« oder was auch immer Sie als Signalwort gewählt haben, gehen Sie leicht in die Knie und drehen sich auf Ihrem rechten Fuß herum.

- Ermuntern Sie Ihren Hund mit wiederholten, schnell aufeinanderfolgenden Lauten wie zum Beispiel Zungenschnalzen und locken Sie ihn mit Futter oder Spielzeug in die Wendung.

- Gehen Sie nach der Wendung forsch und flott weiter in die neue Richtung.

- Geben Sie Ihrem Hund bei den ersten Malen das Leckerchen in dem Moment, in dem er sich umdreht und zögern Sie es später bis nach den ersten Schritten in die neue Richtung hinaus.

- Üben Sie anfangs ohne Ablenkungen und gehen schrittweise weiter vor, bis Sie auch in Anwesenheit anderer Hunde eine Kehrtwendung verlangen.

- Falls Sie die Kehrtwendung in einer Notsituation eingesetzt haben, verlangen Sie möglichst von Ihrem Hund »Schau«, sobald Sie wieder weit genug von der Problemquelle entfernt sind.

DAS NOT-SITZ-PLATZ UND ANDERE NÜTZLICHE PANIKKNÖPFE

Das Not-Sitz-Platz

Jeder Besitzer eines leinenaggressiven Hundes hat den gleichen Albtraum: Während Sie friedlich mit Ihrem angeleinten Hund spazieren gehen, kommen plötzlich drei frei laufende Gordon Setter auf Sie zugestürmt. Meistens wird das Szenario von einem aus der Ferne winkenden Besitzer begleitet, der freundlich ruft: »Alles in Ordnung, die tuuun nix!« Wenn Sie Zeit hätten, würden Sie zurückrufen »Nein, es ist nicht in Ordnung, weil mein Hund gleich explodiert!« Aber Sie haben zum Antworten keine Zeit, weil Sie gerade damit beschäftigt sind, einen Herzinfarkt zu bekommen.

Weil solche Situationen fast unvermeidlich sind – egal, wie früh morgens Sie mit Ihrem Hund spazieren gehen – sollten Sie einen Plan in der Tasche haben, der Sie und Ihren Hund da heil herausbringt. Hier kommt das Not-Sitz-Platz ins Spiel. Und das sieht so aus: Wenn Sie einen frei laufenden Hund auf sich zurennen sehen (nehmen wir für den Anfang erstmal einen), bringen Sie Ihren Hund sofort einen Schritt neben und hinter sich ins Sitz-Platz. Wenn wir einmal davon ausgehen, dass Ihr Hund da bleibt, wo Sie ihn hingesetzt haben, machen Sie nun einen Schritt auf den sich nähernden fremden Hund zu und befehlen »Sitz!«. Erstaunlicherweise wird er vermutlich sogar gehorchen. (Auch wenn das in Ihren Ohren unwahrscheinlich klingt: Glauben Sie uns – wir werden später noch darauf zurückkommen, wie überraschend einfach Sie genau das hinbekommen können.) Je nach Hund werden Sie ihm nun entweder sagen, dass er da bleiben soll, wo er ist oder Leckerchen hinter ihm auf den Boden werfen, sodass Sie und Ihr Hund in die andere Richtung weggehen können.

Sie stehen also die ganze Zeit zwischen Ihrem und dem sich nähernden Hund. Sie managen im Grunde zwei Hunde auf einmal – das klingt schwierig, funktioniert aber in vielen Situationen erstaunlich gut. Uns selbst hat es schon einige Male aus der Patsche geholfen, weshalb wir auch Ihnen ans Herz legen, es einzuüben.

So fangen Sie an

Beginnen Sie wie immer in einer ruhigen Umgebung ohne Ablenkungen – nur Sie und Ihr Hund. Gehen Sie mit ihm zusammen vorwärts und verlangen dann »Sitz«, wenn er ganz leicht schräg hinter Ihnen ist (suchen Sie sich eine Seite aus und bleiben dann bei entweder rechts oder links). Für die meisten Hunde ist das Schwierigste an der Sache, sich hinzusetzen, ohne Ihnen gegenüber zu stehen. Falls Sie schon Obediencetraining mit Ihrem Hund gemacht haben, wird es ein Kinderspiel für ihn sein. Ansonsten wird er möglicherweise versuchen, nach vorn um Sie herumzugehen, Sie anzuschauen und sich dann hinzusetzen. Arbeiten Sie in dem Fall mit Futter und locken Sie den Hund damit in die richtige Position – in gleiche Blickrichtung neben sich.

Als Nächstes sagen Sie »Bleib« und gehen einen Schritt nach vorn, während Ihr Hund ruhig hinter Ihnen sitzen bleibt. Gehen Sie dahin zurück, wo Sie waren und schieben Ihrem Hund ein Leckerchen zu, während er weiterhin im »Platz« bleibt und Sie ihm ruhig schmeichelnd erzählen, was für ein toller Hund er ist. Geben Sie ihn ruhig frei (um keine Aufregung ins Spiel zu bringen) und wiederholen Sie dann das Ganze noch einmal. Lernziel für den Moment ist, dass Ihr Hund schön im »Platz« bleibt, während Sie ein paar Schritte weit nach vorn weggehen. Sobald das felsenfest sitzt, können Sie »Sitz-Platz!« mit ein wenig mehr Spannung in der Stimme sagen, so, wie Sie sich anhören würden, wenn Sie wirklich von einem heranstürmenden Greyhound überrascht würden. Nach und nach fügen Sie Signale und Kommandos an unsichtbare Hunde hinzu und verlangen »Bleib« von Ihrem Hund, während Sie sich von ihm abwenden und mit einem Phantomhund kommunizieren. Sie tun also anfangs nur so, als ob da noch ein weiterer Hund wäre, damit Ihr Hund sich in Ruhe an Ihr seltsames Verhalten gewöhnen kann.

Sobald Ihr Hund auch dann ruhig sitzen bleibt, während Sie mit imaginären anderen Hunden reden, können Sie mit echten Hunden üben. Bitten Sie Freunde um Hilfe, damit Sie die Übungseinheiten genau an den Könnensstand anpassen können. Natürlich müssen beide Hunde anfangs angeleint sein und sich nicht zu nahe kommen – auf geringere Distanz arbeiten Sie erst dann, wenn Sie und Ihr Hund Fortschritte gemacht haben. Vermeiden Sie nach wie vor Begegnungen mit fremden, frei laufenden Hunden, aber bereiten Sie Ihren Hund jetzt mit Hilfe ihm bekannter Hunde nach und nach »auf das richtige Leben« vor.

So gehen Sie mit dem anderen Hund um

Wie Sie sehen, ist das Grundprinzip sehr simpel: Bringen Sie Ihrem Hund ein Not-Sitz-Platz bei, damit Sie sich zwischen ihn und den herankommenden Hund stellen können. Konzentrieren Sie sich dann darauf, den fremden Hund von Ihrem abzublocken und ihn abzulenken, damit Sie weggehen können. Am erfolgreichsten ist es, wenn Sie ein paar Tricks aus dem Ärmel schütteln können: Unsere erste Wahl ist immer, »Sitz« zu sagen, weil so viele Hunde das Kommando kennen und es ohne großes Nachdenken zu befolgen scheinen – egal, wer es sagt. Dabei hilft es enorm, wenn Sie zusätzlich ein Handzeichen geben – strecken Sie ihm die flache Hand entgegen und Sie steigern die Chance, dass er gehorcht, erheblich. Unserer eigenen Erfahrung nach setzen viele Hunde in dieser Situation sich nicht hin, sondern bleiben stehen und warten – sie verlagern ihre Aufmerksamkeit von Ihrem Hund auf Sie, und das ist genau das, was Sie möchten.

Effektiv ist auch, eine Handvoll Leckerchen hinter dem fremden Hund auf den Boden zu werfen, damit er von Ihrem Hund abgelenkt ist. Sie können ihm die Leckerchen sogar direkt ins Gesicht werfen, um ihn noch stärker abzulenken. So manch einer hatte auch schon Erfolg damit, den Regenschirm plötzlich aufzuklappen und dem herannahenden Hund entgegen zu halten. Oder Sie versuchen, einen Torwart zu imitieren und verstellen dem anderen Hund mit Ihrem Körper den Weg. Diese Methode birgt allerdings ein etwas höheres Risiko, weil Sie Ihren eigenen Körper in die potenzielle Gefahrenzone bringen. Tun Sie das also nur, wenn Sie bereit sind, ein wenig Risiko zu tragen. Unserer Erfahrung nach sind die meisten Hunde aber so auf den anderen (Ihren) Hund fixiert, dass ihnen gar nicht in den Sinn kommt, Ihnen etwas tun zu wollen. Das müssen Sie selbst aus der Situation heraus entscheiden. Im Idealfall haben Sie den anderen Hund aber schon lange vorher gestoppt und können mit Ihrem unbemerkt davonschleichen, während der ungebetene Besucher Leckerchen aus dem Gras aufsammelt.

Es versteht sich von selbst, dass all diese Geräusche und Bewegungen Ihren Hund dazu bringen können, aus dem »Bleib« aufzustehen. Achten Sie also darauf, dass er im Training viel positive Bestärkung dafür bekommt, dass er seine Position unter allen Umständen hält. Drehen Sie sich zwischen all den seltsamen Verrenkungen, die Sie dem anderen Hund gegenüber machen, also immer wieder einmal zu Ihrem Hund um und belohnen ihn fürs Sitzenbleiben, damit er froh ist, seine Position zu halten – auch wenn er glaubt, dass Sie verrückt geworden sind. Wir selbst loben unseren eigenen Hund in dieser Situation nicht nur mit Futter, sondern auch mit ruhiger Stimme (»Du bist SO ein braves Mädchen, SO schön wartest du!«) während wir dem anderen Hund autoritärere Signale geben.

Meistens sieht das Not-Sitz-Bleib ungefähr so aus: Sie befehlen Ihrem Hund schnell, aber leise sich hinter Sie zu setzen und dort zu bleiben. Sie stellen sich zwischen Ihnen und den fremden Hund und teilen letzterem mit autoritären Worten und Gesten mit, dass er sich hinsetzen und bleiben soll. Wenn das funktioniert, werfen Sie eine Handvoll

Leckerchen hinter ihn und gehen mit Ihrem Hund weg, solange er diese aufsammelt. (Vorsicht, geben Sie hier kein Auflösungskommando, sonst würden Sie Ihren eigenen Hund verwirren. Die meisten fremden Hunde werden ohnehin aufstehen, wenn Sie Leckerchen werfen.) Wenn »Sitz und Bleib« nicht funktioniert, werfen Sie dem anderen Hund die Leckerchen direkt ins Gesicht und machen Sie damit so lange weiter, bis Sie sich mit Ihrem Hund entfernen können.

Die meisten unserer Kunden hielten uns für verrückt, wenn wir Ihnen mit dieser Methode kamen. Sie konnten nicht glauben, dass das funktionieren sollte! Es wird auch nicht immer funktionieren, das können wir Ihnen garantieren. Aber es funktioniert beeindruckend oft und ist deshalb wert, dass man es übt und in sein Repertoire aufnimmt,

Andere Optionen für den Notfall

Ein Not-Sitz-Platz ist ein wertvolles Hilfsmittel, aber es ist immer gut, noch ein paar andere Ideen in petto zu haben. Wir liefern Ihnen hier ein paar Anregungen, aber Sie kennen Ihren Hund und Ihre Situationen besser als irgendjemand sonst – machen Sie sich also auch selbst ein paar Gedanken darum, wie Sie schnell handeln könnten, wenn es nötig wird. In einem Notfall haben Sie keine Zeit, über die perfekte Reaktion nachzudenken, also treffen Sie Ihre Entscheidung schon im Vorfeld. So sind Sie dann, wenn Sie es brauchen, geistig darauf vorbereitet, mit effektivem Handeln eine potenzielle Krise in einen Trainingserfolg zu verwandeln.

Einige unserer Kunden haben sich Fluchtwege für den Notfall ausgesucht – Einfahrten, hinter einem Auto oder in eine andere Straße hinein. Wenn es keinen Ausweg gibt, können Sie versuchen, Ihrem Hund eine Handvoll Leckerchen zwei Zentimeter vor die Nase zu halten, um ihn von dem sich nähernden Hund abzulenken und dann so schnell wie möglich in eine andere Richtung zu gehen. Wenn eine Begegnung unvermeidlich ist, achten Sie unbedingt darauf, nicht an der Leine zu zerren: Das würde die Anspannung nur noch steigern und alles schlimmer machen. Bei manchen Hunden und in manchen Situationen kann es sogar helfen, die Leine komplett fallen zu lassen, aber das können wir aus Sicherheitsgründen natürlich nicht generell empfehlen! Sie müssen von Fall zu Fall entscheiden, ob diese Lösung zu verantworten ist. Oft verhalten Hunde sich besser, wenn man sie mit fröhlicher, trällernder Stimme aufmuntert – vorausgesetzt, die Stimme klingt wirklich entspannt. Achten Sie darauf, sich selbst nicht zu verkrampfen oder die Luft anzuhalten – beides verstehen Hunde als Signale für Anspannung und Bedrohung, was nur zur weiteren Aufregung beitragen kann. Atmen Sie also bewusst tief durch und bleiben Sie körperlich locker. Oft hilft es auch, sich umzudrehen, ein, zwei Schritte weit von Ihrem Hund und dem »Besucher« wegzugehen und beide gemeinsam zu einem Spaziergang mit Ihnen aufzufordern anstatt sich darauf zu konzentrieren, dass aus der Begrüßung der Hunde gleich ein Problem entstehen wird.

Was auch immer Ihr Plan ist: Bleiben Sie so ruhig und entspannt wie möglich. Oder versuchen Sie zumindest, so zu tun und atmen Sie tief durch, denn Ihr eigenes Verhalten kann die Situation entweder eskalieren lassen oder entspannen. Und denken Sie daran, dass auch ein unglücklicher Rückschritt nicht gleich bedeutet, dass Ihre ganze bisherige Arbeit umsonst und die schon erreichten Fortschritte zunichte gemacht wurden. Falls es zu einem solchen Rückschritt gekommen ist, organisieren Sie möglichst ein geplantes Trainingstreffen mit einem anderen Hund in einer ähnlichen Situation, aber so, dass Sie und Ihr Hund erfolgreich daraus hervorgehen können. Das wird Ihnen beiden helfen, die unangenehme Überraschungserfahrung wieder da zu lassen, wo sie hingehört, nämlich hinter sich. Und morgen ist wieder ein neuer Tag!

TRAININGSTIPPS ZUM MERKEN

Auch, wenn jede Situation anders ist: Es lohnt sich, noch schnell einmal ein paar Grundregeln zu wiederholen, die über Erfolg und Misserfolg bei jeder Art von Training entscheiden können. Profis aus allen möglichen Fachbereichen weisen immer wieder darauf hin, wie wichtig die sichere Beherrschung der Grundlagen ist. Nehmen Sie sich diesen Hinweis zu Herzen und überlegen Sie, ob Sie die folgenden Punkte wirklich beherrschen.

Haben Sie das, was Ihr Hund möchte?

Bedenken Sie, dass Ihr Hund bestimmt, was eine Bestärkung ist und was nicht. Sie müssen als Erstes herausfinden, wofür Ihr Hund zu arbeiten gewillt ist, damit Sie es schaffen, bei schwacher bis mäßiger Ablenkung seine Aufmerksamkeit auf sich zu ziehen. Geben Sie nicht auf, bis Sie etwas gefunden haben, das funktioniert. (Wir selbst haben schon Kaninchenfell, tote Tauben, gebrauchte Papiertaschentücher und Schafsköttel durch, neben den Klassikern wie Hühnchen, Leber, Tennisbällen und Quietschspielzeugen.) Vergessen Sie nicht, dass auch das gute alte Fangspiel für viele Hunde ein toller Bestärker ist, besonders für solche, die auch bei gutem Futter eher die Nase rümpfen.

Beginnen Sie in einfachen Situationen

Behalten Sie Ihr Endziel – an einem anderen Hund auf dem Bürgersteig ruhig vorbeigehen – im Auge, aber bedenken Sie, dass Sie es nur dann erreichen, wenn Sie auf dem Weg dahin nicht zu große Schritte machen. Überlegen Sie gut, wie Sie nach und nach in Situationen üben können, die dem Endziel allmählich immer näher kommen. Schritt für Schritt, langsam, aber stetig – auch Rom wurde nicht an einem Tag gebaut! So simpel das auch klingt: Genau dieser Gesichtspunkt wird beim Hundetraining von Anfängern am häufigsten vernachlässigt. Konzentrieren Sie sich also darauf, immer nur einen Schritt auf einmal zu machen, wenn Sie Ihren Hund trainieren, denn das scheint uns Menschen sehr schwer zu fallen – obwohl es eigentlich auf der Hand liegt.

Beginnen Sie in einer völlig ablenkungsfreien Umgebung und arbeiten Sie sich dann langsam zu leichten, mittleren und starken Ablenkungen vor. Das gilt sowohl innerhalb jeder Übungseinheit als auch von einer Übungseinheit zur nächsten.

Richtiges Wiederholen ist entscheidend

Richtiges Wiederholen bedeutet nicht, dass Sie in jeder Übungseinheit zwanzig Mal hintereinander »Schau« von Ihrem Hund verlangen sollten. Es bedeutet vielmehr, dass Sie genau so viel üben müssen, dass die geforderten Dinge für Ihren Hund zur zweiten Natur werden. Im Anfangsstadium des Trainings wird Ihr Hund am schnellsten lernen, wenn jede Übungseinheit mehrere Wiederholungen enthält. Sie könnten zum Beispiel durchaus in einer zehnminütigen Trainingseinheit mit dem Hund eines Freundes dreiundzwanzig Mal »Schau« verlangen. Wir haben die besten Erfahrungen damit, fünf bis sieben Mal hintereinander »Schau« zu verlangen, dann dem Hund eine Pause zu gönnen (Bauch kraulen, am Boden herumschnüffeln) und anschließend weiterzumachen.

Die einfachste Übung sollte dabei immer zuerst kommen. Wir machen die einfachste Übung immer gerne ein bis zwei Mal hintereinander, dann auf gesteigerter Schwierigkeitsstufe ebenfalls ein bis zwei Mal und anschließend (aber nur dann, wenn es bis hierher gut geklappt hat) nochmals etwas schwieriger, wieder ein bis zwei Mal. Allerdings raten wir Ihnen, nicht immer mit dieser gleichmäßigen Steigerung zu arbeiten. Manchmal ist es besser, nach ein paar Wiederholungen auf der einfacheren Stufe aufzuhören und manchmal besser, unterwegs zur schwierigeren Stufe zwischendrin immer mal wieder eine ganz einfache Anforderung einzubauen.

Wenn Sie beispielsweise beim letzten Üben von »Schau« mit einem fremden Hund in zehn Metern Entfernung gearbeitet haben, könnten Sie nun »Schau« mit einem fremden Hund in folgenden Entfernungen – in dieser Reihenfolge – arbeiten: 15 Meter, 12 Meter, 10 Meter, 5 Meter, 5 Meter, 4 Meter, 10 Meter. Die tatsächliche Entfernung hängt natürlich immer vom Hund ab, aber das meiste Üben sollte an den mittleren Schwierigkeitsstufen stattfinden, anstatt gleich ohne Übergang vom Leichten zum Schweren zu springen.

Sobald Ihr Hund die Sache beherrscht, verlangen Sie immer wieder mal zwischendurch nur ein einziges Mal Anschauen oder Kehrtwendung und machen dann etwas anderes, wenn es gut funktioniert hat. Wichtig ist vor allem, mit einer guten Leistung aufzuhören und sicherzustellen, dass Ihr Hund sich freut, Ihnen gehorcht zu haben.

Seien Sie flexibel

Nur weil Ihr Hund gestern eine fantastische Leistung gezeigt hat, heißt das noch lange nicht, dass er das heute wieder tut. Lassen Sie sich davon nicht zurückwerfen. Vielleicht ist er aufgeregt, weil es draußen so stürmisch ist, weil irgendwo ein fremder Hund bellt oder vielleicht hat er etwas gefressen, das ihm schwer im Magen liegt. Vielleicht hat er sich um elf Uhr aufgeregt, weil er in der Nachbarschaft einen neuen Welpen gesehen und das jetzt um zwei Uhr immer noch nicht vergessen hat, auch, wenn Sie das meinen. Es gibt viele mögliche Ereignisse im Laufe eines Tages, die den Grunderregungszustand Ihres Hundes verändern können, ohne dass Sie es nach außen hin sehen – aber Sie merken es, wenn Sie eine Alte-Angeber-Übung von ihm verlangen.

Wenn Sie nicht herausfinden können, warum Ihr Hund sich heute anders benimmt als sonst, machen Sie sich darum nicht zu viele Gedanken. Hunde sind auch nur Menschen – sie können gute und schlechte Tage haben. Grübeln Sie nicht darüber nach, warum Goldie wohl einen schlechten Tag hat, sondern machen Sie einfach das Beste aus der Situation. (Das gilt nicht, falls Ihr Hund beständig immer schlechter statt besser werdende Leistungen zeigt – dann sollten Sie Ihr Vorgehen unbedingt überdenken!)

Das Beste aus der Situation zu machen heißt, dass Sie – bildlich gesprochen – die Latte an diesem Tag nur so hoch legen, wie Ihr Hund sie auch nehmen kann. Man braucht viel Flexibilität und Vertrauen, um sich nicht in den eigenen Erwartungen festzufahren und immer mit dem zu arbeiten, was man eben gerade an diesem Tag hat. Rufen Sie sich das jeden Tag wieder in Erinnerung! Vielen Menschen hilft es, ein Trainingstagebuch zu führen: So behalten Sie das Gesamtbild im Blick und lassen sich von kleineren Ausrutschern unterwegs nicht so schnell aus der Bahn werfen.

Hundetrainer und wissenschaftlich arbeitende Ethologen wissen: Auf einen scheinbaren Rückschritt folgt oft ein besonders großer Lernfortschritt. Halten Sie also durch, legen Sie die Latte niedriger, wenn Ihr Hund Probleme hat und freuen Sie sich auf den nächsten Anstieg der Erfolgskurve.

Aufhören, wenn es am schönsten ist

Falls Ihr Hund mit einer bestimmten Übung Schwierigkeiten hat, schrauben Sie die Anforderungen wieder so weit herunter, dass er mit einem Erfolg abschließen kann. Falls er aber im Gegenteil so tolle Leistungen zeigt, dass Sie ganz begeistert sind, hören Sie unbedingt mit Üben auf, bevor Sie zu viel verlangen und den Misserfolg damit vorprogrammieren. Eine Freundin von uns fasste diesen häufigen, unabsichtlichen Trainingsfehler einmal sehr schön in Worten zusammen, als sie feststellte. »Du meine Güte. Mir ist gerade klar geworden, was ich von meinem Hund verlangt habe: Dass er die Übung so lange wiederholen soll, bis er einen Fehler macht!«

Durch Versuch und Irrtum haben wir auch herausgefunden, dass man am besten genau dann aufhören sollte, wenn es einem am schwersten fällt. Hören Sie auf, wenn Sie voller Begeisterung über Ihren tollen Hund sind und am liebsten unbedingt weitermachen möchten – bevor die nächste Übung vielleicht schiefgeht. Bedenken Sie außerdem, dass viele Hunde zwischen den Übungseinheiten Fortschritte machen und nicht darin. Versuchen Sie also nicht, irgendetwas zu erzwingen, wenn es Ihnen so vorkommt, als ob Sie nur auf der Stelle treten würden. Hören Sie mit einer guten Leistung des Hundes auf, auch wenn Sie dazu einen oder zwei Schritte zurückgehen mussten, und überprüfen Sie den Fortschritt dann in der nächsten Übungseinheit.

VORBEUGUNG

Vorbeugen ist besser als ...

In gewisser Weise ist die Reaktion Ihres Hundes auf andere Hunde so etwas wie eine schlechte Angewohnheit. Immer wenn er bellt und eine Show macht hat er Ähnlichkeit mit einem Raucher, der eigentlich aufhören möchte, aber »nur noch eine Zigarette« raucht. Deshalb ist alles richtig, was Ihnen hilft, einen unerfreulichen Begegnungs-Zwischenfall zu verhindern. Vorbeugen bedeutet nicht Aufgeben. Es ist vielmehr eine Möglichkeit, den Hund vor Situationen zu bewahren, die ihn überfordern oder verängstigen könnten und die ihn in seinen alten schlechten Gewohnheiten stärken würden.

Vermutlich haben Sie sich in der Vergangenheit schon viel Mühe gemacht, um Hundebegegnungen in Ihrer Nachbarschaft zu vermeiden. Es kann aber nie schaden, sich auch jetzt noch einmal zu überlegen, wie Sie Schwierigkeiten aus dem Weg gehen, während Sie Ihrem Therapieplan folgen. Die meisten Besitzer von alten Angebern gehen mit ihren Hunden zu ruhigeren Tageszeiten spazieren. (Um halb sechs Uhr abends spazieren zu gehen kann aber unserer Erfahrung nach mit so gut wie jedem Hund zu Problemen führen!) Falls Sie einem anderen Hund begegnen, zögern Sie nicht, die Straßenseite zu wechseln oder umzudrehen und in die andere Richtung zu gehen. Damit das möglich ist, sollten Sie am besten verkehrsarme Straßen auswählen. Natürlich meiden Sie schon Orte, an denen Sie frei laufenden Hunden begegnen könnten, aber achten Sie vielleicht auch auf Grundstücke mit hohen Hecken oder Sichtschutzzäunen, die herannahende Hunde vor Ihren Blicken verbergen könnten, bis sie schon ganz nah sind. Das Wichtigste ist: Wenn irgendeine Situation Ihnen Sorgen macht, dann gehen Sie ihr aus dem Weg. Viele unserer Kunden haben in der Anfangsphase des Trainings ganz auf Spaziergänge in ihrer Nachbarschaft verzichtet und andere Möglichkeiten gesucht, wie sie ihre Hunde bewegen können. Sie sind nicht feige, wenn Sie Problemen aus dem Weg gehen. Sie sind ein kluger und bedachter Hundebesitzer mit einem sorgfältig ausgeklügelten Therapieplan.

Auch zuhause sind Manieren wichtig

Bedenken Sie, dass Ihr Hund immer lernt, egal, ob Sie gerade mit ihm trainieren oder nicht. Und weil das so ist, ist es so wichtig, dass Ihr Hund tagsüber zuhause nicht wieder das verlernt, was Sie ihm während der geplanten Übungszeiten beizubringen versuchen. Häufig passiert das in Häusern, in denen die Hunde aus dem Fenster oder hinter dem Grundstückszaun hervor anderen Hunden nachbellen können. Wenn Sie Ihrem Hund gerade ein Alternativverhalten zu Bellen und Attackieren beizubringen versuchen, werden Sie es nicht weit bringen, wenn er zuhause weiterhin alle vorbeikommenden Hunde »anmacht«. Wenn er aus dem Wohnzimmer heraus oder vom Hof aus andere Hunde anbellen kann, warum sollte er es dann nicht auch tun, wenn er mit Ihnen unterwegs ist?

Verhindern Sie also, dass er in Ihrer Abwesenheit bellt, indem Sie ihm den Blick auf möglicherweise vorbeikommende Hunde versperren. Ziehen Sie die Vorhänge zu, stellen Sie Pappe ins Fenster oder bringen Sie den Hund in einen Raum, aus dem er nicht auf die Straße sehen kann. Würden Sie ein fünfjähriges Kind mit einer unbegrenzten Menge an frei zugänglichen Süßigkeiten alleine zuhause lassen? Sicher nicht. Unterstützen Sie also auch Ihren Hund, indem Sie einfach die Versuchung von ihm nehmen, wenn Sie selbst nicht anwesend sind. Das gilt auch für Ihren Hof oder Garten – lassen Sie Ihren Hund nicht unbeaufsichtigt dort, wenn die Möglichkeit besteht, dass er von dort aus vorbeikommende Hunde anbellt.

Wenn Sie zuhause sind und Zeit haben, verlangen Sie von Ihrem Hund die gleichen Reaktionen wie draußen auf dem Spaziergang, wenn er einen anderen Hund anbellen möchte. Sagen Sie »Schau«, sobald er einen sich nähernden Hund erspäht hat und belohnen ihn sofort mit etwas wirklich Gutem. Denken Sie daran: Das Schwierigste für Ihren Hund ist, seinen Kopf von dem anderen Hund abzuwenden – bestärken Sie also genau in dem Augenblick, in dem der Kopf zu Ihnen herumkommt. Im Beispiel mit dem Fenster motivieren Sie Ihren Hund gleichzeitig dazu, seinen Kopf abzuwenden und vom Fenster wegzugehen. Sagen Sie »Schau!« und in dem Moment, in dem er Ihnen seinen Kopf zuwendet, »genug!« und laufen ein paar Schritte ins Haus hinein, wobei Sie ihn zum Mitkommen auffordern. Geben Sie ihm dann das Leckerchen oder werfen Sie es weit genug entfernt vom Fenster auf den Boden, damit er lernt, den Platz am Fenster zu verlassen, sobald ein anderer Hund vorbeigeht.

Hunde, die verrückt nach Spielzeug sind, lassen sich in ihrer Aufmerksamkeit besonders leicht von den Geschehnissen auf der Straße aufs Hausinnere umlenken. Sagen Sie »Schau«, sobald er draußen einen anderen Hund sieht, geben Sie ihm ein klares Auflösungskommando und werfen ein Spielzeug in Richtung weg vom Fenster. Viele Hunde nehmen schon nach ein paar Wiederholungen das Kommando »Schau« vorweg, drehen sich sofort um und rennen nach dem Spielzeug. Wow! Was für ein Hund! Für diese selbst initiierte Reaktion hat er, genau wie beim »Selbstgucker«, einen Jackpot verdient. Für ballverrückte Hunde tut ein gemeinsames Bällchenspiel die gleichen Dienste.

Was auch immer Sie tun, um das richtige Verhalten zu bestärken: Tun Sie es mit Freude und arbeiten Sie weiter daran, das Problemverhalten durch ein anderes, für Sie und Ihren Hund akzeptables Verhalten zu ersetzen. Ob Sie dazu Leckerchen oder Spielzeug benutzen ist egal, wichtig ist nur, dass Ihr Hund eine neue Reaktion auf sich nähernde Hunde lernt – sei es bei Ihnen zuhause oder draußen unterwegs. Ihr Job ist, ihm beizubringen: Auf Annäherung eines anderen Hundes reagiert er automatisch damit, dass er sich von diesem ab- und etwas anderem zuwendet – sei es, dass er Ihnen ins Gesicht schaut, ein Leckerchen anschaut, sich auf Sie oder auf ein Spielzeug zu bewegt.

Wir haben die besten Erfolge damit erzielt, sowohl bei sich zufällig ergebenden Gelegenheiten zu üben als auch in organisierten Trainingsstunden, für die Treffen mit befreundeten Hundehaltern zu festen Orten und Zeiten vereinbarten. Achten Sie immer darauf, Ihre Leckerchen oder sonstigen Bestärkungen leicht greifbar dabei zu haben, damit Sie immer auf unerwartete Begegnungen reagieren können.

Im Auto

Das Bellen aus dem Auto heraus ist eine weitere Sache, die höflichem Benehmen an der Leine anderen Hunden gegenüber entgegenwirken kann. Vermeiden Sie auch hier Situationen, in denen der Hund alleine im Auto ist und unkontrolliert alle vorbeikommenden Hunde wie ein Wahnsinniger anbellen kann. Geschlossene oder abgedeckte Transportboxen können deshalb sehr praktisch sein, wenn Sie selbst fahren und sich nicht gleichzeitig dem Hund widmen können. Falls jemand anderer am Steuer sitzt oder Sie mit Ihrem Hund im parkenden Auto sitzen, dann trainieren Sie wie gewohnt: Verlangen Sie »Schau«, wenn Sie beide einen anderen Hund kommen sehen oder muntern Sie ihn einfach mit Lob und Leckerchen auf.

Am besten funktioniert das Training, wenn Sie an einem Ort parken können, an dem mit Sicherheit andere Hunde vorbeikommen. Futterfachmärkte, Hundeschulen oder Tierarztpraxen sind immer eine gute Wahl. Parken Sie Ihr Auto in einer Entfernung zu den Hunden, die Ihr Hund ertragen kann und spielen Sie das Anguck-Spiel genau so, wie Sie es auch beim Spazierengehen tun. Viele Hunde benehmen sich im Auto noch schlimmer als auf dem Bürgersteig – seien Sie also nicht überrascht, wenn Ihr Hund in dieser Situation jetzt vielleicht Rückschritte macht. Wenn

Sie auf den Spaziergängen hart mit Ihrem Hund trainieren, dürfen Sie sich im Auto auch durchaus eine Atempause gönnen und den Hund in eine Box sperren. Sie müssen sich deshalb kein bisschen schuldig fühlen. Für Ihren Hund ist es ohnehin immer sicherer, in einer Box anstatt frei im Auto mitzufahren, egal, wie er sich verhält.

SONDERFÄLLE
HUND?
WELCHER HUND?
ICH SEHE KEINEN HUND!

Manche Hunde haben so große Angst vor fremden Hunden, dass sie sie bestenfalls erst dann anschauen möchten, wenn der andere sozusagen schon auf ihnen draufsitzt. Wir hatten selbst eine inzwischen verstorbene Hündin namens Misty, die so viel Angst vor anderen Hunden hatte, dass sie immer wegschaute, wenn es irgendwie nur ging und der andere nicht gerade direkt vor ihrem Gesicht stand. Auf den ersten Blick wirken Hunde wie Misty so, als ob sie den anderen Hund gar nicht bemerkt hätten, aber wenn Sie genauer hinsehen, werden Sie feststellen, dass sie nie in eine bestimmte Richtung schauen, nämlich in die des anderen Hundes. Solche Hunde haben nur zwei Reaktionen auf andere Hunde: So zu tun, als ob er andere gar nicht da wäre, falls er dazu weit genug entfernt ist, oder aber in Knurren, Bellen und Zähnefletschen zu explodieren, wenn er zu nahe gekommen ist.

Die Übung »Schau« wird nicht helfen, wenn Ihr Hund so große Angst vor anderen Hunden hat, dass er sie nicht einmal anschaut. Falls Sie einen solchen Hund besitzen, bringen Sie ihm zuerst bei, auf Ihr Signal hin andere Hunde anzuschauen. Wir nennen das »Wo ist der Hund?«. Damit kann man gut denjenigen (wenigen) Hunden helfen, die so viel Angst haben, dass sie eine kleine Extra-Unterstützung brauchen, bevor man mit ihnen am Anschauen und der Kehrtwendung üben kann. Bevor Sie weiterlesen: Diese

Technik hilft wirklich nur bei einem kleinen Prozentsatz der leinenaggressiven Hunde.

»Wo ist der Hund?« ist für die meisten Hunde nicht nur unnötig, sondern kann bei einigen sogar zu Problemen führen. Der letzte Hund, dem man es beibringen sollte, ist einer, der auf die Annäherung eines Artgenossen mit Erstarren und drohenden, starrenden Blicken reagiert. Es taugt auch nicht für Hunde, die mit Wegschauen auf andere reagieren und bei Begegnungen ihren Kopf zur Seite drehen, um Blickkontakt zu vermeiden und sozialen Spannungen aus dem Weg zu gehen (in gewisser Weise ähnelt dies der Übung »Schau«). Gewöhnen Sie Ihrem Hund diese wertvolle Geste nicht ab, sie ist wichtig für sein soziales Repertoire. Es gibt nur einen einzigen Typ von Hund, der von »Wo ist der Hund?« profitiert – nämlich der, der es konsequent vermeidet, alle fremden Hunde anzuschauen, egal, wie weit diese weg sind, aber der zur Attacke übergeht, wenn der andere zu nahe kommt.

»Wo ist der Hund?« lernen

Beginnen Sie wie mit jeder neuen Übung in einer Umgebung mit wenig Ablenkungsreizen. Da Sie »Wo ist der Hund?« nicht ohne einen zweiten Hund üben können, müssen Sie gut überlegen, wo Sie Ihre erste Übungsstunde abhalten. Es muss einer sein, an dem der andere Hund von einem Zaun oder von einer Leine begrenzt wird, damit Sie die Kontrolle darüber behalten, wie groß die Entfernung zwischen beiden Hunden ist. Sie müssen sich darauf verlassen können, dass der andere Hund nicht zu nahe kommt und bei Ihrem den Auslöseknopf drückt. Ihren Hund halten Sie entweder dadurch entspannt, dass Sie weit genug von dem anderen Hund wegbleiben oder dass Sie mit einem Hund arbeiten, den Ihr Hund gut kennt und gegenüber dem er sich höflich benimmt. Versteht sich von selbst, dass ein solcher befreundeter Hund, auf den Ihrer positiv reagiert, viel näher kommen kann als ein Fremder.

Im Idealfall haben Sie ein paar gute Freunde, die Hunde genauso gerne mögen wie Sie, die ruhige, freundliche Hunde haben und sich dazu bereit erklären, Ihnen ein paar Mal pro Woche zu verabredeten Zeiten auf dem Bürgersteig entgegen zu kommen. Ja gut, klar, das ist wie gesagt der Idealfall. Wenn Ihnen kein ganzer Club von Menschen zur Verfügung steht, die alle nichts Besseres zu tun haben, als Ihnen bei der Hundeerziehung zu helfen, dann suchen Sie sich einen Ort aus, an dem Sie nur auf angeleinte Hunde treffen (Eingang zur Hundeschule oder zur Tierarztpraxis) und stellen sich in gebührendem Abstand in Position. Der andere Hund muss so nah sein, dass Ihr Hund ihn bemerkt, aber auch weit genug entfernt, dass er ruhig bleibt und weiterhin in der Lage ist, auf Sie zu achten. Wenn Ihnen hierbei ein Freund zur Seite stehen kann, umso besser – es schadet nie, wenn im Zweifelsfall jemand helfen kann.

Wenn der andere Hund in Sichtweite kommt, sagen Sie mit fröhlicher, klarer Stimme »Wo ist der Hund?«. Falls Ihr Hund den anderen Hund jetzt durch irgendein Wunder anschaut, markieren Sie dieses Verhalten sofort, indem Sie »gut!« sagen oder mit der Zunge schnalzen, falls Ihr Hund clicker-gebildet ist. Dann geben Sie ihm innerhalb der nächsten Sekunde ein wirklich gutes Leckerchen. Timing ist im gesamten Training wichtig, aber dieses Signal erfordert ein ganz besonders genaues Timing, weil es sonst für den Hund sehr schwierig herauszufinden ist, für was er denn bestärkt wird. Hat er das Leckerchen dafür bekommen, dass er nach links geschaut hat, den Besitzer des anderen Hundes angeschaut hat oder etwas, das sich bewegt? Es ist gar nicht so einfach, sicher zu sein, dass der Hund versteht, für was er bestärkt wird. Helfen Sie ihm also, indem Sie so präzise wie möglich sind. Eine ideale Situation für den Einsatz des Aufmerksamkeit weckenden und präzisen Clickers!

Er will den anderen Hund nicht anschauen und dieses Buch nicht lesen

Falls Ihr Hund den anderen nicht anschauen möchte (das ist ja immerhin das Problem, an dem Sie arbeiten!), dann versuchen Sie nicht, ihn zu zwingen. Vermeiden Sie Hinzeigen und schmeichelndes Zureden, von Bitten und Betteln ganz zu schweigen, denn das wird nur dazu führen, dass der Hund weiter auf Sie achtet. Viel effektiver ist, wenn der Führer des anderen Hundes im Kreis geht oder ein paar Schritte zur Seite macht. Die meisten Hunde fühlen sich von Bewegung angezogen, selbst, wenn sie sie nur aus dem Augenwinkel wahrnehmen. Versuchen Sie es also zu arrangieren, dass der andere Hund sich bewegt und fragen dann in diesem Moment »Wo ist der Hund?«. Der andere Hundebesitzer könnte auch ein Geräusch machen wie Räuspern, Schnalzen oder in die Hände klatschen, aber lassen Sie diese Unterstützung so schnell wie möglich wieder weg.

Ihr Hund soll ja andere Hunde anschauen, nicht andere Menschen. Bei sehr schwierigen Fällen formen Sie das Verhalten am besten, indem Sie schon den kleinsten Ansatz zur gewünschten Reaktion belohnen, auch wenn das nur ein Blick in Richtung des anderen Hundes und nicht auf den anderen Hund direkt ist.

Wenn sich die Gelegenheit bietet

Falls Ihr Hund von sich aus gerade einen anderen Hund angeschaut hat, dann greifen Sie diese einmalige Gelegenheit beim Schopf und nutzen sie aus. Sagen Sie »gut!« und belohnen ihn mit einem Jackpot, damit er genau wie Sie begeistert über den ganzen Vorgang ist. Wenn Sie anfangs mit anderen Hunden in großer Entfernung geübt haben und Ihre Bestärkung gut genug ist, wird Ihr Hund vermutlich schon nach drei bis fünf Mal üben anfangen, von sich aus andere Hunde anzuschauen. Sobald er dieses Verhalten verlässlich anzubieten beginnt, können Sie anfangen, an »Schau!« zu arbeiten. Zu unserem großen Vorteil entwickelt sich aus »Wo ist der Hund?« oft ganz von alleine ein »Schau«. Hunde, denen man »Wo ist der Hund?« beigebracht hat, lernen schnell, in Erwartung eines Leckerchens ihre Besitzer anzuschauen, nachdem sie den anderen Hund angesehen haben. Das klingt doch wie »Schau«, oder? Es gibt also gar keinen Grund, entmutigt zu sein, wenn Ihr Hund zuerst »Wo ist der Hund« lernen muss, bevor Sie ihm »Schau« beibringen. Er teilt Ihnen nur mit, wie viel Angst er vor anderen Hund hat und wird Ihnen sehr dankbar dafür sein, dass Sie ihm aus dieser Lage herauszuhelfen versuchen.

DANN GEH ICH EBEN

Diese Technik, in der der Besitzer sich einfach umdreht, weggeht und seinen Hund alleine stehen lässt, falls dieser sich aggressiv benimmt, wurde zuerst von John Fisher beschrieben. Nach Fisher soll der Besitzer seinen Hund sofort bei irgendeinem Anzeichen rüpelhaften Benehmens alleine lassen, meistens, indem er durch eine gut platzierte Tür verschwindet. Mehrere amerikanische Top-Hundetrainer, darunter Trish King von der Marine Humane Society und Pia Silvani vom St. Hubert's Animal Welfare Center, haben ihre eigenen Versionen dieser Methode entwickelt, die, wenn man sie am richtigen Hund anwendet, zu dramatischen Erfolgen führen kann.

Am besten funktioniert diese Methode bei Hunden, die ein bisschen unsicher sind und sehr an ihrem Besitzer kleben. Außerdem ist sie gut für Hunde, die auf alle anderen Artgenossen problematisch reagieren (nicht nur einen bestimmten Typ von Hund) und für Hunde, deren schlechtes Verhalten an der Leine noch nicht allzu lange Zeit besteht. Sie kann auch bei Hunden funktionieren, deren Verhalten umso schlechter wird, je näher sie bei ihrem Besitzer sind. Manche dieser Hunde sind besitzergreifend in Bezug auf Ihren Menschen und reagieren aggressiv auf Hunde, die ihm zu nahe kommen. Die Besitzer berichten dann oft, ihr Hund wolle sie »beschützen« – tatsächlich beschützt er aber nur seinen eigenen Anspruch auf diesen Menschen. »Sie ist mein Knochen und ich teile nicht mit dir«, könnte dann die Übersetzung seines wilden Gebells lauten. Wenn das bei Ihrem Hund der Fall ist und das, was er haben möchte,

Zugriff auf Sie ist, dann kann es sehr wirkungsvoll sein, wenn Sie sich selbst bei Anzeichen groben Verhaltens »wegnehmen«.

Eine Version der Technik ist, dass der Besitzer beim kleinsten Anzeichen aggressiven Verhaltens seines Hundes auf dem Absatz kehrt macht und wie wild in die andere Richtung davonrennt. Dabei macht er im Gegensatz zu den vorher erwähnten Kehrtwendungen keine Anstalten, den Hund zum Mitkommen aufzufordern, sondern benutzt vielmehr ein Wortsignal wie »tschüss« oder »Pech«, wirft dem Hund die Leine als Berührungssignal (nicht als Strafe!) über den Rücken und flitzt davon, den Hund alleine im Regen stehen lassend. Diese dramatisch klingende Methode ist aber trotzdem ungefährlich, weil ein Helfer den Hund zusätzlich an einer sechs Meter langen Schleppleine hält und ihn damit im Notfall sichern kann. Die Schleppleine soll den Hund in keiner Weise einschränken, sondern lediglich verhindern, dass er sich auf andere Hunde stürzt oder sich allgemein zum Idioten macht. Ein Vorteil dieser Methode ist, dass der Besitzer sich umdrehen und wegrennen kann, ohne sich Sorgen machen zu müssen, was sein Hund nun tun wird.

Wie immer beginnen Sie das Training so, dass alles nicht anders als nach Plan verlaufen kann. Lassen Sie einen Freund mit einem ruhigen, angeleinten Hund auf sich und Ihren Hund zukommen. Sie sind mit einer normalen Leine und einer langen Schleppleine ausgerüstet, die ein weiterer, gut instruierter Freund festhält. Beim ersten Anzeichen dafür, dass Ihr Hund sich aufzuregen beginnt, um Beispiel durch Steifmachen des Körpers oder Knurren, sagen Sie schnell »tschüss«, werfen ihm Ihre Leine über den Rücken, drehen sich um und rennen weg. Der Helfer an der Schleppleine rennt mit dem Hund mit und passt auf, dass er ihn nicht unabsichtlich stoppt, wenn er sich umdreht und Ihnen hinterher rennt. Hat Ihr Hund Sie eingeholt, belohnen Sie ihn mit einem Jackpot, als ob er gerade eine Weltsiegerausstellung gewonnen hätte.

Wir nehmen an, dass es für alle Hunde eine große Bestärkung ist, hinter ihrem Besitzer herlaufen zu können. Die meisten Hunde rennen gerne mit ihren Menschen zusammen und viele kommen selten bis nie in diesen Genuss. Unserer Meinung nach wird diese wunderbare Möglichkeit der Bestärkung sehr unterschätzt. Auch wenn das Stehenlassen vielleicht nichts für Ihren Hund ist, könnten Sie überlegen, ein kleines Stück gemeinsamen Rennens als Belohnung nach einer gelungenen Kehrtwende in Ihr Repertoire mit aufzunehmen. Kehrtwendungen und das Stehenlassen haben gewisse Gemeinsamkeiten: In beiden Fällen dreht sich der Besitzer schnell von einem sich nähernden Hund weg und der eigene Hund lernt, dass es Spaß macht, ihm dabei zu folgen. Kehrtwendungen gehen aber davon aus, dass Sie dem Hund die Handlung als ein Verhalten beibringen, das Sie mit langsam steigendem Schwierigkeitsgrad sorgfältig formen und bestärken. Das Stehenlassen bringt dem Hund nicht so sehr bei, was »richtig« ist, sondern schafft vielmehr eine Konsequenz für »falsches« Verhalten. Bei Hunden, die sehr an ihren Besitzern kleben, kann diese Konsequenz in der Tat sehr machtvoll sein!

Eine andere Version des Stehenlassens ist, dass der Hund in einem geschlossenen Raum sicher an einem festen Gegenstand angebunden und gleichzeitig vom Besitzer an der Leine gehalten wird. Nun wird ein anderer Hund in Sichtweite gebracht. Zeigt der alte Angeber Anzeichen für Aggression, lässt der Besitzer abrupt die Leine fallen und geht aus dem Raum. Der Angeber steht nun also alleine da und muss sehen, wie er zurechtkommt. Der andere Hund wird natürlich sicher an der Leine gehalten und muss ruhig stehen bleiben. Sobald der alte Angeber mit angeben aufhört, kommt der Besitzer wieder hinein. Das funktioniert sehr gut bei Hunden, die stark an ihren Besitzern kleben und einfach baff sind, wenn diese verschwinden. Wir kombinieren das stets mit viel positiver Bestärkung, sodass der Hund gleichzeitig lernt, ein gutes Verhalten zu zeigen und das unerwünschte zu unterdrücken.

Ob die Methode des Stehenlassens bei Ihrem Hund funktioniert, werden Sie nach spätestens drei oder vier Versuchen herausgefunden haben. Wenn es auch nach mehreren Versuchen nicht funktioniert, ist es vermutlich nicht die richtige Methode für Sie. Wir möchten nicht sagen, dass Sie eine Wunderheilung Ihres Hundes erwarten sollen, aber Sie sollten doch zu einem relativ frühen Zeitpunkt einen sehr deutlichen Fortschritt erkennen können. Ist das nicht der Fall, haben Sie vielleicht einen Hund, der sich durch Bewegung eher noch mehr aufregen lässt und für den es besser sein wird, wenn Sie mit ihm das ruhige Konzentrieren im Rahmen des Anschauens (»Schau!«) üben.

... UND ZUM SCHLUSS

Um mit einem alten Angeber erfolgreich arbeiten zu können, müssen Sie ein bisschen zum Pfadfinder werden – allzeit bereit. Mit Vorbeugung, einem Notfallplan, einem soliden »Schau!« und der gut eingeübten Kehrtwendung können Sie und Ihr Hund mit so gut wie jeder Situation umgehen. Allerdings, das geben wir zu, kann das eine Menge Arbeit bedeuten. Das aber ist, so meinen wir, auf jeden Fall die Mühe wert, wenn nachher die Nachbarn von Ihnen als Besitzer des Vorzeigehundes schlechthin sprechen. Allein das ist Belohnung genug. Wir wünschten, wir könnten Ihnen etwas mehr positive Bestärkung dafür zukommen lassen, dass Sie so ein verantwortungsvoller Hundebesitzer sind. Vielleicht ein Stückchen Schokolade? Und klar, Ihr Hund verdient seinen eigenen Jackpot. Leider ist die Schokolade in der Druckpresse geschmolzen, also beschränken wir uns auf ein einfaches Dankeschön dafür, dass Sie sich so viele Gedanken um die guten Manieren Ihres Hundes machen. Viel Glück, bleiben Sie guten Mutes und richten Sie Ihrem Hund aus, dass das Leben wirklich schon bald viel schöner werden wird!

Patricia B. McConnell
DAS ANDERE ENDE DER LEINE
Was unseren Umgang mit Hunden bestimmt
Dies ist kein Buch über Hunde-, sondern eines über Menschenerziehung! Intelligent, wissenschaftlich, humorvoll und oft verblüffend erklärt die Autorin, welche typischen Missverständnisse zwischen dem »Affen« Mensch und dem »Wolf« Hund einer ungetrübten Beziehung oft im Wege stehen. Zahlreiche Aha-Erlebnisse und vergnügtes Schmunzeln sind beim Lesen garantiert.
256 Seiten, s/w-Fotos, ISBN 978-3-933228-93-2
19,90 € (D) 20,50 € (A) 34,90 CHF

Patricia B. McConnell
LIEBST DU MICH AUCH?
Die Gefühlswelt bei Hund und Mensch
Die Autorin untersucht in diesem spannenden Buch die Frage, ob und wie Hunde mit uns die gleichen Gefühle teilen. Die von der Forschung lange vernachlässigte Frage »Können Tiere fühlen?« wird hier auf unterhaltsame wie wissenschaftliche Weise beantwortet.
364 Seiten, s/w-Fotos, ISBN 978-3-938071-37-3
19,90 € (D) 20,50 € (A) 34,90 CHF

McCONNELLS ERZIEHUNGSKISTE

Fünf Titel zu Erziehungs- und Verhaltensfragen im attrakiven Sammelschuber.
Limitierte Sonderausgabe!
Eine »Kiste« voller praxisnaher Tipps, die wirklich funktionieren.

Enthält die Titel:

- **Alter Angeber!**
  Leinenaggression bei Hunden verstehen und beheben

- **Kleine Geschäftskunde**
  So wird Ihr Hund stubenrein

- **Waldi allein zuhaus**
  Wenn Hunde Trennungsangst haben

- **Trau nie einem Fremden!**
  Angstbedingtes Verhalten bei Hunden erkennen und beheben

- **Einmal Meutechef und zurück**
  Mit mehreren Hunden leben

ISBN 978-3-938071-55-7
34,90 € (D) 35,90 € (A) 60,40 CHF
(Alle Titel auch einzeln erhältlich)

**Patricia B. McConnell/
Aimee M. Moore
DIE HUNDEGRUND-
SCHULE
Ein Sechs-Wochen-
Lernprogramm**
Die Essenz aus Verhaltens-
forschung, modernen
Lerntheorien und vielen
Jahren Erfahrung wurde
hier ganz praxisnah und
umsetzbar zu einem Basis-
Trainingsprogramm kompri-
miert, das Hund und
Mensch in sechs Wochen zu einem guten Team werden
lässt. Dabei muss der Mensch ebenso seine Hausaufgaben
machen, wie der Hund – aber bei allem Ernst der Lage nie
ohne Freude und Motivation.

Hier erfahren Sie, wie Ihr Hund stets das macht, was Sie
möchten und Sie trotzdem als seinen allerbesten Freund
betrachtet.

ISBN 978-3-938071-49-6
19,90 € (D) 20,50 € (A) 34,90 CHF

**Kynos Verlag Dr. Dieter Fleig GmbH
Konrad-Zuse-Straße 3 • 54552 Nerdlen/Daun
www.kynos-verlag.de**

TRAU NIE EINEM FREMDEN!

Angstbedingtes Verhalten bei Hunden erkennen und beheben

Patricia B. McConnell

KYNOS VERLAG

Titel der englischen Originalausgabe: *The Cautious Canine. How to Help Dogs Conquer Their Fears*

© 1998 by Dog's Best Friend, Ltd., USA

Aus dem Englischen übertragen von Gisela Rau

Titelbild: www.digitalstock.de

© 2008 für die deutsche Ausgabe
KYNOS VERLAG Dr. Dieter Fleig GmbH
Konrad-Zuse-Straße 3 • D – 54552 Nerdlen / Daun
Telefon: +49 (0) 6592 957389-0
Telefax: +49 (0) 6592 957389-20
http://www.kynos-verlag.de

Gedruckt in Hong Kong

ISBN 978-3-938071-52-6

Das Werk einschließlich aller seiner Teile ist urheberrechtlich geschützt. Jede Verwertung außerhalb der engen Grenzen des Urheberrechtsgesetzes ist ohne schriftliche Zustimmung des Verlages unzulässig und strafbar. Das gilt insbesondere für Vervielfältigungen, Übersetzungen, Mikroverfilmungen und die Einspeicherung und Verarbeitung in elektronischen Systemen.

EINLEITUNG

Macht es Sie leicht nervös, wenn Rex Besucher anbellt? Rennt Trixi ins Badezimmer, wenn Sie den Staubsauger anschalten oder duckt sich, wenn draußen ein Lastwagen vorbeifährt? Hat Ihr Hund schon einmal geknurrt, wenn eine fremde Person unterwegs auf einem Spaziergang versucht hat, ihn zu streicheln? All diese Verhaltensprobleme sind häufig Anzeichen dafür, dass ein Hund vor etwas oder jemand Angst hat.

Diese Broschüre wendet sich an Menschen, deren Hunde ein angstbedingtes Verhaltensproblem haben. Manche ängstlichen Hunde laufen einfach weg und verstecken sich, andere hingegen leben ihre Angst aus und können damit Schaden verursachen. Dieses Trainingsprogramm hilft, dem vorzubeugen.

Die hier beschriebene Methode der **klassischen Gegenkonditionierung** ist eine universell effektive Behandlung für angstbedingte Verhaltensprobleme. Sie kann vielen Tieren helfen, ihre Ängste zu überwinden – egal, ob ein Hund Angst vor dem Tierarzt oder dem Deckenventilator hat oder ob eine Katze Angst vor einer anderen Katze hat.

Sie kann sogar Ihnen selbst helfen. (Ich selbst habe sie für mich dazu benutzt, meine Angst vor öffentlichen Redeauftritten loszuwerden.) Die Methode wird in dieser Broschüre am Beispiel eines Hundes erklärt, der Angst vor fremdem Menschen hat. Wenn Sie irgendeine andere Angst behandeln möchten, tauschen Sie einfach das jeweilige

Problem in der Beschreibung aus und machen Sie von dort aus weiter.

Hilft diese Methode bei allen Hunden?
Sie wird *nicht* helfen, wenn das Verhalten nicht – zumindest teilweise – von Angst motiviert ist. Es gibt viele Gründe dafür, warum Hunde sich gegenüber fremden Menschen nicht so verhalten, wie wir uns das wünschen. Stellen Sie also sicher, dass Sie die richtige Diagnose gestellt haben, bevor Sie mit dem Behandlungsprogramm beginnen.

Falls Ihr Hund bereits geschnappt oder gebissen hat, müssen Sie als Erstes kurzfristige Maßnahmen treffen, die verhindern, dass dies wieder passieren kann. Beginnen Sie gleichzeitig ein Therapieprogramm bei einem Tierarzt mit Zusatzbezeichnung Verhaltenskunde, bei einem geprüften Verhaltenstherapeuten oder einem guten Hundetrainer.

Der hier vorgestellte Behandlungsplan wird außerdem nicht funktionieren, wenn Sie nicht genug Zeit zu seiner Durchführung mitbringen. Ich möchte gleich zu Beginn klarstellen, dass es viel Zeit und Energie kostet, den Behandlungsplan wirklich genau zu verfolgen. Wie viel Zeit und Energie genau, hängt davon ab, wie massiv das Problem ist.

Die schlechte Nachricht ist, dass es bis zu einem Jahr dauern kann, bis Sie eine echte Gegenkonditionierung bei Ihrem Hund erreicht haben. Die gute ist, dass es einfach zu machen ist, wenn Sie erst verstanden haben, wie es geht.

Was Sie mit dem Behandlungsplan erreichen können
Wenn das Fehlverhalten Ihres Hundes wirklich angstbedingt ist, können Sie es mit diesem Behandlungsprogramm deutlich beeinflussen. Viele Hunde verlieren ihre Angst vor Fremden und hören auf zu bellen, sich zu ducken und zu verstecken, zu knurren und manchmal auch zu beißen, wenn ihre Besitzer die Schritte genau durchgehen.

Wäre es nicht schön, wenn Ihr Hund beim Ertönen der Türglocke freudig mit dem Schwanz wedeln würde? Oder wenn er dem Klempner freundlich zuwedeln würde, anstatt ihn von hinter Ihren Beinen hervor anzuknurren?

Stellen Sie sich vor, Sie könnten ganz gelassen die Straße entlanggehen und lächeln, wenn Passanten Sie fragen, ob sie mal Ihren Hund streicheln dürften. (Oder, was wahrscheinlicher ist: Wenn sie es einfach tun, ohne zu fragen.) Niemand kann eine Garantie dafür geben, dass eine Verhaltenstherapie sicheren Erfolg haben wird, das gilt auch für das hier beschriebene Vorgehen. Das Verhalten der allermeisten Hunde wird sich jedoch positiv verändern, wenn Sie den Instruktionen folgen.

Vergessen Sie aber nie, dass jeder Hund anders ist und damit auch die Voraussetzungen für den Erfolg der Behandlung immer anders sind.

Wird diese Therapie einen Wachhund »verderben«?
Das hoffe ich auf jeden Fall! Bellende Hunde können zwar eine sehr schön abschreckende Wirkung auf potenzielle Kriminelle haben, aber ein Besuchern gegenüber aggressi-

ver Hund ist mit einer auf dem Esstisch liegenden geladenen Waffe zu vergleichen. Stimmt – Ihr »Wachhund« könnte einen Einbrecher beißen und verjagen, aber er könnte mit der gleichen Wahrscheinlichkeit Ihren Nachbarn beißen, Ihren Elektriker oder den Notarzt, den Sie gerade alarmiert haben.

Es wäre nicht fair, von einem Hund zu erwarten, dass er all die feinen Unterschiede im Kommen und Gehen von Menschen unterscheiden können soll, genauso wie es nicht fair ist, ihn sein ganzes Leben mit Angst vor Fremden verbringen zu lassen. Ich bin davon überzeugt: Wenn Ihr Hund es in sich hat, Sie in Situationen körperlicher Bedrohung zu beschützen, dann wird er das tun – ganz egal, wie sehr er den Briefträger mag.

Das Ziel des Programms
Ihr Hund hat, aus welchem Grund auch immer, Angst davor, fremde Menschen zu begrüßen. Dieses Programm zielt darauf ab, seine Reaktion auf fremde Menschen zu verändern – von einer ängstlichen zu einer freudig entspannten. Anstatt zu denken »Oh nein! Wer ist das da denn?! Was soll ich nur tun?!« möchte ich, dass Ihr Hund künftig beim Anblick eines fremden Menschen denkt »Hey, cool! Da kommt jemand, den ich noch nicht kenne! Jippeee!« (Na gut, für einen reservierten Akita ist das vielleicht ein wenig viel des Guten, aber Sie verstehen, was ich meine.)

Dieses Programm ist etwas anderes als »Gehorsamstraining« oder »Unterordnung«. Im typischen Gehorsamstraining verlangen Sie vom Hund die Ausführung einer *Hand-*

lung wie Sitz, Platz oder Bleib. Wenn Sie ihm beibringen, seine Angst vor Fremden zu überwinden, lernen Sie dagegen, die *Gefühle* eines Hundes zu kontrollieren. Letzten Endes ist es sein innerer Zustand, der sein Verhalten antreibt.

In dieser Hinsicht sind Hunde wie Menschen: Manchmal stehen ihre Gefühle ihnen einfach im Weg. Sie können genauso wenig »einfach aufhören zu bellen«, nur, weil irgendjemand ihnen das gesagt hat, wie wir unser eigenes Lampenfieber ablegen und entspannt vor großem Publikum reden können, nur, weil wir das »müssen«!

Mit den im Folgenden beschriebenen Behandlungsschritten greifen Sie eher die Ursache des Problemverhaltens an – nämlich die Gefühle des Hundes – anstatt nur die Auswirkungen zu behandeln.

SCHRITT EINS

Sorgen Sie für Sicherheit

Setzen Sie sich als Erstes hin und schreiben Sie auf, was Sie tun müssen, damit Ihr Hund niemanden verletzen kann, während Sie das Trainingsprogramm durchführen. Dabei geht es nicht alleine um die öffentliche Sicherheit, auch wenn diese allein sicherlich als Beweggrund voll und ganz ausreichen würde. Die Vermeidung von Schwierigkeiten ist aber außerdem entscheidend für eine erfolgreiche Behandlung Ihres Hundes. Wenn Ihr Hund aus Angst nach jemand schnappt, während Sie daran arbeiten, dass er seine Ängstlichkeit verliert, wird es für Sie beide danach noch schwerer, in Gegenwart Dritter entspannt zu bleiben. Wenn Sie Ihrem Hund eine neue Reaktion auf fremde Menschen beibringen möchten, müssen Sie dazu Situationen schaffen, in denen die alte, angstbedingte Reaktion entweder gar nicht auftritt oder in so abgeschwächter Form, dass es Ihnen leichtfällt, den Gefühlszustand Ihres Hundes zu beeinflussen. Das ist für Ihr eigenes gefühlsmäßiges Befinden genauso wichtig wie für das des Hundes. Hunde sind Meister darin, Spannung bei ihren Besitzern zu erkennen: Wenn Sie selbst nervös sind, wird Ihr Hund sich anstecke lassen. Letztlich kennen nur Sie alleine Ihren Hund, aber die folgenden allgemeinen Tipps helfen den meisten Besitzern:

1. Verhindern Sie Kontakt zwischen Ihrem Hund und fremden Menschen, wenn Sie die Begegnung nicht SICHER und ENTSPANNT gestalten können.

Nehmen wir zum Beispiel an, Sie haben es eilig, der Postbote steht an der Tür (der Hunde hasst, was auf Gegenseitigkeit beruht) und es ist wirklich nicht die passende Zeit für eine geduldige Trainingseinheit. Wenn Sie jetzt Ihren Hund nervös am Halsband packen und »Sitz! Nein! Balou, setz dich!« rufen, dann bringen Sie Balou bei, künftig vor Besuchern noch mehr Angst zu haben. Sie sind besser beraten, wenn Sie dieser Situation erst einmal aus dem Weg gehen, indem Sie Ihrem Hund beibringen, in einen anderen Raum mit verschlossener Tür oder stabiler Gitterabtrennung zu gehen, *bevor* Sie dem Postboten die Haustür öffnen.

Und das geht so: Beginnen Sie mit dem Training, wenn es ruhig ist, also wenn keine Besucher und keine Ablenkungen da sind. Stellen Sie sich mit Ihrem Hund neben die Haustür und geben Sie ihm dann ein Kommando wie »Auf deinen Platz«, woraufhin Sie fröhlich mit ihm von der Haustür weg zu einem weiter hinten gelegenen Raum gehen. Werfen Sie dann ein Leckerchen oder ein mit Futter gefülltes Hohlspielzeug auf den Boden, schließen Sie die Tür nur für ein paar Sekunden und lassen ihn dann gleich wieder hinaus. Wiederholen Sie das, bis Ihr Hund ganz darin vertieft ist, im Hinterzimmer die Leckerchen in sich hineinzusaugen, während Sie die Haustür öffnen und so tun, als ob Besucher da wären. Üben Sie später so lange mit Freunden oder Familienmitgliedern, die an der Tür klingeln und ins Haus kommen, bis Ihr Hund willig an seinen »Platz« geht, wenn »echter« Besuch kommt.

Falls Sie übrigens solche Probleme mit Besuchern an der Tür haben und mehrere Hunde besitzen, rate ich Ihnen, immer nur mit jeweils einem Hund an der Verbesserung der Situation zu arbeiten. Bellen ist ansteckend, und ein anderer Hund kann die Aufregung Ihres Lehrlings weiter steigern. Sperren Sie also Ihre anderen Hunde weg, während Sie an den ersten Schritten des Trainingsprogramms arbeiten.

2. Vermeiden Sie auf Spaziergängen sehr belebte Gegenden.

Wenn jemand so aussieht, als könnte er Ihrem Hund zu nahe kommen (wobei »zu nahe« von Ihrem Hund definiert wird), wechseln Sie einfach zur anderen Straßenseite. Für den Fall, dass Sie nicht ausweichen können, sollten Sie immer gute Leckerchen oder interessantes Spielzeug dabeihaben, um Ihren Hund garantiert ablenken zu können. Sie können zum Beispiel einen Ball auf und ab werfen und damit seine Aufmerksamkeit fesseln. Versuchen Sie, in entspannter Tonlage mit Ihrem Hund zu sprechen (Bei mir persönlich funktioniert es gut, wenn ich »Happy Birthday« singe. Es fällt schwer, nervös zu sein, wenn man dumme Liedchen singt!). Halten Sie die Aufmerksamkeit des Hundes auf positive Art bei sich, während Sie sich von der fremden Person weg bewegen.

3. Manchen Besitzern hilft es, wenn sie ihren Hund an einen Maulkorb gewöhnen.

Wenn der Hund einen Maulkorb trägt, können sich alle entspannen, was auf lange Sicht sehr im Interesse Ihres Hundes ist. Allerdings hilft es nicht, einem ängstlichen Hund einfach einen Maulkorb überzuziehen – das könnte alles nur noch viel schlimmer machen, weil Sie ihm damit noch mehr Angst machen. Gewöhnen Sie ihn in einer ruhigen Stunde daran, zum Beispiel vor dem Abendessen, indem Sie ein gutes Leckerchen innen in einen Softmaulkorb aus Nylon legen und ein Spiel daraus machen, dass Ihr Hund es sich holt. Versuchen Sie nicht, ihm den Maulkorb anzuziehen, lassen Sie ihn sich einfach daran gewöhnen, dass er das Ding mit seiner Nase berührt und eine Belohnung dafür bekommt. Legen Sie das Leckerchen nach und nach immer tiefer in den Maulkorb, sodass er seine Nase ganz hineinstecken muss, um daranzukommen (inzwischen halten Sie ihm den Maulkorb vor die Nase). Erst nach ein paar Übungsstunden dieser Art machen Sie den Maulkorb für ein paar Sekunden hinter den Ohren fest und füttern dabei weiterhin vorn durch die Öffnung Leckerchen. Lassen Sie den Maulkorb über die Tage und Wochen hinweg allmählich immer länger angelegt (aber nicht mehr als 5 oder 10 Minuten). Achten Sie darauf, dass Ihr Hund ihn nicht mit der Pfote abstreift. Falls er das versucht, lenken Sie ihn mit Stimme oder dem Zeigen von Leckerchen ab, aber geben Sie ihm das Futter erst, nachdem er eine Weile ruhig war. Verwenden Sie den Maulkorb dann in Situationen, in denen Sie nicht alle Begegnungen mit Menschen kontrollieren können, Sie den Hund aber auch nicht wegsperren können. Maulkörbe wirken zwar auf viele Menschen abschreckend aber sie können die extreme Spannung wegnehmen, die einem tatsächlichen Biss vorangeht. Machen Sie sich keine Sorgen darum, dass der Maulkorb Ihrem Hund einen »schlechten Ruf« einbringen könnte. Er ist einfach Ihre Art und Weise, ihm zu helfen – und Sie entspannen sich dabei.

4. Was NICHT funktioniert.

Neben dem Hund stehen, ihn mit den Händen festhalten oder die Leine stramm ziehen, wenn Fremde sich nähern und ihn zu streicheln versuchen. Selbst wenn »nichts passiert«, hat Ihr Hund beim nächsten Mal möglicherweise noch mehr Angst vor Fremden, weil er in einer für ihn unangenehmen Situation gefangen war.

Wir Menschen neigen gern zu der Fantasievorstellung, dass wir Schwierigkeiten verhindern könnten, wenn wir »da sind«. Glauben Sie mir: Das funktioniert überhaupt nicht. Hunde sind schneller als Menschen, und zwar viel schneller. Ihre Chancen, einen Biss zu verhindern, indem Sie schneller reagieren als Ihr Hund, sind gleich Null. Also bringen Sie Ihren Hund besser gar nicht erst in eine Situation, in der er möglicherweise beißen könnte. Ihre Aufgabe ist es, *solchen Situationen aus dem Weg zu gehen*. Tun Sie das, indem Sie kontrollierte Situationen schaffen und in denen Sie bestimmen können, wie nah andere Menschen Ihrem Hund kommen – wir werden im Folgenden noch genauer sehen, wie man das macht.

SCHRITT ZWEI

Was macht Ihrem Hund Angst?

Der zweite Schritt ist, dass Sie sich hinsetzen und überlegen, was *genau* das Problemverhalten auslöst. Manchmal ist das, was einem Hund Angst macht, von sehr allgemeiner Art – wie zum Beispiel ein *beliebiger Fremder* an der Haustür oder *jeder,* der schnell seine Hand in Richtung Hund ausstreckt und ihn oben auf den Kopf tätscheln möchte.

Andererseits kann es auch etwas extrem Spezielles sein – wie bei dem Hund aus meiner Praxis, der vier Jahre lang freundlich war und plötzlich begann, halbwüchsige Jungs mit Baseballmützen aggressiv anzubellen. In diesem Fall gab es Gründe zu der Annahme, dass der Hund gelernt hatte, Angst vor einem bestimmten Jungen zu haben, der zufällig gerade eine solche Mütze aufhatte und dass er dann diese Angst auf alle Jungs mit Baseballmützen verallgemeinert hatte.

Die meisten »scheuen« Hunde haben nicht deshalb Angst, weil irgendetwas Schlimmes vorgefallen ist, sondern weil sie eine genetisch bedingte Neigung dazu besitzen, Angst vor *unbekannten Dingen* zu haben. Manche neuen Dinge sind furchterregender als andere, aber am häufigsten haben scheue Hunde Angst vor fremden Menschen, eher vor Männern als vor Frauen (besonders vor großen Typen mit tiefer Stimme), Menschen mit fremdartig aussehender Silhouette (mit Hut, Schirm, großer Tasche etc.), Menschen, die sich schnell auf sie zubewegen, Händen, die sich über ihren Kopf ausstrecken, kleinen Kindern mit unvorhersehbaren Bewegungen und Lautäußerungen und vor Menschen, die wiederum selbst Angst vor Hunden haben.

Seien Sie genau!
Es hilft wirklich sehr, wenn Sie eine genaue Liste derjenigen Dinge machen, die Ihren Hund aufregen. Lassen Sie dabei Ihre ganze Familie mit überlegen, denn Hunde benehmen sich unterschiedlichen Menschen gegenüber unterschiedlich. Genau zu sein heißt, zu verstehen, dass Verhalten in Mikrosekunden und Mikrometern gemessen wird. Eine ausgestreckte Hand kann Ihrem Hund Angst machen, wenn sie sich mäßig schnell in einem Abstand von etwa dreißig Zentimetern vor seinem Gesicht bewegt, aber nicht, wenn sie langsam bewegt wird. Die gleiche ausgestreckte Hand erscheint Ihrem Hund vielleicht unbedrohlich, wenn sie sich zwar schnell auf ihn zu bewegt, aber fünfzig statt dreißig Zentimeter von seinem Gesicht entfernt stoppt. Es ist wichtig, zu wissen, was genau bei Ihrem Hund Aufregung verursacht, weil wir das Training genau mit diesen Vorgängen beginnen müssen, und zwar in einem Grad von Intensität, der *unter dem liegt, was ihm Angst macht*. Wir nennen die Ereignisse, die bei Ihrem Hund Angst verursachen, »Trigger«, »Auslöser« oder »das Böse«, weil Ihr Hund es für etwas Böses hält – egal, ob es ein sich nähernder großer Mann mit Hut oder ein kleines Mädchen mit Fahrrad ist. Je genauer und vollständiger Ihre Liste der Auslöser ist, desto besser stehen die Chancen, dass Sie Ihren Hund erfolgreich umtrainieren können.

Spezifische Auslöser können generalisiert werden
Denken Sie daran, dass spezifische Ereignisse, die einem Hund anfänglich einmal Angst gemacht haben, generalisiert, also verallgemeinert werden können. Das vielleicht häufigste Beispiel dafür ist der Hund, der sich vom Paketdienst oder dem Postboten bedroht fühlt. Vermutlich ist es nicht die Uniform, die ihn erschreckt, sondern er lernt, dass Menschen in Uniform Eindringlinge ins Territorium sind. Immerhin kommen sie einfach hereingepoltert und gehen genauso schnell wieder und nehmen sich nie Zeit für eine Begrüßungszeremonie, wie ein höflicher Hund das tun würde. Und da Postboten immer das Grundstück verlassen, nachdem der Hund gebellt hat, wird der Hund für das Bellen mit dem vermeintlichen Rückzug des ihm Angst machenden Eindringlings bestärkt. Ist das ein paar Monate oder Jahre lang so gegangen, generalisiert der Hund: Menschen in Uniform sind Eindringlinge, denen man am besten mit aggressivem Bellen begegnet.

Ein Ereignis kann viele Auslöser enthalten
Stellen Sie sich vor, jemand kommt zur Tür und klingelt. Dieses einfache Ereignis kann viele Auslöser beinhalten, auf die Ihr Hund reagiert. Wenn Ihr Hund sich bei der Ankunft von Besuchern aufregt, experimentieren Sie einmal, um herauszufinden, welcher Teil dieses Vorgangs die Reaktion bei Ihrem Hund bewirkt. Zum Beispiel beginnen viele Hunde, nachdem sie ein paar Monate lang die Türklingel mit der Ankunft von Fremden assoziiert haben, allein auf das Geräusch der Türklingel zu reagieren. Die Klingel wird zum »Auslöser«, die Angst und Aufregung verursacht, selbst, wenn gar niemand vor der Tür steht.

Auslöser in unserem Beispielfall »Besucher kommen ins Haus« könnten sein: Es klingelt oder jemand klopft an die Tür, Sie gehen zur Haustür, Sie öffnen die Tür, Ihr Hund sieht jemand draußen vor der Tür stehen, jemand kommt ins Haus, jemand spricht Ihren Hund an und streckt die Hand nach ihm aus. Sobald Sie alle möglichen Auslöser kennen, auf die Ihr Hund reagiert, können Sie Situationen schaffen, in denen Sie diese Auslöser vereinzeln und immer nur an der Gegenkonditionierung eines Auslösers arbeiten. Wenn Ihr Hund nur wenig Angst vor Fremden hat, müssen Sie vielleicht nicht an jedem Auslöser einzeln arbeiten. Ist er aber extrem ängstlich oder könnte sogar beißen, müssen Sie zu Beginn jede »böse« Sache einzeln angehen, die Ihren Hund verunsichert.

SCHRITT DREI

Worauf ist Ihr Hund ganz wild?

Notieren Sie nun in Listenform, was Ihr Hund ganz besonders gerne mag, worauf er wirklich wild ist. Es müssen Dinge sein, die er nicht nur gut, sondern ausgesprochen gut findet und für die er beinahe alles tun würde – UND es müssen Dinge sein, die Sie ihm in kleinen Einheiten wieder und wieder zukommen lassen können. Futter funktioniert meistens gut, weil so viele Hunde verrückt nach guten Leckerchen sind und weil man es leicht in kleine Häppchen aufteilen kann. Wenn ich »gute Leckerchen« sage, meine ich kein gewöhnliches Trockenfutter und auch keine gebackenen Hundekuchen, sondern etwas, das Ihren Hund wirklich ganz außer Rand und Band bringt. Meine eigenen Hunde mögen zwar fast alle Hundeleckerchen gerne, aber wirklich himmlisch finden sie Fleisch – also ist es das, was ich nehme, wenn ich ihnen neue Tricks beibringen möchte. Produkte auf Fleischbasis sorgen bei so gut wie jedem Hund für Aufmerksamkeit, aber jeder Hund ist anders. Probieren Sie selbst aus, ob Ihr Hund bei Hühnchen, Leber, Hot Dogs oder gar gefrorenen Erbsen so richtig elektrisiert wird. Das richtige Futter kann den ganzen Erfolg oder Misserfolg ausmachen. Jede Woche wieder habe ich mit Hundehaltern zu tun, die mir erklären, dass ihr Hund sich gar nichts aus Futter mache – während derselbe zu meinen Füßen ganze Pfützen aus Speichel produziert, weil ich die trockenen Kekse beiseite gelegt und mein Hühnchenfleisch ausgepackt habe.

Was bei Futter als Belohnung zu beachten ist
Wenn Sie häufig mit Ihrem Hund trainieren, kann es sein, dass Sie seine Abendessenration kürzen müssen. Falls Ihrer sein Trockenfutter *wirklich* gerne mag, können Sie natürlich auch einfach einen Teil seines Abendessens für das Training verwenden. Wenn Sie aber mit anderen leckeren Dingen arbeiten (was etwa 95 % der Hundehalter tun), dann kürzen Sie seine Ration um fünf oder zehn Prozent. Mir ist es zwar lieber, Ihr Hund nimmt ein oder zwei Pfund zu, als dass er Ihren Nachbarn beißt, aber andererseits sollte er auch nicht so außer Form geraten, dass Sie anschließend mit einem gesundheitlichen Problem zu kämpfen haben. Sie können das zusätzliche Fressen auch damit ausgleichen, indem Sie ihm mehr Bewegung verschaffen. Viel Bewegung ist für ängstliche Hunde ohnehin sehr wertvoll!

Wenn Ihr Hund die ausgesuchten Leckerchen sehr mag, aber während einer Trainingseinheit trotzdem nicht fressen möchte, dann sind Sie in Ihren Anforderungen zu schnell vorgegangen. Angst verdirbt den Appetit! Wenn er also sein Lieblingsfutter stehen lässt, dann wissen Sie, dass Sie Ihr Training neu organisieren und aufbauen müssen, damit er künftig dabei entspannter ist.

Nicht bei jedem Hund geht Liebe durch den Magen
Wenn die Leidenschaft Ihres Hundes das Apportieren ist, können Sie das Futter genauso gut durch einen Tennisball ersetzen. Manchmal ist Spiel sogar noch effektiver als Futter, weil man einfach nicht gleichzeitig verspielt und ängstlich sein kann. Manche Hunde haben an Bällen überhaupt kein Interesse, sind aber ganz verrückt nach

Quietschespielzeugen. Finden Sie heraus, was Ihr Hund wirklich toll findet und für was er zu arbeiten bereit ist. Genau das wird zum Schlüssel dafür, seine Reaktion auf fremde Menschen zu verändern. Erst, nachdem Sie diese persönliche Leidenschaft Ihres Hundes herausgefunden haben, können Sie mit dem nächsten Schritt weitermachen. Egal, wie dieses Etwas auch aussehen mag: Wir nennen es im folgenden Text einfach »die Belohnung«, weil wir wissen, dass Ihr Hund es als solche empfindet und dass es ihm ein gutes Gefühl verschafft.

SCHRITT VIER

Das »Gute« und das »Schlechte« verbinden

Jetzt sind Sie so weit, dass Sie alle Einzelteile zusammenfügen können: Sie haben für Sicherheit gesorgt, Sie wissen *genau,* was bei Ihrem Hund als auslösender Reiz für die Angst wirkt und Sie wissen, was Ihr Hund furchtbar gerne mag (die Belohnung). Das Grundprinzip des Trainings ist, den Hund mit dem auslösenden Reiz in einer anfangs sehr niedrigen Intensität zu konfrontieren und ihm gleichzeitig die ersehnte Belohnung zu geben. Vergessen Sie nicht, dass Sie Ihrem Hund eine neue Reaktion auf fremde Menschen beibringen möchten (»Oh toll, wer ist das?«). Damit das klappt, müssen Sie Situationen vermeiden, in denen die alte Reaktionen auftritt, bevor Sie Einfluss auf den Hund nehmen können (»Oh nein, Alarm, ein Fremder kommt!«). Sie tun das, indem Sie die Intensität des Reizes sehr niedrig halten. Ein Reiz von niedriger Intensität könnte zum Beispiel sein, dass Ihnen auf einem Spaziergang mit Ihrem Hund eine fremde Person in einer Entfernung von hundert Metern entgegenkommt. Eine Belohnung von hoher Intensität wäre zum Beispiel, wenn ein Stückchen Hot Dog unmittelbar neben der Nase des Hundes auftaucht.

Spinnen wir dieses Beispiel einmal weiter aus: Nehmen wir an, Sie haben festgestellt, dass Ihr Hund Angst vor Fremden hat, wenn Sie in der Umgebung Ihres Hauses mit ihm spazieren gehen. Sie haben bemerkt, dass er Menschen, die fünfzig Meter weit entfernt sind, ignoriert, angespannt zu schauen beginnt, wenn sie noch zwanzig Meter weit weg sind, sich hinter Ihnen zu verstecken versucht, wenn sie noch zehn Meter entfernt sind und dass er bereits zweimal auf einem Spaziergang nach Menschen geschnappt hat, die ihn streicheln wollten und vor denen er sich nicht zurückziehen konnte. Also müssen Sie Ihrem Hund die erste Belohnung *in dem Moment geben, in dem er Fremde in fünfzig Metern Entfernung entdeckt.* Es mag vielleicht wie Zeitverschwendung wirken, dem Hund in Situationen, in denen er ohnehin »unproblematisch« ist, Belohnungen zu geben (bzw. mit ihm Ball zu spielen oder was auch immer), aber genau das ist der Schlüssel dazu, ihm zu helfen: Beginnen Sie dort, wo Sie sicherstellen, dass Ihr Hund sich *ganz besonders toll fühlt,* wenn er fremde Menschen sieht. Bei den meisten ängstlichen Hunden funktioniert das anfangs nur, wenn der Fremde weit genug weg ist.

Sofort nachdem Ihr Hund die Belohnung bekommen hat, ändern Sie die Gehrichtung so, *dass der Abstand zwischen Ihnen und der fremden Person größer wird.* Vielleicht müssen Sie umdrehen und in die andere Richtung oder auf die andere Straßenseite gehen. (Vielleicht hatten Sie das ohnehin vor, aber jetzt ist es zumindest Teil Ihres Plans!) Wenn die fremden Menschen immer näher kommen, kann es sein, dass Ihr Hund wieder Angst bekommt und Sie haben die Gelegenheit verspielt, bei ihm eine neue Verknüpfung zu schaffen. Sie müssen also dann aktiv werden, wenn Sie möglichst viel Kontrolle darüber haben, wie nah Ihnen fremde Personen kommen können. Vermeiden Sie also belebte Orte mit vielen Menschen, an denen Sie und Ihr Hund von der Seite überrascht werden könnten. (Ich werde später aber noch darauf zurückkommen, was Sie in dieser Situation tun können, denn so ist das Leben nun einmal.)

Stellen Sie sich bei der Arbeit an diesem Teil des Plans vor, dass Sie die Gefühle Ihres Hundes trainieren – genauso, wie Sie früher seine Handlungen trainiert haben. Für viele ist das sehr hilfreich. Im Moment sind wir in erster Linie daran interessiert, Einfluss auf die Gedanken und Gefühle des Hundes zu nehmen – also achten Sie nicht zu sehr darauf, ob er jetzt gerade sitzt oder steht. Die Hauptsache ist erst einmal, dass er entspannt bleibt.

Sie verstehen jetzt, warum es so wichtig ist, dass Sie genau wissen, was Ihrem Hund Angst macht. Schreckt er zurück, wenn jemand die Hand nach ihm ausstreckt, dann geben Sie ihm die Belohnung, wenn die Person noch zwanzig Meter weit entfernt ist – lange, bevor irgendeine Bewegung dieser Person ihm Angst machen kann.

Wenn Ihr Hund Angst vor dem Tierarzt hat, dann fahren Sie zum Parkplatz vor der Praxis, stopfen sein Maul mit Hot Dogs und fahren wieder nach Hause, ohne auch nur ausgestiegen zu sein! Steigert Ihr Hund sich in Aufregung, wenn Fremde ins Haus kommen, dann werfen Sie Leckerchen oder Spielsachen vor ihn auf den Boden, *wenn ein Familienmitglied an der Türe klingelt*. Wenn Sie dann die Tür öffnen, muss der »Besucher« (einer der besten Freunde Ihres Hundes) weitere Leckerchen werfen. Es mag zwar unsinnig erscheinen, das mit jemandem zu üben, den Ihr Hund schon kennt, aber es ist tatsächlich ausschlaggebend für Erfolg oder Misserfolg: Sie legen die Grundlage für eine neue Assoziation (es klingelt an der Tür und ich freue mich!), die später, wenn wirklich Fremde an die Tür kommen, noch sehr wichtig werden wird.

Fassen wir zusammen: Die erste Phase der Behandlung besteht darin, Ihren Hund eine neue Assoziation zu lehren – und zwar zwischen etwas, das ihm Angst machen *könnte*, wenn es ihm in intensiverer Form begegnen würde (wenn es schneller, näher, größer etc. wäre) und etwas, das er bekanntermaßen sehr liebt. Dabei stellen Sie sicher, dass Sie möglichst viel Kontrolle über die auslösenden Reize haben und Sie einen genügend großen Vorrat an den Lieblingsbelohnungen Ihres Hundes dabeihaben!

Wie lange muss ich an dieser Phase arbeiten?
Der Schlüssel zum Erfolg ist: Schaffen Sie wieder und wieder Situationen, in denen Ihr Hund lernt, eine schwache Version davon, was ihm Angst macht, mit Wohlgefühl zu assoziieren. Wie viele Wiederholungen dazu nötig sind, variiert von Hund zu Hund sehr stark und hängt von vielen Faktoren ab. Der Scheuegrad Ihres Hundes (teils genetisch und teils durch Früherfahrungen bedingt) bestimmt, ob er ein »Möchtegern-Alpha« ist, wie viele Wiederholungen pro Woche er braucht – und wie gut Ihre Fähigkeiten als Trainer und Ihr Timing sind. Die beiden letzten Faktoren sind vielleicht sogar die wichtigsten. In leichteren Fällen reichen vielleicht schon ein paar Wiederholungen auf diesem Niveau, bis Sie und Ihr Hund weitermachen können.

Ich hatte aber auch schon Kunden, deren Hunde über mehrere Monate hinweg Hunderte von Wiederholungen brauchten, bevor wir auch nur daran denken konnten, mit dem nächsten Schritt fortzufahren. Wie viel Zeit man braucht, hängt im Allgemeinen davon ab, wie groß das Problem ist und wie lange es schon besteht. Aber jeder Hund ist anders! Gehen Sie im Zweifelsfall lieber immer auf Nummer Sicher und machen Sie langsam. Sie verschenken rein gar nichts, wenn Sie vorsichtig vorgehen. Und was sind schon paar Wochen mehr Training im Vergleich zu vielen Jahren glücklichen und sicheren Hundelebens?

Gehen Sie also nicht über diese Phase hinaus, bis Ihr Hund ganz deutlich zeigt, dass er beim Anblick eines Fremden in der von Ihnen bestimmten Entfernung etwas Gutes erwartet. Das könnte zum Beispiel so aussehen, dass Rex Sie anschaut und mit dem Schwanz wedelt, sobald er jemand am Ende der Straße auftauchen sieht. Oder Molly versucht in gleicher Situation vielleicht, an den Tennisball in Ihrer Tasche zu kommen.

Sobald Sie eine solche Reaktion haben, bleiben Sie noch für einige Wiederholungen bei dieser Schwierigkeitsstufe, bevor Sie weitermachen – um sicherzugehen, dass die neue Reaktion auch wirklich gelernt wurde. Vergessen Sie nicht, dass eine in einem Zusammenhang gezeigte Reaktion nicht immer in einen anderen Zusammenhang übertragen werden kann. Wenn Maggie sich im benachbarten Park gut verhält, dann machen Sie an dieser Stelle mit dem nächsten Schwierigkeitsgrad weiter. Aber gehen Sie nicht davon aus, dass ihr Verhalten auch in anderer Umgebung beständig bleiben wird – zum Beispiel beim Tierarzt. Seien Sie immer dazu bereit, wieder einen Schritt zurückzugehen, sobald Sie Situation und Kontext verändern.

Entscheidend in dieser Phase ist, dass Sie Ihren Hund darauf konditionieren: Große Kerls in Uniform (oder was immer es ist, das Ihrem Hund Angst macht) sind ein Signal dafür, dass gleich etwas wirklich Tolles geschehen wird. Wenn »das Gute« – nehmen wir einmal an ein Tennisball – konsequent immer wieder gleich nach dem Postboten kommt, dann bingo! Sie haben eine Assoziation zwischen dem Postboten und dem Ball hergestellt. Wenn Sie das lange genug machen, wird die Reaktion auf den Postboten irgendwann die gleiche sein wie die auf den Tennisball. Das ist der Grund dafür, warum klassische Konditionierung so machtvoll ist – es ist so, als ob der Postbote für Ihren Hund zu einem riesigen, wandelnden Tennisball würde, denn er löst bei ihm exakt die gleiche Reaktion aus.

SCHRITT FÜNF

Steigern Sie die Intensität des auslösenden Reizes

Die nächste Phase der Behandlung besteht darin, die Intensität dessen, was Ihrem Hund Angst machen, *allmählich* zu steigern. Halten Sie dabei »das Gute« immer so intensiv wie möglich und schaffen Sie nach und nach Situationen, in denen der Auslösereiz erst moderat gesteigert wird und irgendwann ebenfalls intensiv wird. Nehmen wir einmal an, Ihr Hund hat Angst vor Fremden, denen er draußen auf Spaziergängen begegnet und bleibt fröhlich entspannt, solange der Fremde noch 50 Meter entfernt ist. Nun lassen Sie ihn allmählich näher an die fremden Menschen heran. Wie viel näher, hängt immer vom jeweiligen Hund ab, aber nehmen wir einmal an, Sie haben Ginger ihre Belohnung gegeben, wenn sie in 50 Metern Entfernung Fremde gesehen hat und das hat immer gut funktioniert. Jetzt geben Sie ihr die Belohnung, wenn der Fremde noch 40 Meter weit weg ist. Vermeiden Sie, der Person zu nahe zu kommen (etwa näher als 30 Meter), indem Sie sich und Ihren Hund aus dessen Weg begeben, bevor er näher kommen kann.

Das Ganze sieht dann also so aus: Sie bemerken, dass sich eine fremde Person nähert, und zwar hoffentlich vor Ihrem Hund. Geben Sie ihm mehrere Belohnungen, während der Fremde zwischen 30 und 40 Metern weit entfernt ist. In 40 Metern Entfernung von dem Fremden ändern Sie Ihre Gehrichtung, um zu vermeiden, dass Sie zu nahe kommen und damit die alte Angstreaktion auslösen, die Sie ja loswerden wollen. Hören Sie mit dem Belohnen auf, sobald die Entfernung zwischen Ihnen und dem Fremden wieder größer wird, damit Ihr Hund assoziiert: Fremder kommt näher bedeutet Leckerchen, Fremder entfernt sich bedeutet die Leckerchen haben ein Ende.

Fassen Sie die hier von mir genannten Entfernungen nicht als Richtlinie auf: Die meisten Hunde können eine viel kürzere Distanz als 40 Meter zu Fremden ertragen. Welche Entfernung Sie wählen, hängt ganz von Ihrem Hund ab und wie viel Angst er vor sich nähernden Fremden hat.

Wenn Sie es aus irgendeinem Grund nicht verhindern können, dass der Fremde Ihnen näher kommt, dann werfen Sie weiter den Ball oder stopfen Ihrem Hund Leckerchen in den Rachen, um seine Aufmerksamkeit bei sich zu behalten. Falls er aber in alte Gewohnheiten wie zum Beispiel das Bellen zurückfällt, dann bitten Sie ihn mit Bestimmtheit, sich hinzusetzen. Hilft das nicht, hören Sie auf, mit ihm zu sprechen und drehen ihn schnell von dem Problem weg – so lange, bis er sich wieder beruhigt hat und in der Lage ist, sich hinzusetzen. Sobald er sitzt, sprechen Sie ruhig mit ihm und streichen ihm mit kreisenden Bewegungen über die Brust, bis er sich weiter beruhigt hat. Ich werde später noch genauer darauf zu sprechen kommen, was Sie tun können, wenn die Dinge nicht wie geplant verlaufen.

Setzen Sie diesen Prozess fort: Geben Sie Ihrem Hund Leckerchen, Spielsachen oder fröhliches Stimmlob, wenn er Fremde sieht und bevor er Angst bekommt. Tun Sie das, so oft Sie können und in möglichst vielen verschiedenen Kontexten. Denken Sie daran: Immer, wenn Sie den Kontext ändern, beginnen Sie auf gewisse Weise »wieder von vorn«. Gehen Sie in jeder neuen Situation einen Schritt zurück und stellen Sie sicher, dass die Intensität des Reizes *unter* der Schwelle Ihres Hundes liegt. Viele Hunde benehmen sich in der ihnen bekannten Umgebung schlechter, vermutlich deshalb, weil sie sich dort sowohl bedroht als auch verantwortlich fühlen. Beginnen Sie in diesem Fall, Ihren Hund allmählich in immer unbekanntere Gegenden zu führen und arbeiten Sie sich dann, wenn das klappt, langsam wieder in die bekannte Umgebung zurück.

Lassen Sie jemand anderen die Belohnung geben
Lassen Sie über die Wochen und Monate hinweg die fremden Menschen immer näher kommen, während Ihr Hund Belohnungen bekommt. Sobald die Fremden nah genug herankommen können, dass sie Ihrem Hund die Belohnung hinwerfen können, bitten Sie sie, genau das zu tun. Bitten Sie hundeliebe Freunde um ihre Hilfe, die so tun sollen, als seien sie »Fremde«, die Ihnen zufällig auf der Straße begegnen. Sie können auch tatsächlich zufällige Passanten um Hilfe bitten, aber denken Sie daran, dass die Sicherheit immer oberste Priorität hat. Fragen Sie solche Menschen, die einen offenen und empfänglichen Eindruck machen und meiden Sie solche, die gestresst aussehen, Blickkontakt vermeiden oder – schlimmer noch – so wirken, als hätten sie Angst vor Ihrem Hund. Sie geben die Belohnung, wann immer Sie können und schaffen Situationen, in denen andere sie austeilen und in denen Sie sicher sind, dass alles gutgehen wird.

Ich selbst habe dieses Spiel einmal mit meiner eigenen Hündin Lassie gespielt. Ich hatte sie bekommen, als sie ein Jahr alt war, und sie schien sehr vorsichtig gegenüber ihr unbekannten Männern zu sein. Sie zeigte keinerlei Aggression, aber ich wusste, dass im Alter von einem Jahr gezeigte Vorsicht sich manchmal in Aggression wandeln kann, wenn der Hund drei Jahre alt ist. Also wollte ich ihr Misstrauen aus der Welt schaffen, bevor ich ein ernstes Problem hatte. Ich fuhr ins benachbarte Städtchen und setzte mich mit einem Eimerchen klein geschnittenem Lammfleisch auf eine Bank vor dem Café. Ich hielt Ausschau nach freundlich aussehenden Männern, die schon aus zwanzig Metern Entfernung diesen »Oh was für ein netter kleiner Hund-Ausdruck« auf dem Gesicht hatten. Wenn ich so einen erspähte, fragte ich ihn, noch lange bevor er in Streichel-Reichweite kam, ob er mir helfen könnte: »Lassie hat bis jetzt noch nicht so viele Männer kennen gelernt und ich will, dass sie Kerle mag – könnten Sie ihr wohl eins von den Leckerchen hier hinwerfen?« Ich ließ sie anfangs noch nicht aus der Hand füttern, denn ich wollte ja, dass Lassie *sich nähernde* Männer mit einem guten Gefühl in Verbindung brachte. Ein Fremder, der schnell auf sie zuging und vielleicht auch noch eine plötzliche Handbewegung in Richtung ihres Gesichtes machte hätte sie ein wenig erschrecken können, selbst wenn er beabsichtigt hätte, ihr Leckerchen zu füttern. Also warf ich dem Fremden Leckerchen zu, damit er sie Lassie zuwerfen konnte. Das hatte nebenbei den Vorteil, dass dieser seine Hände brauchte und meinen Hund nicht streicheln konnte, bevor dieser nicht dazu bereit war! Sich auf eine Bank zu setzen und fremde Männer anzusprechen mag etwas abschreckend auf Sie wirken, aber irgendwie müssen Sie eine Möglichkeit finden, dass andere Menschen Ihrem Hund Futter zuwerfen. Achten Sie dabei aber unbedingt darauf, dass Sie nur Situationen schaffen, in denen Sie für die Sicherheit aller garantieren können. Am besten geht das natürlich mit Freunden, aber auch Fremde können sehr hilfreich sein, solange Sie sicher bestimmen können, wie nahe diese an Sie und Ihren Hund herankommen.

Bereit, dass andere Ihren Hund streicheln?
Sobald Ihr Hund sich so benimmt, als wolle er die Fremden begrüßen, können Sie ihn darauf konditionieren, auch deren Streicheln zu genießen. Ängstliche Hunde können wegen einer fremden Hand, die nach ihnen reicht, wirklich in Panik geraten. Allein die anfängliche Handbewegung in ihre Richtung kann für viele Hunde ein intensiver Auslöser sein. In mittleren und schweren Problemfällen müssen Sie deshalb den Vorgang des Gestreicheltwerdens in mehrere Schritte untergliedern.

Machen Sie sich als Erstes bewusst, welche verschiedenen Bestandteile des Streichelns Ihren Hund ängstigen könnten. Das könnte zum Beispiel sein: Ein Fremder geht direkt auf den Hund zu, schaut direkt in seine Augen, beugt sich über ihn und reicht mit der Hand nach der Oberseite seines Kopfes. Zerteilen Sie diese Ereignisse dann als Nächstes in Einzelschritte, genauso, wie Sie es zuvor mit den »Fremden« gemacht haben, die sich aus Entfernung näherten. Die beste (für den Hund am wenigsten Angst einflößende) Methode, das Gestreicheltwerden einzuführen, ist, wenn die sich nähernde Person sich leicht seitlich wegdreht und ihren Schwerpunkt auf die Fersen verlagert. Lassen Sie den »Fremden« ein Leckerchen zu Boden werfen, sobald er sich dem Hund zudreht und lassen Sie ihn diesen Vorgang mehrmals wiederholen. Lassen Sie den Hund *zum Menschen kommen,* damit er ruhig und entspannt an dessen Hand schnüffeln kann – die sich nur öffnet, um Leckerchen fallen zu lassen. Wieder besteht das Spiel hier darin, die Intensität des Angst auslösenden Reizes so gering wie möglich zu halten. So könnte es zum Beispiel aussehen, wenn Ihr Freund Ken Ihnen und Ihrem Hund Duke behilflich ist:

Stellen Sie sich vor, dass die beiden ersten Trainingsstunden mit Ken so aussehen:
- Als Erstes geben *Sie* Duke ein Leckerchen, während Ken bis auf 10 Meter herankommt.
- Sofort danach wirft *Ken,* der in 10 Metern Entfernung stehen geblieben ist und sich zur Seite gedreht hat, ein Leckerchen. Ken schaut Dukes Seite an und nicht direkt sein Gesicht. Dann spricht Ken in ruhigem, entspanntem Tonfall zu Ihnen – und nicht zu Duke.
- Ken wiederholt das, bis er neben Duke steht. Duke atmet ganz normal mit entspannt geöffnetem Fang, wedelt leicht vom Rutenansatz an und schaut Sie in der Hoffnung auf Leckerchen an. Sie bemerken keinerlei Anzeichen für Spannung und Verspannung in seinem Körper. Er atmet und bewegt sich so, wie er es tut, wenn er glücklich und entspannt ist, sodass Sie mit dem nächsten Schritt weitermachen können. (Sollte er angespannt sein, muss Ken wieder zurückgehen und ihm aus größerer Entfernung Leckerchen zuwerfen.)

- Ken lässt vorsichtig ein Leckerchen zu Boden fallen, hält seine Arme und Hände aber immer noch an seiner Seite.
- Duke hebt seine Nase, lehnt sich vor und schnüffelt an Kens Hand. Ken lässt noch ein Leckerchen fallen.
- Ken lässt, während er sich zum Gehen wegdreht, drei weitere Leckerchen fallen. Sie sagen mitleidig »Och schade, Leckerchen alle« und setzen Ihren Spaziergang fort.

In beiden Trainingsstunden war es so, dass Duke von sich aus näher an Ken herangehen wollte und entspannt dessen Hand beschnüffelte. Sie können also nun mit dem Programmpunkt »Streicheln« weitermachen. Die dritte Trainingsstunde läuft so ab:
- Ken nähert sich wie gehabt, gibt nun aber erst ein Leckerchen, wenn er etwas über einen Meter entfernt ist. Nun lässt er nacheinander fünf Leckerchen fallen, während er noch näher an Duke herankommt. Duke schnüffelt an Kens Hand, wedelt mit dem gesamten Hinterteil und schaut entspannt, aber in freudiger Erwartung nach den Hot Dogs.
- Ken hält seine Hände weiter an seiner Seite und öffnet sie, sodass Duke das Futter direkt aus seiner Hand nehmen kann.
- Ken nimmt ein weiteres Leckerchen in die Hand und lässt Duke es nehmen. Während Duke es verputzt, hebt Ken seine *andere* Hand etwa 15 Zentimeter weit in Richtung der Seite von Dukes Maul und lässt sie dann wieder sinken. Das wiederholt er drei Mal hintereinander.

- Duke wedelt weiterhin mit seinem gesamten Körper ab den Schultern nach hinten und schnüffelt nach mehr Leckerchen. Ken gibt ihm ein weiteres Stück Futter mit seiner linken Hand. Während Duke es frisst, hebt er seine andere Hand zu Dukes Kinn, hält aber inne, bevor er ihn tatsächlich berührt.
- Falls Duke in der Vergangenheit ein ernstes Problem mit fremden Menschen hatte, sollte Ken den oben beschriebenen Vorgang mehrmals wiederholen und für dieses Mal nicht mehr verlangen. Falls Duke aber noch nie aggressiv oder ernsthaft verängstigt war, dann könnte Ken in diesem Stadium nun leicht und kurz seinen Kopf an der Seite berühren, während er weiter Leckerchen aus der anderen Hand frisst. Die ganze Zeit über achtet Ken darauf, dass er langsame Bewegungen macht und seine Hand immer unterhalb von Dukes Augenhöhe lässt.

Das Ganze liest sich komplizierter, als es in Wirklichkeit durchzuführen ist. Sobald Sie das Vorgehen verstanden haben und Ihren Hund »lesen« können (und damit sein Verhalten voraussagen können), wird es sogar ganz leicht. Achten Sie darauf, dass jede »Übungsstunde« fröhlich bleibt und hören Sie auf, bevor Duke oder Sie nervös werden können. Zögern Sie nicht, einen professionellen Hundetrainer zur Hilfe zu nehmen, falls Sie sich die Übungen selbst nicht zutrauen. Vermutlich genügen ein oder zwei Stunden zusammen mit jemanden, der die Gegenkonditionierung wirklich beherrscht, damit Sie anschließend alleine weitermachen können.

Sicherheit geht vor
Wenn Sie wissen, dass Ihr Hund jemanden durch Beißen oder Schnappen verletzen könnte, dann ist es Ihre Verantwortung, sicherzustellen, dass genau das auf keinen Fall passieren kann. Benützen Sie, wenn nötig, einen Maulkorb (Sie können durch dessen Öffnung vorn immer noch Leckerchen füttern) und bitten Sie nur Ihre besten Freunde, die »Fremden« auf der Straße zu spielen – und auch nur solche Freunde, die verlässlich genau das tun, was Sie sagen! Das trifft nicht für alle Ihre Freunde zu, oder? Lassen Sie sich Zeit und denken Sie daran, dass »zu schnell zu viel« nicht nur dazu führen kann, dass jemand verletzt wird, sondern auch Sie und Ihren Hund im Training zurückwirft.

Fallen Sie nicht dem Irrglauben anheim, dass Sie mit Hilfe der Leine schon für Sicherheit sorgen könnten, falls ein Fremder Ihrem Hund zu nahe kommt. Diese Methode hat mindestens zwei Schwachpunkte: Erstens verursacht eine gespannte Leine Anspannung und signalisiert Ihrem Hund, dass dies eine im wahrsten Sinne des Wortes angespannte Situation ist. Und das ist die letzte Botschaft, die Sie Ihrem Hund übermitteln möchten! Zweitens wird es höchstwahrscheinlich nicht funktionieren. Die Reaktionszeit Ihres Hundes ist so viel kürzer als Ihre, dass Sie einfach immer erst dann reagieren, wenn Ihr Hund sich schon nach vorn gestürzt hat. Halten Sie die Leine also einfach leicht durchhängend und setzen Sie Ihren Körper ein, falls Sie Fremde von Ihrem Hund fernhalten müssen. Hüten Sie sich davor, Situationen zu schaffen, von denen Sie HOFFEN, dass alles ungefährlich bleibt – Hoffnung führt uns nicht zum

Ziel, sondern schafft vielmehr eine Atmosphäre der Nervosität, die Sie und Ihren Hund beeinflusst. Es ist ganz wichtig, dass Sie als Vorbild ruhig, gelassen und in Spiellaune bleiben – also stellen Sie sicher, dass Ihre Trainingsstunden so strukturiert sind, dass Sie auch der souveräne und ruhige Besitzer sein können, den Ihr Hund braucht.

Arbeiten Sie auf diese Weise Schritt für Schritt weiter, bis Ihr Hund die Assoziation zwischen dem auslösenden Reiz und etwas Angenehmem wirklich ganz verinnerlicht hat. Denken Sie daran, dass wir alle in stressigen Situationen gerne dazu neigen, wieder in unsere alten Gewohnheiten zurück zu verfallen – das gilt auch für Hunde! Machen Sie also auch noch über den Punkt hinaus weiter, an dem Ihr Hund entspannt auszusehen beginnt. Je nach Hund kann es sein, dass die gesamte Prozedur nur ein paar Wochen lang dauert. So war es bei meiner Lassie. In schweren Fällen kann mitunter aber auch ein ganzes Jahr Arbeit nötig sein. Überhaupt empfehle ich grundsätzlich bei allen Hunden, diese Konditionierung während des ganzen Hundelebens niemals ganz zu beenden. Nutzen Sie weiter jede Gelegenheit, dass andere Ihrem Hund Spielsachen oder Leckerchen zuwerfen, auch wenn sein Verhalten sich schon stabilisiert hat. Ich bitte immer, wenn es irgend geht, Postboten, Paketdienst- oder Pizzataxifahrer, meinen Hunden Bällchen hinzuwerfen. Ich hatte noch nie ein Problem mit meinen Hunden und Postboten, aber da Vorbeugen so viel einfacher ist als Heilen scheint es mir geradezu dumm, sich nicht diese eine Sekunde länger Zeit zu nehmen und die Betreffenden zu bitten, doch schnell dieses Bällchen zu werfen!

Denken Sie daran, dass jede neue Umgebung oder jeder neue Auslöser erfordert, dass Sie den ganzen Prozess nochmal von Beginn an durchspielen. Ein Beispiel: Wenn Ihr Hund an einem freundlichen Mann auf dem Bürgersteig vorbeigeht, konditioniert ihn das noch nicht darauf, auch bei zwei Frauen mit Kleinkindern, die ihm in der Nachbarschaft begegnen, entspannt zu bleiben. Jede Situation erfordert ihre eigene Intensität. Nehmen wir zum Beispiel einmal an, es nähert sich eine mittelgroße, hundeliebe Frau, von der Sie wissen, dass sie für Ihren Hund einen mittleren bis schwachen Angst auslösenden Reiz darstellt. Sie kann zwei Schritte weit ins Haus hineinkommen, erst dann ein Leckerchen werfen und mit diesem Vorgehen weitermachen, bis sie auf dem Sofa sitzt und der Hund zu ihr kommt. Das ist möglich und angemessen, weil der Hund sie als schwachen Reiz wahrnimmt. Ein anderer Freund dagegen, der groß gewachsen ist und Bart und Hut trägt, kann sehr viel furchteinflößender für Ihren Hund sein. In diesem Fall müsste Ihr großer, männlicher Besucher also sehr viel langsamer ins Haus kommen: Es klingelt an der Tür, Sie werfen ein Leckerchen, der Besucher bleibt neben der Tür stehen, er wirft Leckerchen bis Ihr Hund wirklich fröhlich aussieht und dann geht der Besucher wieder fort. Beide Situationen könnten am gleichen Tag auftreten. Die Kunst ist, genau zu wissen, was Ihrem Hund nur ein bisschen Angst macht und was viel und folglich immer innerhalb seiner »Wohlfühlzone« arbeiten zu können.

Das Schlimmste, was Sie tun können (und leider auch das Einfachste!) ist, dass Sie mit den ersten Schritten beginnen, die letzten vergessen und hoffen, dass alles letzten Endes schon irgendwie funktionieren wird. Lassen Sie sich von mir als jemandem, der Woche für Woche heulende Hundebesitzer anhört, sagen: Gehen Sie das Problem *jetzt* an, denn es wird nicht von allein verschwinden und sehr wahrscheinlich schlimmer werden, wenn Sie nicht bald etwas dagegen tun.

Wie lange wird es dauern?
Hoffentlich ist inzwischen klar geworden, warum es so schwierig ist, einen Standard-Behandlungsplan für alle Hunde zu erstellen. Welche Schritte Sie an welchem Tag angehen und wie schnell Sie Fortschritte machen, hängt immer von Ihrem Hund und seinen Reaktionen auf jede Übungseinheit ab. Um späteren Problemen bei einem lieben, aber leicht vorsichtigen Welpen vorzubeugen, müssen Sie einfach im ersten Lebensjahr Ihres Hundes die richtigen Gelegenheiten nutzen. Nehmen Sie ihn mit, wenn es sich machen lässt, laden Sie Gäste ein, die beim Betreten des Hauses Leckerchen werfen und melden Sie sich in einer Hundeschule an, die mit viel positiver Bestärkung arbeitet. Sorgen Sie dafür, dass Briefträger und Paketauslieferer Leckerchen an Ihren Hund verteilen, so oft es geht (wenn Sie eine Dose mit Leckerchen neben der Haustür stehen haben, sind Sie immer vorbereitet). Diese einfachen Maßnahmen werden einen großen Unterschied für das Leben Ihres Hundes bedeuten.

Vorbeugende Maßnahmen oder das Arbeiten an kleineren Problemen machen nur wenig Mühe, während es später bei älteren Hunden mit einem etablierten Verhaltensproblem viel mehr Zeit und Aufwand erfordert, etwas dagegen zu tun. Es lässt sich zwar nur schwer abschätzen, wie lange die Behandlung für einen Hund dauern wird, aber der zuvor beschriebene Prozess wird wohl um die drei bis zwölf Monate Arbeit bedeuten – bei einem Hund, der bereits begonnen hat, seine Angst in gezeigtes Verhalten umzusetzen. Während dieser Zeit wäre es ideal, wenn Sie es organisieren könnten, dass etwa 5 – 10 Mal pro Woche Gäste zu Ihnen in Haus kommen oder Sie Freunde wie scheinbar zufällig auf Spaziergängen treffen. Das klingt furchtbar viel, aber wenn Sie jeden Tag an Orten spazieren gehen können, an denen Sie viele Menschen treffen, müssen Sie nur noch ein paar Termine pro Woche wirklich organisieren. Diese »organisierten Treffen« können wirklich ganz einfach zu gestalten sein. Nehmen wir an, Sie haben einen Freund, der kurz vorbeischauen möchte, um sich ein Buch auszuleihen. Bitten Sie ihn einfach vorab, nach dem Klingeln an der Tür ein paar Leckerchen vor sich in den Hausflur zu werfen, die Sie zuvor neben der Tür deponiert haben. Was Sie dann anschließend tun, hängt natürlich davon ab, wie gravierend das Problem Ihres Hundes ist. Es ist auch nicht von Belang, ob Sie jede Woche das genau gleiche Programm verfolgen. Manche Wochen sind einfach geschäftiger als andere und nicht immer läuft alles nach Plan. Machen Sie sich darum keine Gedanken und tun Sie einfach, was Sie können und so oft Sie es können.

Die gute und die schlechte Nachricht
Die schlechte Nachricht ist, dass Sie niemals ganz und gar mit der Arbeit an diesem Problem fertig sein werden. Wenn Sie einen Hund besitzen, der genetisch zu Ängstlichkeit und/oder »Schutzverhalten« veranlagt ist, müssen Sie wäh-

rend seines gesamten Lebens weiter daran arbeiten. Die gute Nachricht ist, dass es, wenn Sie erst die intensive Arbeit der Gegenkonditionierung geleistet haben, viel weniger Mühe kosten wird, Ihren Hund weiter auf dem erreichten Niveau zu halten. Ich mache es zum Beispiel so, dass ich den Paketboten jedes Mal bitte (vorausgesetzt, ich bin zufällig gerade zuhause), meinen Border Collies einen Tennisball zu werfen. Wenn eine Familie zu Besuch kommt, nehme ich immer Hundekekse mit zum Stall hinunter, damit die Kinder meiner Wachhündin Tulip etwas geben können, wenn sie in den Schafstall gehen. Wenn Ihr Hund erst einmal wie gewünscht reagiert, können Sie so einfache Maßnahmen wie diese weiter fortführen. Sollten Sie irgendwelche Anzeichen für eine Verschlechterung der Situation bemerken, gehen Sie einfach einen Schritt zurück (Sofort! Warten Sie nicht damit!). Sie werden feststellen, dass Sie in diesem zweiten Durchgang viel schneller vorankommen werden als beim ersten Mal.

Festigen Sie die richtigen Verknüpfungen bei Ihrem Hund
Nur zu leicht lassen wir uns von den ersten Anzeichen für eine Verbesserung des Verhaltens dazu verleiten, mit dem Trainingsprogramm aufzuhören. Ich selbst nehme mich überhaupt nicht davon aus! Zwei oder drei Wochen lang arbeite ich voller Energie an einem neuen Plan, aber dann fällt es mir irgendwie immer schwerer, ihn konsequent einzuhalten. Offensichtlich bin ich damit nicht allein: Es heißt, dass es 21 bis 28 Tage dauert, bis man eine Gewohnheit verändert hat. Die meisten geben aber zwischen dem 14. und 20. Tag auf. Problematisch ist die Tatsache, dass sich

die deutlichsten Verbesserungen im Verhalten eines Hundes fast immer während der ersten Wochen zeigen und es deshalb sehr verlockend ist, an diesem Punkt mit der Arbeit aufzuhören. Aber Achtung: Es ist durchaus gefährlich, nur gerade so viel Konditionierungsarbeit zu leisten, dass Ihr Hund in bestimmten Situationen keine sichtbare Angst mehr hat. Wenn er äußerlich weniger angespannt wirkt, aber innerlich immer noch Angst hat, könnte es sein, dass ein Zwischenfall passiert, den Sie verhindert hätten, wenn Sie »in Alarmstimmung« gewesen wären. Machen Sie mit dem Trainingsprogramm also noch lange über den Punkt hinaus weiter, an dem Sie meinen, dass Ihr Hund nun »in Ordnung« ist. Es ist genau wie das Lernen für eine Prüfung: Sie müssen die Information nicht nur lernen, sondern wirklich ganz und gar sicher verinnerlichen: Im Prüfungsstress passiert es nur zu leicht, dass Ihnen die chemische Formel plötzlich nicht mehr einfällt, die Sie doch zu wissen glaubten. Genauso leicht passiert es unseren Hunden, in eine alte, noch nicht ganz abgelegte Angewohnheit zurückzufallen, wenn sie unter Druck stehen. Clevere Besitzer belohnen *sich selbst* für jede Konditionierungsübung mit dem Hund und sorgen so dafür, dass auch sie selbst das erwünschte Verhalten beibehalten! Klar – das ist ein Ratschlag, den man nur zu gern belächelt und dann ignoriert. Aber bitte machen Sie diesen Fehler nicht – es braucht viel Durchhaltevermögen, um einen Hund umzukonditionieren, und wir Menschen lassen uns genauso gerne von alten Gewohnheiten wieder einholen wie Hunde. Überlegen Sie hier und jetzt einmal einen Moment lang, womit Sie sich selbst belohnen könnten, um das Programm durchzuhalten. Damit treffen Sie vielleicht die Entscheidung, ob Sie Ihren Hund wirklich kurieren oder ob Sie zu früh aufgeben, was Ihnen später sicherlich leid tun wird.

... und was ist mit anderen Ängsten als denen vor Fremden?

Sie können diese Methode für *alles Mögliche* anwenden, vor dem Ihr Hund (oder ein anderes Tier) Angst hat – sei es der Staubsauger, der Tierarztbesuch, das Krallenschneiden oder die Begegnung mit anderen Hunden. Gehen Sie einfach die Schritte wie beschrieben durch und finden Sie das richtige Gleichgewicht zwischen der Stärke des auslösenden Reizes (dem »Bösen«) und der Belohnung (dem »Guten«). Die Methode wird allerdings nicht in Situationen funktionieren, in denen das Verhalten des Hundes nicht zumindest teilweise von Angst bestimmt ist. Es gibt viele Gründe dafür, warum ein Hund sich »fehlverhalten« kann. Falls Ihr Hund also jemals Menschen bedroht hat, *müssen* Sie sich wirklich ganz sicher sein, dass ein Grund dafür Angst ist, bevor Sie mit dem Trainingsprogramm beginnen.

Was tun, wenn Sie und Ihr Hund überrascht werden?

Alle die bis jetzt gegebenen Ratschläge betreffen Situationen, in denen Sie die Kontrolle haben – Kontrolle darüber, wie weit die Personen von Ihrem Hund entfernt sind, Kontrolle darüber, wann Sie die Haustür öffnen und so weiter. Aber egal, was Sie tun – manchmal laufen die Dinge einfach nicht so wie geplant und es ist wichtig, dass Sie auch auf diese Situation vorbereitet sind. Denn wenn Sie schon nicht wissen, wie Sie reagieren sollen, falls Sie und Ihr Hund überrascht werden – wie soll es dann Ihr Hund wissen?

Seien Sie konservativ
Nein, die Rede ist hier nicht von Politik. Ich möchte Sie nur noch einmal daran erinnern, dass Sie immer auf der sicheren Seite bleiben sollten und verhindern müssen, dass die alte Angewohnheit Gelegenheit bekommt, sich wieder zu zeigen. Wenn Ihr Hund schon einmal einen Besucher angeknurrt hat, dann ist es nicht unbedingt eine gute Idee, ihn an einem geschäftigen Wochenende mit auf einen belebten Gemüsemarkt zu nehmen. Wenn Sie glauben, dass Sie dem, was möglicherweise passieren könnte, nicht ruhig und gelassen begegnen können (ganz zu schweigen davon, dass Sie Ihren Hund daran hindern können, anderen Menschen und vermutlich auch sich selbst Angst einzujagen), dann gehen Sie auf Nummer Sicher. Verfrachten Sie Rex solange ins Hinterzimmer, bringen Sie Rocky übers Wochenende in eine Hundepension oder lassen Sie Kira im Auto. Denken Sie daran, dass Hunde *immer* etwas lernen – jeder Spaziergang, jeder Besucher, jede erdenkliche Begebenheit wird entweder zu weiteren Fortschritten oder zu Rückschlägen führen. Das liegt in Ihrer Entscheidung – jedenfalls meistens.

Und was tun, wenn mein Hund und ich überrumpelt werden?
Alles, was bisher gesagt wurde, ging davon aus, dass Sie die Umgebung um sich und Ihren Hund herum kontrollieren können. Allerdings sprechen wir vom wahren Leben,

und das sieht nur zu oft anders aus. Im wahren Leben passieren ungeplante Dinge, egal, wie achtsam Sie sind. Was tun Sie also, wenn jemand plötzlich um die Ecke geschossen kommt und Sie und Balou damit total überrumpelt? Balous Augen werden so rund wie Suppenteller, er zerrt an der Leine und bellt wie der Höllenhund Zerberus persönlich, während Sie nur den Gedanken »bloß festhalten« im Kopf haben. Nun, das ist schon mal ein guter Anfang. Lassen Sie uns da weitermachen. Und denken Sie zusätzlich darüber nach, womit Sie Ihren Hund denn eigentlich festhalten: Stellen Sie sicher, dass die Ausrüstung, die Sie benutzen, Ihnen wirklich Kontrolle über den Hund gibt. Meine Lieblingskombination ist eine gute Nylonleine an einem Kopfhalfter oder an einem Geschirr, wobei sie vorne am Brustring anstatt oben am Rücken befestigt wird. Beides gibt Ihnen selbst über große Hunde eine sehr gute Kontrolle, vorausgesetzt, man verwendet diese Ausrüstung korrekt und der Hund wurde sorgfältig daran gewöhnt. Normale Halsbänder und »Würgehalsbänder« haben offensichtlich wenig Wirkung bei einem Hund, der außer Rand und Band geraten ist. Nehmen Sie sich also vorab die Zeit, herauszufinden, was in Ihrem Fall am besten funktioniert, damit Sie nicht in der Frage dieses Details eine unangenehme Überraschung erleben.

Verringern Sie sofort die Intensität des auslösenden Reizes
Wenn Ihr Hund bellt und an der Leine zerrt und Sie beide überrascht wurden, ist das nicht der richtige Moment, um ein paar nette Gehorsamsübungen zu fordern. Ihre allererste Aufgabe ist, die Intensität des auslösenden Reizes so

schnell wie möglich zu verringern. In der Regel bedeutet das, einen größeren Abstand zwischen sich und die überraschend aufgetauchte fremde Person zu bringen. Schreien Sie Ihren Hund also nicht mit »NEIN!« an, während Sie auf der Stelle stehen und versuchen Sie nicht, »Sitz« von ihm zu verlangen, wenn er wirklich Angst hat. Sagen Sie lieber ruhig, aber bestimmt »Nein« oder »Ah«, drehen Sie sich einfach um und gehen weg. Wenn Sie es in dieser Lage nicht fertigbringen, etwas mit ruhiger, aber autoritärer Stimme zu sagen (vielleicht klingen Sie selbst ein bisschen ängstlich?), dann werden Worte in dieser Lage nur dazu führen, dass Ihr Hund noch mehr Angst bekommt. (»Oh nein! Sie hat auch Angst! Dieser Mensch muss *wirklich* gefährlich sein!«) Singen Sie in diesem Fall entweder »Hänschen klein« oder bleiben Sie einfach ruhig und gehen weg.

Allerdings liegt genau hier der Hund begraben. Wenn Sie einfach weggehen und nichts weiter tun, was hat Ihr Hund dann gelernt? (»Ich geh die Straße lang, ich geh die Straße lang, das Leben ist schön ... OH NEIN OH NEIN HILFE GEFAHR GEFAHR BELL BELL ZERR BELL OH NEIN Oh oh gut, er geht wieder weg, oh, jetzt ist mir wohler, oh Gottseidank ist er weg, ich belle und die Leute gehen weg, das ist gut, ich bin so froh, dass er weg ist ...«) Ihr Hund wurde für das Bellen und Zerren belohnt – also ist es leicht vorhersehbar, dass er beim nächsten Mal wieder bellen und an der Leine zerren wird, oder?

Wenn irgend möglich, gehen Sie nur so weit weg, dass Sie wieder mit Ihrem Hund kommunizieren können, und verlangen Sie dann »Sitz«. Sitzen ist eine kontrollierte, gemessene Körperhaltung, die dazu beitragen kann, Ihren Hund zu beruhigen. Es verlangt von ihm, seine Reaktionen auf seine eigenen Gefühle zu kontrollieren, wirkt aber andererseits nicht zu einschüchternd, wenn er gerade verängstigt ist. (»Platz« ist in dieser Situation einfach zu viel verlangt – oder würden Sie sich besser fühlen, wenn jemand Ihnen mitten auf der Straße »Hinlegen!« befiehlt, gleich neben der Gang Jugendlicher, die Sie Ihrer Befürchtung nach gleich zusammenschlagen wird?)

Wenn (und nur *wenn*) Ihr Hund ruhiger ist, dann streicheln Sie *langsam* mit kreisenden Bewegungen seine Brust. Vermeiden Sie dieses affenartige Tätscheln oben auf seinen Kopf – es beruhigt Hunde nicht, sondern irritiert sie oder puscht sie auf, was das Letzte ist, das Sie nun gebrauchen können. Sprechen Sie langsam, mit langgezogenen Tönen: »Guuuuuuuter Junge, waaaaaas ein guuuuuuter Junge du bist!« Und er *ist* ja auch ein guter Junge, oder? Er bellt nicht und zerrt nicht an der Leine, und wenn Sie Glück haben, ist der Fremde immer noch in der Nähe, nur eben ein bisschen weiter entfernt. Jetzt können Sie Leckerchen geben – aber *nur*, wenn der Hund ruhig sitzt.

Falls der Fremde so schnell verschwindet, wie er gekommen ist, dann versuchen Sie, exakt die gleiche Situation (möglichst auch am gleichen Ort) mit Hilfe eines Freundes noch einmal nachzustellen, und zwar so lange, bis Sie sie so zu Ende bringen können, wie Sie es gerne möchten. Die Sicherheit geht immer vor! Der Hund soll merken, dass Bellen und an der Leine zerren zu gar nichts führen und dass der Fremde verschwindet, wenn er ruhig und gelassen bleibt. So wird er lernen, dass der Fremde überhaupt keine Gefahr darstellte und dass Hinsetzen dazu führt, dass er sich besser fühlt und fremde Menschen weggehen.

Fassen wir also zusammen: Wenn Ihr Hund plötzlich erschreckt wird, vergrößern Sie sofort die Entfernung zwischen ihm und der fremden Person, bleiben Sie dann so früh wie möglich wieder stehen und verlangen Sie »Sitz«. Loben, streicheln und füttern Sie ihn, wenn er sich ruhig benimmt – und nur dann! Mir sind zwar keine Studien dazu bekannt, aber meiner Meinung nach ist es wichtig, diese Situationen anschließend nachzuspielen, sodass Sie den auslösenden Reiz kontrollieren können. So stellen Sie sicher, dass die richtigen Verknüpfungen im Gehirn Ihres Hundes haften bleiben.

Aber ich habe gar keine Zeit für dieses Training
Ich kann mir gut vorstellen, dass der ein oder andere Leser an dieser Stelle sagt: »Du meine Güte, aber so viel Zeit habe ich gar nicht! Das klingt ja so, als ob ich monatelang mindestens fünfmal die Woche arbeiten müsste, um meinen Hund auf die richtige Spur zu bringen! Ich liebe meinen Hund ja wirklich, aber so viel Zeit habe ich nicht!« Nun, das ist eine verständliche Reaktion. Wenn der Hund ein ernsthaftes Problem hat, wird er Sie in der Tat viel Zeit und Energie kosten. Allein die Tatsache, dass Sie Ihren Hund lieben, garantiert noch nicht, dass Sie ihn erfolgreich therapieren können. Schon so manch verantwortungsvoller Hundefreund hat festgestellt, dass er einfach nicht die Zeit und die Energie aufbringen kann, um einen Hund mit

einem gravierenden Verhaltensproblem umzutrainieren. Denken Sie immer daran: Es ist allein Ihre Entscheidung, Sie haben die Wahl. Vielleicht haben Sie tatsächlich Zeit, mit dem Hund zu arbeiten, vielleicht können Sie ihn guten Gewissens in ein neues Zuhause vermitteln oder vielleicht gibt es auch keine andere Alternative, als ihn einschläfern zu lassen. Nur Sie können das entscheiden, aber vergessen Sie nicht, vorher andere um Rat zu fragen. Sprechen Sie ausführlich mit Experten für Hundeverhalten und nutzen Sie deren Erfahrung, um für sich und den Hund die bestmögliche Entscheidung zu treffen.

Bedenken Sie auch, ob Sie dem Hund nicht vielleicht den größten Gefallen tun, wenn Sie ihm ein neues Zuhause bei liebevollen Menschen suchen, die mehr Zeit für ihn haben. Ich selbst habe einmal einen meiner erwachsenen Hunde an neue Besitzer abgegeben und weiß, welche Gedanken einem dann nachts im Kopf kreisen. »Tue ich wirklich das Richtige? Wie finde ich das richtige Zuhause für ihn? Verrate ich meinen besten Freund?« Nur Sie können wissen, was wirklich das Beste ist, aber bedenken Sie auch: Hunde lieben zwar ihre Menschen wie eine Familie, aber es fällt ihnen auch relativ leicht, ihre Familie zu wechseln. Auch wenn diese Vorstellung Sie vielleicht schmerzt – Ihr Hund kann andere Menschen genauso sehr lieben wie Sie! Seien Sie objektiv: Ihre Verantwortung ist es, dem Hund die bestmögliche Umgebung zu bieten. Und das ist möglicherweise *nicht* Ihr Zuhause. Wenn Sie über eine Abgabe (oder sogar das Einschläfern) nachdenken, rate ich Ihnen dringend, vorher Rat bei Experten zu suchen, die sich auf Verhaltensprobleme spezialisiert haben. Sie können Ihnen objektiv dabei helfen, vernünftige Alternativen zu überdenken.

Falls Sie aber zu dem Schluss kommen, dass Sie und Ihre Familie die Zeit und Motivation haben, an diesem Problem zu arbeiten, dann lassen Sie sich nicht von der langwierigen Beschreibung des Trainingsvorgangs abschrecken. Das Ganze lässt sich wirklich einfacher machen als beschreiben, sobald Sie einmal das Grundprinzip verstanden haben. Sie müssen sich wirklich nur ganz sicher sein, dass Sie die Grundidee des Trainings verinnerlicht haben. Wenn Sie dann erst einmal anfangen, sind Sie vermutlich überrascht, wie leicht das Training zum Bestandteil Ihres Alltags wird.

Woher weiß ich, wie viel und wie lange ich arbeiten muss?
Wenn Sie mit dem Training beginnen, können Sie ganz einfach nicht wissen, wie lange genau es bis zum Erfolg dauern wird. Grundsätzlich hängt es zunächst davon ab, wie ernst das Problem ist. In einem unkomplizierten Fall können ein paar Minuten täglich über einige Wochen hinweg ausreichen, während es in einem schlimmen Fall wesentlich länger dauern kann. Die gute Nachricht ist, dass Sie nicht jeden einzelnen Tag eine ganze Stunde Zeit investieren müssen. Allerdings müssen Sie es schon schaffen, mehrmals pro Woche eine konstruktive Übungssituation für Ihren Hund zu schaffen. Sollten Sie sich jemals im Verlauf Ihrer Arbeit unsicher sein, ob Sie schon zum nächsten Schritt übergehen können oder ob Sie oft genüg üben, dann fragen Sie jemand um Rat, der Erfahrung mit diesen Methoden hat. Sie würden ja auch nicht anfangen, wild

unter der Motorhaube Ihres Autos herumzuschrauben – in der Hoffnung, damit per Zufallstreffer dieses lästige Nebengeräusch beim Fahren abstellen zu können. Probieren Sie also auch nicht wild herum, wie Sie Ihren Hund am besten konditionieren können!

Gibt es eine Erfolgsgarantie?
Nein, leider überhaupt nicht. Es ist zwar hart für uns alle, aber es gibt keine Möglichkeit zur zuverlässigen Vorhersage, welchem Hund geholfen werden kann und welchem nicht. Das Verhalten eines Hundes wird einfach von zu vielen Variablen bestimmt, als dass wir voraussagen könnten, wie er auf unser Training reagieren wird. Je moderater das Problem, desto höher selbstverständlich die Wahrscheinlichkeit auf Erfolg. Außerdem steigern Sie Ihre Erfolgschancen enorm, wenn Sie mit dem Training so früh wie möglich beginnen und nicht erst dann, wenn das Verhalten schon zur festen Gewohnheit geworden ist. Lesen und lernen Sie außerdem so viel wie irgend möglich über das Training von Hunden und den Umgang mit Hunden. Hundeerziehung ist keineswegs etwas, das nette Menschen ganz von alleine richtig machen. Es ist eine Wissenschaft, ein Sport und eine Kunst. Nehmen Sie sie ernst! Wenn Sie dieses Büchlein lesen, besitzen Sie ein Fortgeschrittenen-Modell von Hund und Sie brauchen auch fortgeschrittene Fähigkeiten und Kenntnisse, um mit ihm umgehen zu können!

Für viele Hundebesitzer ist es konstruktiv, sich selbst ein zeitliches Limit für die Arbeit zu setzen, sagen wir einmal drei, sechs oder zwölf Monate und dann zu sehen, welche Fortschritte der Hund bis dahin gemacht hat. Fragen Sie sich selbst, ob sich das Verhalten tatsächlich verbessert hat und ob Sie willens sind, mit dem Training fortzufahren. Und vor allem: Bedenken Sie, dass Sie niemals wirklich »fertig« sein werden, es wird mit der Zeit nur immer leichter werden. Vorzubeugen ist einfach, Rückschritte zu machen aber leider auch. Bleiben Sie immer gerüstet, Ihren Hund daran zu erinnern, wie toll all diese fremden Menschen doch sind und machen Sie bei seiner freudigen Begrüßung mit, wenn der Pizzafahrer das nächste Mal kommt!

Zusammenfassung der Trainingsschritte

1. **Sorgen Sie für Sicherheit.**
   Tun Sie alles in Ihrer Macht stehende, um sicherzustellen, dass Ihr Hund nicht von dem, wovor er bis jetzt Angst hatte, überrascht und verängstigt wird und sorgen Sie dafür, dass er auf keinen Fall Menschen verletzen kann.
2. **Bestimmen Sie die Reize, die das Angstverhalten bei Ihrem Hund auslösen (die »Trigger« oder »das Böse«).**
   Verschaffen Sie sich ein ganz klares Bild davon, was die Angstreaktion bei Ihrem Hund auslöst. Seien Sie dabei so genau wie möglich.
3. **Finden Sie die besondere Leidenschaft Ihres Hundes heraus (»das Gute«).**
   Finden Sie heraus, welches besondere Futter oder welches Spielzeug Ihren Hund ganz verrückt macht und reservieren Sie es ab sofort ausschließlich für das Training.

4. **Bringen Sie »das Gute« in hoher Intensität und »das Böse« in niedriger Intensität zusammen.**
   Schaffen Sie Situationen, in denen Ihr Hund seine Lieblingssache bekommt, nachdem er unmittelbar zuvor mit einer ganz schwachen Version seines auslösenden Reizes konfrontiert wurde.
5. **Steigern Sie allmählich die Intensität des auslösenden Reizes.**
   Erhöhen Sie die Stärke des Reizes, der bei Ihrem Hund Angst auslöst, ganz langsam Schritt für Schritt.

Und der letzte Schritt ist der einfachste: *Ärgern Sie sich nicht über Kleinkram!* Solange Ihr Hund nicht ein sehr ernstes Problem hat, müssen Sie nicht glauben, *dass Sie unbedingt Alles und Jedes in jedem einzelnen Moment richtig machen müssen!* Für Hunde mit leichten bis mittelschweren Problemen ist jede Menge »Luft« im System – Sie müssen wirklich nicht alles jedes Mal ganz perfekt machen, damit die Methode funktioniert. Dieses Büchlein wurde zwar so sorgfältig und präzise wie möglich geschrieben, aber das heißt nicht, dass Sie als Leser jede Anweisung darin jederzeit buchstabengetreu befolgen müssen. Selbstverständlich müssen Sie aber dringend einen professionellen Verhaltenstherapeuten zu Rate ziehen, wenn das Problem Ihres Hundes so gravierend ist, dass er möglicherweise Menschen verletzen könnte. Solange das nicht der Fall ist, müssen Sie lediglich die Grundlagen lernen, das Trainingsprogramm so gut, wie es Ihnen möglich ist, verfolgen und sich nicht über Kleinigkeiten ärgern!

Was kann ich noch tun, um meinem Hund zu helfen?

Werden Sie »Rudelführer«: Jeder Hund fühlt sich sicherer, wenn er Regeln kennt und wenn er weiß, dass er sich auf Sie als Führungsperson verlassen kann. Ich habe den Verdacht, dass viele ängstliche Hunde nur deshalb aggressiv werden, weil sie glauben, dass sie für die Sicherheit des Rudels die Verantwortung tragen müssen, eigentlich diese Aufgabe aber viel lieber Ihnen überlassen würden.

Manche Hunde sind von Natur aus stärker dazu veranlagt, Führungspositionen zu übernehmen als andere, aber zweifellos tut es allen ängstlichen Hunden gut, wenn sie wissen, dass Sie als Mensch die Verantwortung haben und sie sich nicht darum kümmern müssen.

Die Führung über Ihren Hund bekommen Sie allerdings nicht über Aggressivität und auch nicht darüber, dass Sie ihm bei jedem Winseln jeden seiner Wünsche erfüllen. Wenn Ihr Hund zu Ihnen kommt und darum bettelt, gestreichelt zu werden, dann übersetzen Sie das mit: »Hej, du Mensch da! Kraul mich! Sofort!« Würden Sie zulassen, dass Ihr Kind Sie um ein Eis anbettelt, während Sie gerade telefonieren? Nein? Dann lassen Sie auch nicht zu, dass Ihr Hund jederzeit irgendetwas von Ihnen fordern kann.

Grundgehorsam trainieren

Fröhliches, freundliches Gehorsamstraining, das mit viel positiver Bestärkung arbeitet, ist ein wichtiger Baustein dazu, dem Hund Grenzen zu setzen und die Führungsrolle zu übernehmen. Gleichzeitig ist es so etwas wie eine große Werkzeugkiste, die Sie überall hin mitnehmen können – wenn Ihr Hund etwas Unerwünschtes tut, haben Sie mit den Übungen des Grundgehorsams die Möglichkeit, ihn stattdessen etwas anderes, Besseres tun zu lassen.

Stellen Sie sich zum Beispiel vor, dass Bruno herumhüpft und ein Eichhörnchen anbellt. Sie könnten »NEIN!« sagen, aber welche Information würden Sie ihm damit geben? Guck das Eichhörnchen nicht an? Guck nicht nach Westen? Hüpf nicht? Belle nicht? Sie sehen, »Nein« liefert Ihrem Hund ziemlich wenig Auskunft darüber, was Sie von ihm möchten. Wenn Sie ihn aber dazu trainiert haben, auf verschiedene Signale zu reagieren, dann könnten Sie jetzt sagen: »Bruno, sitz und schau«, was Bruno richtig interpretiert als: Setz dich ruhig hin, schau mir nach oben in die Augen und schau nicht weg, bis ich »OK« sage. Was für eine schöne Alternative zum NEIN!-Schreien!

Wenn Sie mit den neuen, positiven Methoden der Hundeerziehung noch nicht vertraut sein sollten, dann holen Sie das nun nach. Melden Sie sich (in guten) Hundeschulen an und lesen Sie so viel Sie können. Nichts von dem ist je so gut wie Einzelunterricht mit einem guten Trainer (wie gut würden Sie wohl aus einem Buch Eiskunstlaufen lernen?), aber ein gutes Buch kann sehr viel dazu beitragen, Sie auf den richtigen Weg zu bringen. Machen Sie einen Bogen um Bücher, die Leinenkorrekturen und Strafen als Hauptmöglichkeit der Kommunikation mit Ihrem Hund darstellen. Auf Strafen beruhende Hundeerziehung sollte inzwischen so ausgestorben sein wie die Dinosaurier.

Operante Konditionierung und andere Trainingsmöglickeiten

Eine andere Art der Konditionierung heißt *operante Konditionierung:* Das Tier lernt, in und an seiner Umwelt zu »operieren«, um etwas zu bekommen, das es mag. Ich habe diese Methode schon oft bei ängstlichen Hunden angewendet, wenn sie erst einmal ihre schlimmsten Ängste überwunden hatten. Meine kleine Hündin Misty hatte zum Beispiel schreckliche Angst vor fremden Hunden. Sie war einer dieser »Ich kriege dich, bevor du mich kriegst«-Hunde, und damit hatte ich ein echtes Problem, das ich bei mir zuhause im Hinterhof lösen musste. Die operante Konditionierung war Teil des Behandlungsplans für Misty. Ich brachte ihr bei, den fremden Hund anzusehen, wenn ich »Wo ist der Hund?« fragte und gab ihr für jedes Hinschauen ein Leckerchen. Nach drei Trainingseinheiten hatte sie verstanden, fremde Hunde mit tollen Sachen zu assoziieren und wurde so zu einem höflichen Vierbeiner. Mehr über die Methode der operanten Konditionierung lesen Sie zum Beispiel in Karen Pryors Buch »Positiv bestärken – sanft erziehen« oder in Dr. Pamela Reids »Excel-erated Learning« (nur auf Englisch erschienen).

Es gibt immer mehr als nur einen Weg nach Rom, also seien Sie ruhig kreativ in Ihren Bemühungen, die Ängste Ihres Hundes zu besänftigen. So hatte zum Beispiel meine 45 Kilogramm schwere Pyrenäenberghündin letzte Woche beschlossen, furchtbare Angst vor der Haustüre zu haben – nachdem sie drei Jahre lang täglich hindurchgegangen war. Der Himmel weiß, warum! Ich versuchte es drei Übungseinheiten lang mit den Konditionierungstechniken, die ich in diesem Buch beschrieben habe und gab ihr Hot Dog-Stückchen, wenn sie immer etwas näher in Richtung Tür ging. In der zweiten Sitzung machte sie Fortschritte, in der dritten aber schon nach ein paar Minuten wieder Rückschritte. Beim nächsten Mal nahm ich sie einfach an die Leine, ging mit ihr durch die *andere* Tür ins Haus, ging durch die »schlimme« Tür *hinaus* und drehte einfach wieder um und ging wieder hinein, bevor sie wusste, wie ihr geschah. Es wird mir ewig unbegreiflich bleiben, warum sie keine Angst hatte, aus dieser einen Tür *herauszugehen*, das Hereingehen aber so schlimm für sie war. Jedenfalls sparte ich uns viel Zeit, indem ich das Problem einfach einmal von einer anderen Seite aus anging und konnte es in einer einzigen Trainingsstunde beheben.

Bewegung
Hunde, die zu wenig Bewegung haben, reagieren auf alles Mögliche empfindlicher als ausgelastete Hunde. Sie können also die Reaktionsschwelle Ihres Hundes anheben (oder die Intensität des auslösenden Reizes senken), indem Sie Ihrem Hund ganz einfach mehr Bewegung verschaffen. Bedenken Sie dabei aber, dass der Spaziergang mit einem Großpudel oder Retriever an der Leine einmal rund um den Block nicht als Bewegung zählt – außer vielleicht für Sie. Hunde müssen laufen und rennen können, und sei es nur, dass sie im Haus Ball spielen. Sorgen Sie dafür, dass Ihr Hund mindestens zweimal am Tag 15 – 20 Minuten lang wirklich rennen kann. Hunde brauchen außerdem auch geistige Beschäftigung, und da sind wir wiederum beim Trainieren des Grundgehorsams! Ängstliche Hunde profitieren enorm davon, wenn sie über etwas Konstruktives anstatt

über ihre Ängste nachdenken können. Bringen Sie ihm also die Familienhund-Standardkommandos wie »Sitz« und »Bleib« bei. Lehren Sie ihn Tricks, die Ihnen beiden Spaß machen und die Sie gemeinsam kichern lassen. Bringen Sie ihm bei, Geruchsfährten nachzuspüren oder über Agilityhürden zu springen. Bringen Sie ihm alles Mögliche außer schlechten Manieren bei, halten Sie seinen Körper und sein Hirn beschäftigt!

Ernährung
Achten Sie darauf, dass Ihr Hund gesund ernährt wird – entweder mit einem qualitativ sehr hochwertigen Fertigfutter oder mit selbst zubereitetem Futter. Nicht jedem Hund bekommt das Gleiche gut, also seien Sie auch in dieser Hinsicht offen und überprüfen Sie während des Trainingsprogramms, ob das Futter Ihres Hundes wirklich optimal ist.

***

... und wenn Sie nun all das bis hierher gelesen haben, dann kann Ihr Hund sich wirklich glücklich schätzen. Ich wünsche Ihnen, dass er Ihnen ein ebenso guter Freund sein wird wie Sie ihm einer sind. Viel Glück für Sie beide!

KLEINE GESCHÄFTSKUNDE

So wird Ihr Hund stubenrein

Karen B. London
Patricia B. McConnell

KYNOS VERLAG

Titel der englischen Originalausgabe: *Way to Go!.*
How to Housetrain a Dog of Any Age

© 2003 by Dog's Best Friend, Ltd., USA

Aus dem Englischen übertragen von Gisela Rau

Titelbild: Astrid Schmitz

© 2008 für die deutsche Ausgabe
KYNOS VERLAG Dr. Dieter Fleig GmbH
Konrad-Zuse-Straße 3 • D – 54552 Nerdlen / Daun
Telefon: +49 (0) 6592 957389-0
Telefax: +49 (0) 6592 957389-20
http://www.kynos-verlag.de

Gedruckt in Hong Kong

ISBN 978-3-938071-54-0

Das Werk einschließlich aller seiner Teile ist urheberrechtlich geschützt. Jede Verwertung außerhalb der engen Grenzen des Urheberrechtsgesetzes ist ohne schriftliche Zustimmung des Verlages unzulässig und strafbar. Das gilt insbesondere für Vervielfältigungen, Übersetzungen, Mikroverfilmungen und die Einspeicherung und Verarbeitung in elektronischen Systemen.

EINLEITUNG

Lassen Sie uns den Tatsachen gleich ins Gesicht sehen: Ihre Gedanken an Ihren vierbeinigen Freund sind wesentlich freundlicherer Natur, wenn er nicht gerade kurz zuvor streng riechende Hinterlassenschaften in Ihrem Haus deponiert hat. Aus diesem einfachen Grund ist die Erziehung zur Stubenreinheit einer der wichtigsten Schritte auf dem Weg zu einer glücklichen Mensch-Hund-Beziehung.

In gewisser Hinsicht ist die Erziehung zur Stubenreinheit ein sehr einfacher Prozess. Sie vermeiden, dass Ihr Hund ins Haus macht und belohnen ihn dafür, dass er sein Geschäft draußen verrichtet. Wie wir alle wissen, bedeutet es einiges an Zeit, Mühe und Aufmerksamkeit fürs Detail, um das tagein, tagaus so lange durchzuziehen, bis der Hund wirklich stubenrein ist. Entscheidend ist, einen guten Anfang zu machen, damit Hund und Mensch gleichermaßen diejenigen Gewohnheiten entwickeln können, die später zum ganz normalen Bestandteil des Alltags werden.

Dieses Büchlein ist in erster Linie für Welpen gedacht, aber die gleichen Grundprinzipien gelten natürlich auch für erwachsene Hunde, die vielleicht zu Ihnen kommen und in Sachen Stubenreinheit noch Nachholbedarf haben. Wenn wir im Text also das Wort »Welpe« benutzen, dann bedeutet das nicht, dass die gleiche Vorgehensweise nicht auch für Hunde anderer Altersstufen gilt. Trotzdem gibt es zwei große Unterschiede im Stubenreinheitstraining von Welpen und von erwachsenen Hunden:

Erstens können erwachsene Hunde länger einhalten, was Ihnen ein bisschen mehr Flexibilität im Tagesablauf verschafft. (Die Kehrseite dieser Medaille ist allerdings leider, dass Ihre Aufräumarbeiten umso größer ausfallen, je länger der Hund zuvor eingehalten hat.)

Zweitens müssen erwachsene Hunde bereits gelernte schlechte Angewohnheiten wieder ablegen, während Welpen ein ganz unbeschriebenes Blatt sind.

Die Grundlagen

Hier die guten Nachrichten: Die Erziehung zur Stubenreinheit ist ein einfacher Schritt-für-Schritt-Prozess. Alles, was Sie tun müssen, ist: Sie müssen sicherstellen, dass Ihr Welpe sich zu jeder Zeit der Trainingsphase in einer der drei folgenden Situationen befindet: Er ist entweder zusammen mit Ihnen draußen, unter Ihrer ständigen Aufsicht im Haus oder aber in einem begrenzten, welpensicheren Raum – wie zum Beispiel einer Hundebox, einem kleinen Zimmer oder Innenauslauf mit Gitterzaum eingesperrt.

Die schlechte Nachricht ist, dass »einfach« nicht immer mit »leicht« gleichzusetzen ist. Sie brauchen schon ein gewisses Maß an Energie und Planung, aber es ist wie mit dem Fahrrad fahren: Sobald Sie den Dreh raushaben, ist es gar nicht mehr so schwierig, wie es anfangs schien. Die meisten Hunde haben bevorzugte Löseplätze und vermeiden es, ihre Schlaf- oder Fressplätze zu verschmutzen und reagieren deshalb gut auf ein gut organisiertes Trainingsprogramm zur Stubenreinheit.

Und hier die Einzelheiten zu jeder der genannten drei Situationen während der Trainingsphase:

Situation eins:
Mit Ihnen zusammen draußen

Wenn Sie mit Ihrem Hund draußen sind, müssen Sie jederzeit Zeuge seiner Aktivitäten sein und sagen können, ob er sich gelöst hat oder nicht, bevor Sie wieder mit ihm ins Haus gehen. Genauso wichtig ist, dass Sie an Ort und Stelle sein müssen, um ihn zu belohnen, wenn er draußen gemacht hat. Schließlich muss er lernen, dass dieses Verhalten das richtige ist.

Und so legen Sie los: Stecken Sie sich ein paar gute Hundeleckerchen in die Tasche und gehen Sie mitsamt Hund zu derjenigen Stelle im Garten, die Sie zu seiner künftigen Toilette erkoren haben. Wenn Sie konsequent immer mit ihm zur gleichen Stelle gehen, wird er diese in Zukunft auch von alleine aufsuchen. Wenn Sie an der richtigen Stelle angekommen sind, bleiben Sie ruhig stehen und warten, bis Ihr Hund sein Geschäft zu machen beginnt. Wenn Sie möchten, dass er sich auf Kommando lösen können soll, sagen Sie freundlich die Worte, die Sie sich zu diesem Zweck ausgedacht haben, und zwar ganz kurz bevor der Hund loslegt. (Weitere Einzelheiten dazu finden Sie im Abschnitt »Lösen auf Kommando«).

Vermeiden Sie es, den Hund anzustarren, während Sie warten und wenn er beginnt, in Vorbereitung seiner Geschäfte den Boden abzuschnüffeln. Das Anstarren macht es bei vielen Hunden unwahrscheinlicher, dass sie sich hinhocken, denn es wirkt auf sie so, als ob Sie gleich einschreiten wollten. Falls Ihr Hund *Sie* anstarrt, weil er die Leckerchen in Ihrer Tasche gerochen hat, verschränken Sie die Arme vor der Brust und schauen weg. Es wird nicht lange dauern, bis er aufgibt und das Gras zu beschnüffeln beginnt.

Wenn er sich zu lösen beginnt, warten Sie ruhig, bis er fertig ist. Dann loben Sie ihn sofort und geben ihm ein gutes Leckerchen. Während er das noch frisst, sagen Sie ihm, was für ein guter Hund er ist.

Ihm sofort nach Vollendung seines Geschäfts ein Leckerchen zu geben, ist ein simpler, aber wichtiger Bestandteil effektiver Erziehung zur Stubenreinheit. Und ironischerweise ist genau das der Teil, den die meisten Besitzer auslassen. Sie geben ihrem Hund das Leckerchen erst dann, wenn er schon wieder zurück ins Haus getrottet ist. Stellen Sie sich das einmal aus Sicht Ihres Hundes vor: Wenn Sie ihn belohnen, nachdem er sein Geschäft verrichtet hat und dann zurück zu Ihnen an die Haustür gekommen ist, dann denkt er, dass er das Leckerchen dafür bekommen hat, dass er zum Haus zurückgekommen ist.

Wenn er verstehen soll, dass das Leckerchen fürs Lösen ist, müssen Sie es ihm auch sofort anschließend geben. Das bedeutet, dass Sie Ihren Welpen immer nach draußen begleiten müssen. Tut mir leid, Ihnen das sagen zu müssen – Sie haben mein Mitgefühl, besonders, wenn es gerade mitten im schlimmsten Sturm des Jahres sein muss. Die Sache ist es aber wert, denn dieses eine kleine Detail kann manchmal den Unterschied zwischen Erfolg oder Misserfolg in Sachen Erziehung zur Stubenreinheit ausmachen.

Wenn Sie Leckerchen verwenden, dann stellen Sie sicher, dass es auch wirklich gute sind. Genau wie Sie sich vermutlich für Schokokekse mehr anstrengen würden als für Mohrrüben, hat auch Ihr Hund seine Vorlieben. Für die meisten Hunde sind kleine Stückchen Fleisch oder Käse wirklich gute Leckerchen.

Alles, was nach frischem Fleisch oder nach Käse riecht, ist für Hunde das, was Kuchen und Kekse für uns sind, während trockener Hundekuchen ungefähr altem Knäckebrot entspricht. Und Trockenfutter zeigt auf manche Hunde ungefähr die gleiche verlockende Wirkung wie Kohlrabi auf Kinder.

Auch begeistertes Stimmlob ist eine Belohnung und Welpen sprechen sehr darauf an, aber schneller lernen sie, wenn sie gleichzeitig eine Futterbelohnung bekommen. Schließlich ist es auch für uns ein Unterschied, ob unser Chef nur sagt »Gut gemacht!« oder »Gut gemacht! Hier ist eine Prämie für Sie!« Es gibt Hundebesitzer, die nicht gewillt sind, in der Erziehung zur Stubenreinheit mit Leckerchen zu arbeiten, aber sie sind nun einmal wirklich der schnellste und wirkungsvollste Weg zu einem stubenreinen Hund. Also warum nicht? Sobald Ihr Welpe etwas verlässlicher geworden ist, können Sie beginnen, die Leckerchen seltener zu füttern.

Situation zwei:
Im Haus unter Ihrer ständigen Aufsicht
»Ständige Aufsicht« bedeutet, dass Sie Ihren Welpen die ganze Zeit über genau im Auge haben. Jeder, der schon einmal die Verantwortung für ein Kleinkind im Krabbelalter hatte, weiß, was das bedeutet. Ein einziger Moment genügt, damit Ihr Kleiner aus Ihrem Blickfeld verschwindet und ein einziger Moment genügt für einen Welpen, damit er sich hinhockt und uriniert. Seien Sie also wachsam. Das heißt nicht, dass Sie Ihren Welpen pausenlos anstarren sollen – das würde ihn nervös machen – sondern nur, dass Sie ein Auge auf ihn halten sollen, während Sie mit dem anderen fernsehen. Einfacher für Sie wird das, wenn Sie den für den Welpen zugänglichen Bereich auf ein oder zwei Zimmer beschränken, indem Sie die Zwischentüren schließen oder Gitter aufstellen.

Den Welpen zu früh aus den Augen zu lassen ist ein häufiger Grund dafür, dass er nicht oder sehr spät stubenrein wird. Wenn Sie einen Hund einer kleinen Rasse haben, können Sie ihn sogar mit der Leine an Ihrem Gürtel festmachen oder sich die Leine um die Hüfte schlingen. So kann er sich niemals heimlich in ein Eckchen davonstehlen, wenn Sie gerade mal nicht hinschauen.

Vorsicht vor den Situationen, in denen Sie zwar körperlich bei Ihrem Welpen sind, geistig aber anderswo. Die meisten Fehlschläge passieren dann, wenn Sie gerade mit etwas anderem beschäftigt sind. Es ist Ihre Verantwortung, den Hund rauszubringen, wenn er muss. (Im Abschnitt »Wissen, wann man nach draußen muss« finden Sie dazu Näheres.) Ihr Welpe weiß noch nicht, dass es irgendjemanden kümmert, wo er sein Geschäft macht – also erwarten Sie nicht von ihm, dass er Ihnen Bescheid gibt, wenn er nach draußen muss.

Situation drei:
In der Box oder in einem eng begrenzten, welpensicheren Raum
Immer dann, wenn Sie nicht auf Ihren Welpen aufpassen können, muss er sich in einem klein begrenzten, sicheren Raum aufhalten wie zum Beispiel einer Box oder einem Gitterauslauf. Das hat zwei Vorteile: Erstens werden Hunde ihr Bestes geben, um ihren eigenen Schlafplatz nicht zu beschmutzen. Es ist also unwahrscheinlicher, dass Ihr Welpe seine eigene »Höhle« verunreinigt als andere Stellen des Hauses.

Zweitens sorgt die Box dafür, dass er sich gar nicht erst angewöhnen kann, irgendeine andere Stelle im Haus aufzusuchen. Bei der Erziehung zur Stubenreinheit geht es ja letztlich um nichts anderes, als gute Angewohnheiten zu fördern und schlechten vorzubeugen.

Mit Boxen sind die meisten Menschen gut beraten, denn viele Welpen fühlen sich wohler, wenn sie an kleineren, umschlossenen, höhlenähnlichen Orten schlafen können. Wir stellen die Box gerne ins Schlafzimmer, weil unsere eigene Anwesenheit den Welpen nachts beruhigt.

Hin und wieder gibt es Welpen, die mit Boxen nicht zurechtkommen – in diesem Fall können Sie ersatzweise die Küche oder einen kleinen Raum mit einem Kindergitter an der Tür abtrennen. Für sehr kleine Hunderassen geht auch ein aus Gitterelementen aufgestellter Auslauf, in den Sie Spielsachen, einen Wassernapf und ein Schlafkörbchen stellen. (Welpen mittlerer oder großer Rassen werden die Gitter vermutlich umwerfen, diese Variante ist also nur etwas für Yorkies, Malteser, Shih Tzus & Co.) Wichtig ist, dass der Boden des Raumes oder des Auslaufes leicht sauber zu halten ist, damit es keine Krise bedeutet, wenn der Welpe doch einmal hineinmachen sollte. Außerdem muss die Box oder der Schlafplatz für den Welpen wirklich bequem sein (nicht zu heiß oder kalt und groß genug, damit er bequem darin liegen kann) – und sie sollte nicht zu nahe an einem Fenster stehen, aus dem Ihr Welpe nach draußen sehen und dort von zu vielen Dingen überreizt werden könnte.

Und so bringen Sie Ihrem Welpen bei, sich in seiner Box wohlzufühlen (wir werden der Einfachheit halber ab jetzt nur noch das Wort »Box« für seinen Schlafplatz verwenden): Werfen Sie Leckerchen hinein, damit er lernt, gerne hineinzugehen. Falls er anfänglich zögert, legen Sie die Leckerchen an den Eingang der Box und erst allmählich weiter hinein. Machen Sie die Tür jetzt noch auf keinen Fall zu, sondern lassen Sie ihn rein- und rauslaufen, wie er möchte. Machen Sie das vier oder fünf Mal hintereinander, damit Ihr Hund die Box eher mit einem lustigen Spiel in Verbindung bringt als damit, dass ihm Eingesperrtwerden drohen könnte. Wiederholen Sie diese Übung mehrmals am Tag im Abstand von ein paar Stunden. Sobald Ihr Welpe sich freudig in die Box stürzt, beginnen Sie, die Tür für nur eine einzige Sekunde lang zu schließen, sobald er drinnen ist. Nachdem Sie auch das einige Male wiederholt haben, werfen Sie ein Leckerchen hinein, schließen die Tür und füttern Ihren Hund dann durch die Tür hindurch.

Der nächste Schritt ist, ihm mit einem gefüllten Kong® in der Box zu lassen, damit er beschäftigt ist. Sobald er ganz darin versunken ist, das Futter aus dem Spielzeug herauszulecken, gehen Sie weg und kommen erst nach

rund einer halben Minute wieder (bevor er das ganze Futter herausschlecken konnte), öffnen die Tür und fordern ihn auf, wieder herauszukommen. Mit genügend Wiederholung wird er es bald lieben lernen, wenn Sie ihn in seiner Box alleine lassen und er wird problemlos darin bleiben, bis er mit seiner Beschäftigung fertig ist.
Andere Möglichkeiten, den Schlafplatz für den Welpen attraktiver zu machen, sind: Legen Sie ein Handtuch hinein, auf dem Sie oder seine Wurfgeschwister geschlafen haben oder sonst etwas Weiches und Kuscheliges, das es gemütlicher macht. Vielen Welpen helfen solche Kuschelsachen über das nächtliche Alleinsein hinweg, andere zerbeißen sie einfach. Es funktioniert also nicht alles bei jedem Hund gleich. Die einen mögen offene Gitterboxen, die anderen fühlen sich in geschlossenen Kunststoffboxen wohler. Wenn Sie eine Gitterbox haben, probieren Sie es mal mit, mal ohne darüber gelegter Decke aus, um zu sehen, was Ihrem Welpen besser gefällt.

Sinnvoll ist außerdem, den Welpen dann in seine Box zu verfrachten, wenn er ohnehin gerade schläfrig ist. So gewöhnt er sich an, darin zu schlafen. Dieser Teil ist am leichtesten zu bewerkstelligen: Welpen haben sozusagen An/Aus-Schalter, und wenn sie wie die Wilden gespielt und getobt haben, fallen sie von einer Minute zur anderen sprichwörtlich um und schlafen tief und fest. Wenn Sie die ersten Anzeichen dafür sehen, dass Ihr Welpe gleich wegdösen wird, ermuntern Sie ihn, in seine Box zu gehen und dort zu schlafen. Falls er schon eingeschlafen ist, tragen Sie ihn hin und legen Sie ihn so ruhig wie möglich hinein.

Benutzen Sie die Box sowohl nachts als auch tagsüber, wenn Sie gerade keine Zeit haben, um auf den Welpen aufzupassen oder mit ihm nach draußen zu gehen. Nachts sind Welpen am ruhigsten, wenn sie im gleichen Raum schlafen können wie ihr Mensch, weil sie ihn dort riechen und hören können. Bedenken Sie, dass Ihr Welpe möglicherweise noch nie in seinem Leben alleine war und dass der Übergang ihm leichter fällt, wenn die Box nachts in Ihrer Nähe steht. Wir stellen die Box am liebsten ins Schlafzimmer, aber wenn es für Sie bequemer ist, kann die Box über Tag auch an anderer Stelle des Hauses stehen. Diese Stelle sollte allerdings nicht zu belebt und unruhig sein, damit der Welpe nicht ständig durch vorbeigehende Menschen gestört wird. Auch ein Platz am Fenster mit Aussicht ist keine so gute Idee, wie sie uns erscheinen mag, denn all die vielen Dinge, die er draußen sieht, können dazu führen, dass der Welpe nie zur Ruhe kommt und frustriert wird. Suchen Sie also ein ruhiges Plätzchen aus, an dem Ihr Welpe auch schlafen kann.

Falls er versehentlich in seine Box machen sollte, machen Sie nichts daraus – machen Sie einfach gründlich sauber und überlegen, warum das passiert sein könnte. War er zu lange eingesperrt? War er wirklich draußen, bevor Sie ihn in die Box gesperrt haben? Haben Sie sein Futter verändert? Es ist aber auch nicht schlimm, wenn Sie den Grund nicht herausfinden. Ein paar wenige Fehlschläge in der Box sind noch lange keine Krise. Falls es aber öfter passiert, probieren Sie ein kleines Zimmer oder einen Auslauf anstelle der Box aus, achten Sie darauf, dass Ihr Welpe oft genug nach draußen kommt und schließen Sie aus, dass irgendein medizinischer Grund dafür besteht, warum Ihr Welpe absolut nicht einhalten kann.

Manche Hunde akzeptieren ihren Schlafplatz vom ersten Tag an, andere winseln oder bellen ein wenig, wenn sie zum Schlafen dorthin verfrachtet wurden. Hier ist es eine schmale Gratwanderung: Einerseits möchten Sie ihm nicht beibringen, dass Sie ihn jedes Mal aus der Box lassen, wenn er quengelt und andererseits möchten Sie ihn natürlich auch nicht ignorieren, wenn er Ihnen gerade mitzuteilen versucht, dass er nach draußen muss. Normalerweise sind Sie auf der sicheren Seite, wenn Sie sein Winseln nur dann überhören, wenn er gerade erst in die Box hineingekommen ist. Die meisten Welpen beruhigen sich nach ein paar Minuten und schlafen ein. Falls aber ein Welpe, der sonst immer ruhig ist, plötzlich nachts um drei zu winseln und weinen beginnt, sollten Sie aufstehen und ihn hinausbringen. Falls Sie nach ein paar Nächten feststellen, dass er Sie nur deshalb aufweckt, weil er mit Ihnen spielen möchte, können Sie ihn in der nächsten Nacht ignorieren und versuchen, zu etwas wohlverdientem Schlaf zu kommen. Falls er aber tatsächlich musste, versuchen Sie, das Aufstehen jede Nacht ein kleines bisschen länger hinauszuzögern. Hören Sie auch auf den Welpen, der die ganze Nacht lang ruhig war und um fünf Uhr morgens zu weinen beginnt. Es ist sehr wahrscheinlich, dass er mal muss! Bringen Sie ihn also schnell ins Freie. Versuchen Sie aber möglichst immer, die Box dann zu öffnen, wenn er gerade einen Moment lang ruhig ist und nicht dann, wenn er quengelt. Sie können entweder warten, bis er ein oder zwei Sekunden lang Pause macht oder ein Geräusch machen, das ihn einen kurzen Moment leicht erschreckt. Machen Sie ihm keine Angst, das Geräusch soll nur bewirken, dass er sein Maul schließt und seine Ohren aufstellt, nichts weiter. Genau in dem Moment, wenn er gerade ruhig ist, lassen Sie ihn dann hinaus.

Die meisten Hunde lernen ihre Boxen lieben. Es scheint sogar oft so zu sein, dass sie genauso gerne an ihre Box denken wie wir an unser gemütliches, ruhiges Schlafzimmer. Trotzdem gibt es ab und zu einige wenige Hunde, die in einer Box wirklich in Panik geraten. Falls Ihr Hund heftig zu hecheln beginnt, speichelt und hysterisch bellt, wenn Sie ihn in die Box sperren, dann könnte ein kleines, welpensicheres Zimmer die bessere Idee sein. Offensichtlich haben wohl nicht alle Hunde die Bücher gelesen, in denen steht, dass Hunde höhlenähnliche Schlafplätze bevorzugen. Allerdings sind diese Hunde in der Minderheit. Geben Sie also nicht zu schnell auf, nur weil Ihr Welpe ein paar Minuten lang in der Box protestiert.

Denken Sie daran, dass der Welpe sofort ins Freie gebracht werden muss, sobald Sie ihn aus der Box herausgelassen haben. Sonst war möglicherweise all sein Bemühen, so lange einzuhalten, für die Katz.

Andere Situationen?
Es gibt keine! Zumindest nicht, solange Ihr Hund noch nicht weiter im Training vorangeschritten ist. In der Anfangsphase der Erziehung zur Stubenreinheit ist Ihr Welpe immer und jederzeit in einer der drei zuvor beschriebenen Situationen. Ohne Ausnahmen. Fehler gar nicht erst zuzulassen ist der Schlüssel zu schneller Stubenreinheit. Wir werden später noch darauf eingehen, wann und wie Sie Ihrem Hund mehr Freiheit gönnen können.

Wissen, wann man nach draußen muss

Es ist Ihr Job, den Welpen nach draußen zu bringen, wenn er möglicherweise muss. Je schneller Sie Experte im Deuten seiner Signale werden, desto schneller wird Ihr Welpe stubenrein.

Hier ist eine Liste von Hinweisen dafür, dass Ihr Welpe vermutlich nach draußen muss:

- Er ist gerade aufgewacht.

- Sie haben ihn soeben begrüßt und aus Box, Auslauf, Waschküche oder sonst einem geschlossenen, welpensicheren Raum herausgelassen.

- Er hat gerade gefressen oder getrunken.

- Er hat eine Zeit lang auf irgendetwas herumgekaut, ist jetzt aufgestanden und sieht sich um, was er sonst noch tun könnte.

- Er ist aufgeregt oder viel aktiver als üblich.

- Er geht von der Stelle weg, an der er gerade gespielt hat und schnüffelt am Boden herum.

- Er geht zu einer Stelle im Haus, an der er schon einmal gemacht hat und beginnt dort zu schnüffeln.

- Immer dann, wenn er am Boden schnüffelt!

- Er sieht ein bisschen verwirrt oder abgelenkt aus.

- Er schaut in Richtung der Tür, zu der er normalerweise hinausgeht oder geht dorthin.

- Er hechelt oder winselt.

- Er hat ausgiebig mit einem anderen Hund oder einem Mensch gespielt. Manche Hunde können so sehr im Spiel versinken, dass sie darüber vergessen, dass sie hinausmüssen und hocken sich stattdessen auf einmal unvermittelt mitten im Spiel hin. Um das zu verhindern, sollten Sie längere Spielstunden immer durch kurze »Pinkelpausen« unterbrechen.

- Er lehnt ein Leckerchen oder Lieblingsspielzeug ab.

- Er beginnt sich hinzuhocken (OK, das ist schon sehr offensichtlich, aber wir wollten es der Vollständigkeit halber nicht auslassen).

- Er tut irgendetwas, das er Ihrer Erfahrung nach immer tut, bevor er sich löst. Es ist wichtig, dass Sie mit den ganz individuellen Verhaltensmustern Ihres Hundes vertraut sind. So werden Sie schon bald auch subtile Anzeichen dafür erkennen, dass Ihr Welpe hinausmuss.

Erwarten Sie nicht, dass Ihr Hund Ihnen auf die Schulter tippt. Manche Hunde zeigen ganz offensichtlich, dass sie nach draußen müssen, aber viele geben nur sehr subtile Signale und andere überhaupt keine. Oft wundern sich Besitzer, warum ihre Hunde nicht deutlich anzeigen, dass sie nach draußen müssen. Vielleicht fragen sich aber unsere Hunde auch, warum wir sie nicht rauslassen, wo sie doch ihrer Meinung nach klar und deutlich darum betteln, dass wir ihnen die Tür aufmachen sollen!

Wenn Hunde tippen könnten, würden Sie vermutlich ein Handbuch mit Anleitungen dazu verfassen, wie man begriffsstutzige Menschen erzieht. Solange das nicht der Fall ist, bringen Sie Ihren Welpen lieber einmal öfter als nötig nach draußen – so sind Sie auf dem schnellsten Weg zu einem stubenreinen Hund.

Gute Ratschläge

Mindestens bis zum Alter von 20 Wochen haben Welpen noch keine vollständige Blasenkontrolle entwickelt, sodass sie mindestens etwa einmal pro Stunde müssen, wenn sie aktiv sind.

Sehr junge Welpen (7 bis 12 Wochen), besonders die kleiner Rassen, müssen öfter als einmal pro Stunde urinieren, wenn sie aktiv sind. Es ist deshalb eine gute Idee, sie jede halbe Stunde oder sogar noch öfter nach draußen zu bringen, wenn sie munter und aktiv sind. Wenn Welpen spielen, wild auf etwas herumkauen, toben, sehr aufgedreht oder überhaupt sehr aktiv sind, wird es sicher öfter am Tag vorkommen, dass sie schon eine Viertelstunde nach dem letzten Toilettengang wieder nach draußen müssen.

Als Faustregel kann man sich merken, dass der Stoffwechsel von Hunden meistens früh am Morgen und dann wieder am späten Nachmittag oder frühen Abend aktiv ist. Seien Sie zu diesen Zeiten besonders wachsam.

Welpen müssen sofort nach dem Fressen oder Trinken nach draußen. »Sofort nach« bedeutet ein oder zwei Minuten, nachdem sie ihr Futter aufgefressen oder eine größere Menge Wasser getrunken haben.

Füttern Sie Ihren Hund regelmäßig, dann kann er sich auch regelmäßig lösen.

Wenn sie schlafen, halten Welpen es viel länger aus, ohne nach draußen zu müssen. Machen Sie aber nicht den Denkfehler, zu glauben, dass Ihr Welpe es tagsüber genauso lange aushalten kann, wo er doch schließlich auch die ganze Nacht durchschläft, ohne urinieren zu müssen. Kann er nicht. Der Stoffwechsel von Hunden ist genau wie der von Menschen aktiver, wenn sie wach sind und sich bewegen als wenn sie schlafen. Und ist es nicht auch so, dass Sie zwar vielleicht nachts neun Stunden schlafen, ohne zwischendrin ins Bad zu müssen, aber am Tag im Verlauf von acht oder neun Stunden schon öfter mal zur Toilette gehen?

Manche Welpen lösen sich überhaupt nicht, wenn man sie nach draußen bringt. Es ist sogar normal, dass Sie mit Ihrem Welpen rausgehen, unerledigter Geschäfte wieder reinkommen und nach 5 oder 10 Minuten doch wieder rausmüssen. Der Welpe möchte Ihnen in diesem Fall nicht etwa das Leben schwer machen, sondern so funktioniert sein Körper nun einmal. Lernen Sie die natürlichen Muster Ihres Hundes kennen, damit sie nicht beide überrascht werden, wenn sie wieder ins Haus zurückkommen. Falls Ihr Hund dazu neigt, sich lösen zu wollen, wenn Sie gerade erst wieder ins Haus gekommen sind, dann kann es sein, dass Sie einfach länger mit ihm draußen bleiben müssen, bis er sein Geschäft gemacht hat. Spielen Sie dann anschließend noch mit ihm und bringen ihn erst dann wieder ins Haus. Wenn er sein Geschäft auch dann nicht erledigt hat, wenn Sie mehrere Minuten lang gewartet haben, bringen Sie ihn ins Haus, sperren Sie ihn in seine Box oder seinen Raum (oder bleiben Sie in seiner Nähe und behalten ihn genau im Auge) und bringen Sie ihn in zehn Minuten noch einmal zu einem zweiten Versuch hinaus. Lassen Sie ihn nicht frei im ganzen Haus herumlaufen wenn Sie den Verdacht haben, dass er noch einmal muss.

Als grobe Faustregel gilt, dass ein Welpe einer mittelgroßen bis großen Rasse etwa so viele Stunden plus eins einhalten kann, wie er Monate alt ist. Ein drei Monate alter Labrador kann also tagsüber maximal vier Stunden lang in der Box bleiben und ein vier Monate alter Golden Retriever fünf Stunden. Ein Welpe einer kleinen Rasse wie zum Beispiel ein Shih Tzu hält es vermutlich nicht so lange aus. Allerdings ist das wieder eine dieser Regeln, die niemand den Hunden weitersagt – seien Sie sich also darüber im Klaren, dass es bei Ihrem Welpen wieder anders sein kann.

Auch wenn Sie ein umzäuntes Grundstück haben, ist es eine gute Idee, den Welpen hin und wieder an der Leine zum Löseplatz zu führen. Wenn er nämlich nie an der Leine sein Geschäft verrichtet, wird er das auch für die

Zukunft nicht lernen. Das kann im Urlaub, beim Tierarzt oder auf Besuch bei Freunden zum echten Problem werden. Außerdem sind Sie gut beraten, dem Hund das Lösen auf unterschiedlichen Untergründen beizubringen, weil Hunde mit dem Älterwerden »loyal« gegenüber ihrem bevorzugten Toilettenboden werden. Stellen Sie als Minimalanforderung sicher, dass Ihr Hund sich sowohl auf Gras als auch auf Naturboden löst.

Und denken Sie last but not least vor allem daran, dass Uringeruch für Hunde so etwas wie ein hell leuchtendes Neonschild mit der Aufschrift »Toilette« ist. Deshalb ist es so wichtig, nach Missgeschicken im Haus sehr gründlich zu putzen.

Hups! Vom Umgang mit Fehlschlägen und dem Wischlappen

So wachsam Sie auch sein mögen – der gelegentliche Fehlschlag ist einfach unvermeidlich. Sie wurden abgelenkt, haben dem Hund einen Moment lang den Rücken zugekehrt und schon wurde Ihr Teppich mit etwas Geruchsintensivem dekoriert. Wenn Sie nicht direkt gesehen haben, wie Ihr Welpe die Bescherung angerichtet hat, dann widerstehen Sie der Versuchung, ihn jetzt noch korrigieren zu wollen. Reiben Sie ihm nicht die Nase hinein, schlagen Sie ihn nicht, schreien Sie ihn nicht an und bestrafen Sie ihn nicht. Er wird nicht verstehen, warum Sie sich über etwas aufregen, das in der Vergangenheit geschehen ist, auch wenn das gerade einmal zwei Minuten her ist. Wenn Sie Ihren Hund nach der »Tat« bestrafen, wird er vermutlich glauben, dass er nun dafür Ärger bekommt, was er gerade in dem Moment tat, als Sie sich aufzuregen begannen. Vielleicht hat er gerade ruhig dagesessen, auf einem Knochen gekaut oder war gerade zu Ihnen unterwegs, um Sie zu begrüßen. Er hat keine Möglichkeit, zu verstehen, dass sein Fehler darin bestand, vorher ins Haus gemacht zu haben.

Oft sind Besitzer der Meinung, ihr Hund »wüsste«, dass er etwas falsch gemacht hat, weil er so schuldbewusst dreinschaut, wenn sie die Bescherung im Haus entdecken. Dieser »schuldbewusste« Blick ist aber vielmehr ein Beschwichtigungssignal, das als Reaktion auf Anzeichen von Missgunst gezeigt wird. Ihr Hund schwenkt ganz einfach eine weiße Fahne, um zu verhindern, dass Sie sich noch mehr aufregen. Dass er sich jetzt duckt und kleinmacht, hat nichts mit irgendeiner Einsicht über das eigene Fehlverhalten zu tun. Manche Menschen sind auch der Meinung, ihr Hund würde mit Absicht ins Haus machen, aber das ist unwahrscheinlich. Hunde finden Urin und Fäkalien nicht so abstoßend wie Menschen und Katzen das tun – im Gegenteil, manche von ihnen fressen das Zeugs sogar, börks – also verabschieden Sie sich von der Vorstellung, dass Ihr Welpe deshalb ins Haus macht, um es Ihnen »heimzuzahlen«. Es ist verständlich, dass Sie frustriert und verärgert sind, aber Strafe würde nur die Beziehung zu Ihrem Hund beschädigen und ihn kein Stück weiter auf dem Weg zur Stubenreinheit voranbringen. Wenn Sie eine »schöne Bescherung« vorfinden, setzen Sie Ihren Welpen ohne Aufhebens in seine Box oder seinen speziellen Raum und wischen Sie auf.

Etwas anderes ist es, wenn Sie Ihren Hund »auf frischer Tat ertappen«. Wenn Sie sehen, dass er sich gerade zum Hinhocken anschickt, machen Sie ein plötzliches Geräusch, das ihn erschreckt. Ziel dabei ist, ihn abzulenken, und nicht etwa, ihn zu bestrafen. Wenn Sie jetzt grob sind oder ihn bestrafen, wird er lediglich lernen, dass er sich in Ihrer Gegenwart nicht lösen soll. Das führt zu dem sehr häufigen Problem, dass der Hund sich im Haus heimlich aus dem Blickfeld seines Besitzers schleicht, um sein Geschäft zu machen anstatt mit ihm gemeinsam nach draußen zu gehen.

Schon ein einfacher leichter Handschlag auf einen in der Nähe stehenden Tisch kann ausreichen, um den Welpen leicht zu erschrecken und zu unterbrechen. Eilen Sie dann sofort *fröhlich* mit ihm nach draußen und bedenken Sie ihn mit Lob und Leckerchen, wenn er dort macht. Denken Sie wieder daran, das Leckerchen sofort nach Vollendung des Geschäfts zu geben, damit er weiß, wofür er das bekommen hat. Nach all dem ausgiebigen Lob gehen Sie wieder ins Haus und setzen Ihren Hund, falls nötig, in die Box, um die eventuell vorhandene Bescherung aufzuwischen.

Nun könnte es sein, dass der Welpe in dem Moment, in dem Sie ihn unterbrechen, schon so gut wie fertig ist und für draußen keine Munition mehr übrig hat. Oder er ist so sehr erschrocken, dass er sich zum Lösen nicht mehr genug entspannen kann. Es ist in Ordnung, wenn nichts passiert, nachdem Sie Ihren Welpen nach draußen gebracht haben. Gehen Sie einfach in 5 oder 10 Minuten nochmal, um ihm eine neue Chance zu geben und loben Sie ihn wie gewohnt.

Wichtig ist, wie Sie die Ergebnisse eventueller Fehlschläge im Haus wegputzen. Wenn Sie die Geruchsquelle nicht komplett beseitigen, wird Ihr Hund sich von dieser Stelle wieder so stark angezogen fühlen, als ob ein Schild mit der Aufschrift »Öffentliche Toilette« daran stünde.

Betrachten Sie es einmal aus unserer eigenen Perspektive: Wir selbst halten Ausschau nach Schildern mit der Aufschrift »WC«, »Damen« oder »Herren« oder den entsprechenden Symbolen. Wir suchen also nach optischen Hinweisen, während Hunde den passenden Ort über ihren Geruchssinn ausmachen. Wenn es wie eine Toilette riecht, ist es nach dem Verständnis eines Hundes auch eine Toilette.

Denken Sie daran und wählen Sie Ihre Putzmittel sorgfältig aus. Nehmen Sie *keinen* Essigreiniger oder normalen Haushaltsreiniger, denn damit werden Sie das Problem sogar noch verschlimmern. Viele dieser Putzmittel enthalten Ammoniak, das einen Geruch abgibt, der den Hund so stark an diese Stelle lockt, als ob es sein eigener Urin wäre. Verwenden Sie stattdessen einen so genannten Enzymreiniger, der speziell für die Neutralisierung von Gerüchen entwickelt ist, wie zum Beispiel Happyzym®. Bei richtiger Anwendung wird die Geruchsquelle komplett beseitigt, sodass der Welpe von der entsprechenden Stelle nicht mehr angelockt wird. Wenn Sie nichts anderes zur Hand haben, können Sie auch Backpulver nehmen, um den Geruch zu neutralisieren.

Vernachlässigen Sie auch die Reinigung der »Außentoilette« Ihres Hundes nicht. Räumen Sie Kotwürstchen regelmäßig weg, damit der Hund die Stelle nicht zu meiden beginnt. Wenn Sie eine Großreinemachaktion starten, zum Beispiel im Frühjahr nach der Schneeschmelze, lassen Sie den Hund am besten *nicht* bei Ihren Bemühungen zuschauen. Wir hatten schon mit Fällen zu tun, in denen Hunde ihren eigenen Kot zu fressen begannen, nachdem sie gesehen hatten, wie ihre Besitzer ihn wegräumten. Möglicherweise kommen sie auf die Idee, es müsste etwas ganz Besonderes sein, wenn wir ihn einzusammeln beginnen?

Gönnen Sie Ihrem Hund mehr Freiheit im Haus

Eins der Schlüsselmomente zur Schaffung eines wirklich stubenreinen Hundes ist, wie wir gesehen haben, ihn zu Beginn des Trainings nicht frei im ganzen Haus laufen zu lassen, sondern seinen Zugang auf bestimmte Hausbereiche zu beschränken. Das sollten zu Beginn die Räume sein, in denen Sie selbst auch die meiste Zeit verbringen, wie zum Beispiel Küche, Wohnzimmer, Esszimmer oder vielleicht auch Schlafzimmer, wenn die Box des Welpen dort steht.

Sobald Ihr Hund verstanden hat, dass er diese Bereiche nicht beschmutzen soll, können Sie ihm nach und nach Zutritt zu weiteren Hausbereichen geben. Machen Sie den Welpen dabei langsam und methodisch mit immer mehr Zimmern in Ihrem Haus bekannt. Wenn er zum ersten Mal in einen neuen Raum kommt, wird er diesen nicht sofort als Teil der »Familienhöhle« betrachten und keinen Grund dafür sehen, warum er hier nicht hineinmachen sollte.

Wenn Sie einem Welpen einen neuen Raum zeigen, dann tun Sie das, nachdem er draußen war und voraussichtlich in nächster Zeit nicht muss. Setzen Sie sich auf den Boden und bleiben Sie mit Ihrer Aufmerksamkeit beim Welpen. Das Hinsetzen dient dazu, dass Ihr Geruch an den Boden kommt, was wiederum den Welpen verstehen lässt, dass auch das hier ein Wohnzimmer ist. Streicheln Sie ihn und sprechen Sie gelegentlich mit ihm. Falls er an Ihrer Seite einschläft, umso besser – aber bleiben Sie nicht zu lange hier. Sie können ihm auch in dem »neuen« Raum sein Abendessen geben oder dort mit ihm spielen. Verbringen Sie jeden Tag ein bisschen Zeit mit ihm dort und machen vielleicht ein paar kleine Trainingsaufgaben mit ihm, aber lassen Sie ihn nicht alleine und unbeaufsichtigt dort. Erst nach vielen Besuchen unter diesen kontrollierten Bedingungen wird er zu verstehen beginnen, dass auch dieser Raum zur »Höhle« gehört und sein bestes tun, um ihn sauber zu halten. In der Zwischenzeit lassen Sie ihn nicht alleine in diesen Raum.

Dieser Assimilations- und Verständnisprozess kann bei einem Welpen eine Weile dauern, versuchen Sie also nichts zu erzwingen. Manche Besitzer machen den Welpen immer nur mit einem weiteren neuen Raum bekannt, andere wechseln ab. Egal, wie Sie es machen, aber gestalten Sie es so, dass der Welpe sich erst gar nichts Falsches angewöhnt. Die meisten Probleme mit Stubenreinheit haben ihre Ursache darin, dass die Hunde »Haus« anders definieren als ihre Besitzer. Wenn der Welpe sich in dem neuen Raum gut benimmt, können Sie anfangen, ihn für ein paar Momente dort alleine zu lassen und um die Ecke zu schielen, was er dort macht. Beginnen Sie mit nur zwei bis drei Minuten und lassen ihn ganz allmählich länger alleine in diesem Raum, während Sie ihn vorerst trotzdem weiterhin heimlich im Auge behalten.

Sobald Ihr Hund ein paar erfolgreiche Testbesuche in einem neuen Raum gemacht hat, probieren Sie folgendes aus: Wenn er nach dem Lösen wieder ins Haus kommt, geben Sie ihm einen gefüllten Kong® oder etwas anderes Tolles zum Kauen und gehen aus dem Raum. Beginnen Sie mit fünf Minuten, damit er mit seinem Fressvergnügen noch nicht fertig ist, wenn Sie zurückkommen. Wenn Sie dafür sorgen, dass er beschäftigt ist, ist es unwahrscheinlicher, dass er einen Fehler macht. Schauen Sie nach ein paar Minuten nach, dass er immer noch beschäftigt ist, rufen ihn dann und gehen mit ihm aus dem Raum.

Wie lange dauert das?

Vermutlich werden Sie sich nun fragen, wie lange es dauern wird, bis Sie Ihren Welpen eine Stunde lang alleine lassen können – oder zwei oder den ganzen Tag, während Sie auf der Arbeit sind. Wir geben gerne ein paar Richtwerte an, aber die einzig ehrliche Antwort ist und bleibt: »Es kommt drauf an.« Die einen Hunde werden leichter stubenrein als die anderen. Es ist nur einer der vielen Aspekte, in denen Hunde Individuen mit unterschiedlichen Bedürfnissen und Fähigkeiten sind.

Wenn ein Nachbar Ihnen erzählt, dass sein Welpe in vier Tagen stubenrein war, dann verzweifeln Sie nicht. So ein Verhalten ist nicht der Normalfall und meistens sind solche Berichte auch übertrieben. Für uns alle, die wir ganz normale Hunde haben, gestaltet sich das Leben etwas abenteuerlicher.

Es lässt sich schwer irgendetwas Verbindliches dazu sagen, in welchem Alter ein Hund »normalerweise« stubenrein sein sollte, wenn er alleine im Haus ist. Im Allgemeinen werden Hunde großer Rassen aber schneller und leichter stubenrein als die kleiner Rassen. Das liegt daran, dass die Blasen großer Hunde im Verhältnis zu ihrem Körper und ihrer Stoffwechselaktivität größer sind als die kleiner Hunde und sie deshalb einfach länger einhalten können. Außerdem scheint es so zu sein, dass viele Rüden länger einhalten können als Hündinnen. (Den meisten Menschen wird das Phänomen bekannt vorkommen!) Als Faustregel kann man etwa davon ausgehen, dass Hunde größerer Rassen im Alter von fünf bis sechs Monaten es bis zu ein paar Stunden im Haus aushalten können, während viele kleine Hunde es nicht so lange schaffen. Das Alter, ab dem Hunde zuverlässig acht Stunden am Tag einhalten können, schwankt zwischen sechs Monaten (das ist sehr selten!) und drei Jahren. (Wir empfehlen aber, halbwüchsigen Hunden in Ihrer Abwesenheit auch dann keinen freien Zugang zum ganzen Haus zu gestatten, wenn sie zuverlässig stubenrein sind. Es gibt einfach zu viele andere Möglichkeiten, wie sie sich in Schwierigkeiten bringen können.)

Der beste Rat, den wir Ihnen geben können, ist: Probieren Sie aus, wie viel mehr Freiheit Sie Ihrem Hund nach und nach geben können. Geht alles gut, geben Sie ihm ein bisschen mehr Freiraum. Geschieht ein Missgeschick, gehen Sie in Ihrem Training wieder ein paar Schritte zurück.

Geben Sie nichts auf die Vorstellungen anderer Leute, in welchem Alter Ihr Hund komplett stubenrein sein »müsste«. Wenn es Ihnen zu langsam zu gehen scheint, dann denken Sie daran, dass viele Nobelpreisträger einschließlich Albert Einstein trotz der Tatsache, dass sie erst im Alter von drei oder vier Jahren sprechen lernten, im Leben erfolgreich waren. Wie so oft hilft es, die Dinge einmal aus einer klein wenig anderen Perspektive zu betrachten – wir Menschen brauchen irgendetwas zwischen drei und zwölf Jahren, bis wir unsere Toilettenaktivitäten vollständig unter Kontrolle haben. Selbst ein langsamer Hund ist im Vergleich dazu noch schnell!

Probleme?

Wenn Sie an irgendeinem Punkt Ihrer Erziehungsbemühungen feststellen, dass Ihr Hund Rückschritte oder Fehler macht – insbesondere Fehler, die Sie schon überwunden glaubten –, dann verzweifeln Sie nicht. Rückschritte sind ein ganz normaler Teil jedes Lernprozesses. Auch wenn es Sie frustriert: Versuchen Sie, sich zu entspannen (tiefes Atmen hilft!) und helfen Sie Ihrem Hund auf die richtige Bahn, indem Sie wieder ein paar Schritte zurückgehen. Gehen Sie wieder öfter mit ihm raus, beobachten Sie ihn im Haus genauer und sperren Sie ihn sorgfältiger ein, wenn Sie nicht auf ihn aufpassen können. Geben Sie ihm weiterhin kleine Stückchen einer tollen Futterbelohnung, wenn er sich draußen gelöst hat, und zwar sofort danach. Es mag Ihnen zwar so vorkommen, als ob Sie wieder ganz von vorne anfangen müssten, aber diesmal wird alles viel schneller gehen als in der ersten Runde. Bestimmt! Sie können darauf vertrauen, dass der Erfolg sich mit Zeit und Geduld einstellen wird.

Falls es Ihnen aber so vorkommt, als würde Ihr Hund öfter als normal urinieren oder große Probleme mit der Stubenreinheit haben, dann besuchen Sie den Tierarzt, um medizinische Ursachen ausschließen zu können. Hunde können genau wie Menschen auch Harnwegsinfektionen bekommen, die zu Blasenschwäche führen kann. Hündinnen sind von solchen Problemen häufiger betroffen als Rüden, grundsätzlich kann es aber bei beiden Geschlechtern vorkommen. Daneben gibt es auch noch weitere mögliche Ursachen für Inkontinenz bei Hunden, fragen Sie also im Zweifelsfall einfach Ihren Tierarzt.

Ein Sonderfall sind Hunde, die während des Aufwachsens keine andere Möglichkeit hatten, als sich in der Box, im Zwinger oder sonst einem umschlossenen Raum zu lösen. Sie sind oft viel schwieriger stubenrein zu bekommen. Sobald sie erst einmal dazu gezwungen wurden, an diesem Ort zu »machen«, weil sie einfach körperlich nicht länger einhalten konnten, beginnen sie ihre natürliche Hemmung davor zu verlieren, sich in kleinen, räumlich begrenzten Bereichen zu lösen. Die Wahrscheinlichkeit, dass sie ihren eigenen Schlaf- oder Wohnbereich beschmutzen, wird größer.

Versteht sich von selbst, dass dies die Erziehung zur Stubenreinheit nicht gerade leichter macht. Welpen, die aus Tierhandlungen oder Massenzuchtbetrieben kommen oder Hunde, die öfter angebunden oder zu lange eingesperrt waren, haben vermutlich wenige bis keine Hemmungen, sich immer auf der Stelle dann und dort zu lösen, wenn sie gerade den Drang dazu verspüren. Falls das auf Ihren Hund zutrifft, müssen Sie ganz besonders viel Geduld haben.

Falls er regelmäßig in seine Box macht, kann es manchmal helfen, ihn in eine kleinere Box zu sperren. Diese muss aber natürlich immer noch groß genug sein, damit er es bequem darin hat. Das heißt im Minimum: So groß, dass der Hund darin stehen kann, auf der Seite liegend in natürlicher Position schlafen kann und sich umdrehen kann.

Manche Hunde machen weniger wahrscheinlich in die Box, wenn sie weich ausgepolstert ist, während andere erst recht hineinpinkeln, wenn man die gerade gekaufte neue Decke hineinlegt. Experimentieren Sie also ein bisschen und finden Sie heraus, was bei Ihrem Welpen am besten funktioniert.

Geschäft auf Kommando

Einen Hund zu haben, der sich auf ein Signal hin löst, ist eine prima Sache. Viele Hunde, besonders heranwachsende, lassen sich von all den interessanten Gerüchen draußen so sehr ablenken, dass sie ganz vergessen, ihr eigenes Geschäft zu verrichten. Wenn Sie Ihren daran erinnern können, was er draußen sollte, können Sie verhindern, dass er eine Pfütze auf Ihren Teppich macht, kurz nachdem Sie wieder mit ihm ins Haus gegangen sind. Und es wird Sie vor dem Spott Ihrer Nachbarn bewahren, wenn Sie morgens mit wedelnden Armen draußen neben Ihrem Hund stehen und betteln: »Beeil dich! Ich komme zu spät zur Arbeit!« Es ist ganz einfach, das Lösen unter Signalkontrolle zu bringen: Sagen Sie einfach ganz kurz, bevor Ihr Hund sein Geschäft zu machen beginnt, »das Wort der Wörter« und belohnen Sie dann das richtige Verhalten sofort mit einem Leckerchen. Je schmackhafter und besonderer das Leckerchen, desto schneller und besser wird es funktionieren.

Halten Sie dazu anfangs nach Anzeichen dafür Ausschau, dass Ihr Welpe sich gleich lösen wird, wenn Sie mit ihm draußen sind. Sofort wenn er loszulegen beginnt sagen Sie das Wort, das Sie sich zu diesem Zweck ausgesucht haben und das Sie für nichts anderes verwenden. Benutzen Sie es konsequent. Wichtig ist, dass Sie es ruhig sagen, damit Sie Ihren Hund nicht unabsichtlich erschrecken und damit in seinem Tun unterbrechen. Mögliche Signalworte sind »Lösen«, »Mach schnell« oder was auch immer Sie mögen.

Manche Hundebesitzer verwenden unterschiedliche Signale für das kleine und große Geschäft, aber wir sind nicht davon überzeugt, dass die meisten Hunde wirklich dazwischen unterscheiden können. Bedenken Sie bei der Auswahl Ihres Signalwortes auch, dass Sie es später vielleicht einmal in der Öffentlichkeit sagen müssen. Es sollte also etwas sein, dass Sie sagen können, ohne rot zu werden!

Sobald Sie das Signal gegeben haben und Ihr Welpe sich gelöst hat, belohnen Sie ihn wieder mit etwas Besonderem, das er wirklich gerne mag. Bei den meisten Hunden ist das so etwas wie ein kleines Stückchen Fleisch oder Käse. Zögern Sie nicht, von Anfang an Futterbelohnungen im Erziehungsprozess einzusetzen – sie funktionieren viel schneller und besser als Stimmlob alleine. Wenn Sie Ihren Welpen mit der Stimme loben, während er das Leckerchen frisst, konditionieren Sie ihn außerdem auch darauf, Ihr Stimmlob zu mögen.

Auch Spielen ist eine tolle Belohnung, auf die Sie zurückgreifen können, wenn Sie mal keine Leckerchen in der Tasche haben. Allerdings ist es keine gute Idee, den Hund mit ausgelassenem Spiel und aufgeregter Stimme aufzudrehen, wenn er danach wieder ruhig sein soll – für den letzten Gassigang am Abend sollten Sie deshalb besser ein Leckerchen in der Tasche haben.

Sobald Ihr Welpe das Signal mit dem Lösen in Verbindung bringt, können Sie hinausgehen, Ihrem Welpen sagen, was er tun soll und ihn dann belohnen. Wie in der gesamten übrigen Hundeerziehung können Sie ihn dann nach und nach von der Futterbelohnung entwöhnen, sodass er nur noch gelegentlich Leckerchen bekommt. Bestärken Sie ihn aber während seiner gesamten Jugendzeit immer wieder gut, damit das Verhalten sich auch richtig bei ihm verfestigt.

Wenn der Hund dreimal läutet

Manche Besitzer finden es praktisch, wenn Ihr Hund Ihnen mitteilen kann, wann er für sein Geschäft hinausmuss. Am einfachsten geht das, wenn der Hund lernt, eine Glocke zu bedienen, um hinausgelassen zu werden. Dieses Klingelsystem funktioniert in manchen Haushalten wunderbar, kann aber auch zu einem Schuss werden, der nach hinten losgeht. Wir hatten mehrere Kunden, deren Hunde gelernt hatten, ihre Menschen mit Hilfe der Glocke wie Diener umherzuscheuchen: »Hej, du! Steh auf und lass mich raus, damit ich Eichhörnchen jagen kann!« Das ist sicher nicht immer das, was Sie hören wollen, wenn Sie endlich gerade einen Moment Zeit gefunden haben, sich hinzusetzen. Wir persönlich haben die besten Erfahrungen damit gemacht, es selbst in die Hand zu nehmen, wann unsere Hunde rausgehen (anstatt ihnen das Läuten einer Glocke beizubringen), aber hier muss jeder selbst wissen, was für ihn am besten funktioniert.

Für das Glockentraining müssen Sie eine Glocke in Nasenhöhe des Hundes neben der Tür anbringen, die nach draußen zum Löseplatz führt. Läuten Sie diese Glocke zwei oder drei Tage lang jedes Mal kurz bevor Sie die Tür öffnen und mit Ihrem Hund zum Lösen rausgehen. Läuten Sie nicht, wenn Sie das Haus zu irgendeinem anderen Zweck verlassen.

Als nächsten Schritt kleben Sie ein Stückchen Erdnussbutter, Leberwurst oder etwas Ähnliches an die Glocke. Es darf nur so wenig sein, dass der Welpe es mit einem Mal abschlecken kann. Wenn er das Futter ableckt, wird die Glocke läuten. In diesem Moment öffnen Sie schnell die Tür und gehen mit ihm raus zu seiner Toilette.

Die meisten Welpen gehen nach ein paar Tagen oder Wochen hin und stupsen an die Glocke, bevor sie geschaut haben, ob Futter daran haftet oder nicht. Loben Sie ihn dann ausgiebig, öffnen Sie die Tür und gehen mit ihm raus. Die meisten Hunde haben nach ein paar Wochen oder Monaten heraus, dass sie die Glocke läuten müssen, um hinausgelassen zu werden – hoffentlich nur dann, wenn sie auch wirklich müssen. Wenn er für alles Mögliche hinausgelassen wird, wird er die Glocke vermutlich in Zukunft öfter läuten, als Ihnen lieb ist!

Stubenreinheit im Schnelldurchgang

- Solange Ihr Hund noch nicht zuverlässig stubenrein ist, muss er immer entweder unter Ihrer Aufsicht, mit Ihnen zusammen draußen oder in seiner Box bzw. einem kleinen Raum eingesperrt sein.

- Bringen Sie Ihrem Hund bei, sich in einer Box oder einem kleinen Raum wohlzufühlen, wenn Sie nicht auf ihn achten können.

- Gehen Sie zusammen mit Ihrem Hund nach draußen und geben Sie ihm sofort, nachdem er sich gelöst hat, eine gute Futterbelohnung.

- Warten Sie nicht, bis Ihr Hund Sie zum Rausgehen auffordert, sondern ergreifen Sie vorher selbst die Initiative.

- Wenn Ihr Welpe aktiv ist, bringen Sie ihn mindestens einmal pro Stunde raus; am Morgen und Abend auch öfter.

- Lernen Sie, die Signale und Verhaltensmuster Ihres Hundes zu lesen. Achten Sie auf Anzeichen dafür, dass er vielleicht gleich hinausmuss.

- Putzen Sie Fehlschläge mit Enzymreiniger anstelle normalen Haushaltsreinigern weg. Es ist der Geruch, den Sie wegbekommen müssen, nicht der Fleck, denn der Geruch allein sagt Ihrem Hund, wo hier die Toilette ist.

- Gönnen Sie Ihrem Hund nach und nach mehr Bewegungsfreiheit im Haus. Kennzeichnen Sie jedes Zimmer durch Ihren eigenen Geruch als »Wohnraum«, indem Sie selbst Zeit darin verbringen und Ihren Hund darin füttern, mit ihm spielen oder etwas mit ihm üben.

- Füttern Sie Ihren Hund in regelmäßigen Zeitabständen und Mengen.

- Haben Sie Geduld. Denken Sie daran, dass Sie beide Ihr Bestes geben. Nehmen Sie Fehler nicht krumm (weder die des Hundes noch menschliche) und überlegen Sie, wie Sie diese in Zukunft vermeiden können.

... und zum Schluss

Denken Sie bei der Erziehung eines Welpen immer daran, dass er sich noch nicht so lange auf diesem Planeten befindet. Und wenn Sie einen älteren Hund zur Stubenreinheit erziehen, bedenken Sie, dass er zuerst alte Gewohnheiten ablegen muss, was viel schwieriger ist, als es gleich von Anfang an richtig zu lernen. In beiden Fällen sind sowohl Geduld als auch die Fähigkeit, jeden kleinen Fortschritt zu feiern, entscheidend für den Erfolg. Fassen Sie Mut – ein paar Monate Mühe bescheren Ihnen ein ganzes Hundeleben lang trockene Fußböden und saubere Teppiche.

Wir hoffen, dass dieses kleine Büchlein Ihnen dabei hilft, Ihren neuen Freund schnell stubenrein zu bekommen und wünschen Ihnen beiden viel Glück. Haben Sie den Wind immer im Rücken und mögen die unangenehmen Putzaktionen immer auf den Fliesen anstatt auf dem Teppich stattfinden.

Patricia B. McConnell
DAS ANDERE ENDE DER LEINE
Was unseren Umgang mit Hunden bestimmt

Dies ist kein Buch über Hunde-, sondern eines über Menschenerziehung! Intelligent, wissenschaftlich, humorvoll und oft verblüffend erklärt die Autorin, welche typischen Missverständnisse zwischen dem »Affen« Mensch und dem »Wolf« Hund einer ungetrübten Beziehung oft im Wege stehen. Zahlreiche Aha-Erlebnisse und vergnügtes Schmunzeln sind beim Lesen garantiert.
256 Seiten, s/w-Fotos, ISBN 978-3-933228-93-2
19,90 € (D) 20,50 € (A) 34,90 CHF

Patricia B. McConnell
LIEBST DU MICH AUCH?
Die Gefühlswelt bei Hund und Mensch

Die Autorin untersucht in diesem spannenden Buch die Frage, ob und wie Hunde mit uns die gleichen Gefühle teilen. Die von der Forschung lange vernachlässigte Frage »Können Tiere fühlen?« wird hier auf unterhaltsame wie wissenschaftliche Weise beantwortet.
364 Seiten, s/w-Fotos,
ISBN 978-3-938071-37-3
19,90 € (D) 20,50 € (A) 34,90 CHF

Patricia B. McConnell/Aimee M. Moore:
Die Hundegrundschule
Ein Sechs-Wochen-Lernprogramm
Die Essenz aus Verhaltensforschung, modernen Lerntheorien und vielen Jahren Erfahrung wurde hier ganz praxisnah und umsetzbar zu einem Basis-Trainingsprogramm komprimiert, das Hund und Mensch in sechs Wochen zu einem guten Team werden lässt. ISBN 978-3-938071-49-6
19,90 € (D) 20,50 € (A) 34,90 CHF

Patricia B. McConnell: **Waldi allein zuhaus**
Wenn Hund Trennungsangst haben
56 Seiten, ISBN 978-3-938071-50-2
6,90 € (D) 7,10 € (A) 12,80 CHF

Patricia B McConnell/Karen B. London: **Einmal Meutechef und zurück – Mit mehreren Hunden leben**
72 Seiten, ISBN 978-3-938071-51-9
8,90 € (D) 9,20 € (A) 16,50 CHF

Patricia B McConnell/Karen B. London: **Kleine Geschäftskunde – So wird Ihr Hund stubenrein**
48 Seiten, ISBN 978-3-938071-54-0
6,90 € (D) 7,10 € (A) 12,80 CHF

Patricia B. McConnell: **Trau nie einem Fremden! Angstbedingtes Verhalten bei Hunden erkennen und beheben**
56 Seiten, ISBN 978-3-938071-52-6
6,90 € (D) 7,10 € (A) 12,80 CHF

Patricia B. McConnell/Karen B. London: **Alter Angeber!**
Leinenaggression bei Hunden verstehen und beheben
88 Seiten, ISBN 978-3-938071-53-3
8,90 € (D) 9,20 € (A) 16,50 CHF

WALDI ALLEIN ZUHAUS

Wenn Hunde Trennungsangst haben

Patricia B. McConnell

KYNOS VERLAG

Titel der englischen Originalausgabe: *I'll Be Home Soon!*
How to Prevent and Treat Separation Anxiety

© 2000 by Dog's Best Friend, Ltd., USA

Aus dem Englischen übertragen von Gisela Rau

Titelbild: Dog's Best Friend, Ltd.

© 2008 für die deutsche Ausgabe
KYNOS VERLAG Dr. Dieter Fleig GmbH
Konrad-Zuse-Straße 3 • D – 54552 Nerdlen / Daun
Telefon: +49 (0) 6592 957389-0
Telefax: +49 (0) 6592 957389-20
http://www.kynos-verlag.de

Gedruckt in Hong Kong

ISBN 978-3-938071-50-2

Das Werk einschließlich aller seiner Teile ist urheberrechtlich geschützt. Jede Verwertung außerhalb der engen Grenzen des Urheberrechtsgesetzes ist ohne schriftliche Zustimmung des Verlages unzulässig und strafbar. Das gilt insbesondere für Vervielfältigungen, Übersetzungen, Mikroverfilmungen und die Einspeicherung und Verarbeitung in elektronischen Systemen.

EINLEITUNG

Da sitzt er nun am Fenster und sieht aus, als würde sein Herz brechen, wenn Sie ohne ihn wegfahren. Und Sie, draußen, auf der anderen Seite des Fensters, fühlen sich schuldig. Schuldig, dass Sie weggehen. Und beten im Stillen, dass Ihr Haus noch aus einem Stück besteht, wenn Sie wieder zurückkommen. Wenn Sie sich Sorgen machen, Ihren Hund alleine zuhause zu lassen, weil Ihnen sowohl an ihm als auch an Ihrem Haus liegt, dann kann Ihnen dieses kleine Buch helfen. Die meisten Hunde können tagsüber alleine zuhause bleiben und ein glückliches, erfülltes Hundeleben führen, ohne das Haus zu zerstören. Manche Hunde geraten auch deshalb allein zuhaus in Schwierigkeiten, weil es da so viele spaßige Dinge zu tun gibt, wenn die Menschen erst einmal fort sind und niemand sie daran hindert. Diese Hunde haben kein ernsthaftes Verhaltensproblem. Sie sind überhaupt nicht ernsthaft. Sie sind viel zu sehr damit beschäftigt, fröhlich an Ihrem Sofa zu kauen, um ernsthaft zu sein – und Sie sind ja nicht da, um das zu unterbinden. Oder sie hinterlegen etwas auf dem Teppich, weil sie noch nicht stubenrein sind. Oder sie bellen den ganzen Tag lang, weil das auch eine Art von Beschäftigung ist. (Ungefähr so, wie das Anschauen von Endlosserien im Fernsehen. Da passiert eigentlich nie etwas, aber trotzdem kann man nur schwer davon lassen.)

Eine kleine Zahl von Hunden jedoch leidet unter einem ernsten Problem, das man Trennungsangst nennt: Sie geraten in Panik, wenn ihre Besitzer gehen und bleiben in Panik, bis sie wieder zurückkommen. Sie machen ins Haus, zerbeißen die Fensterleisten, heulen und/oder hecheln den ganzen Tag lang in ihrer Verzweiflung, zittern und produzieren ganze Seen aus ängstlichem Hundespeichel. Ein echter Fall von voll ausgeprägter Trennungsangst beim Hund ist wirklich herzzerreißend, weil der Hund tatsächlich Panik hat, wenn Sie gehen. Dieses Büchlein möchte denjenigen unter Ihnen helfen, deren Hund wirklich unter Trennungsangst leidet, aber auch jeden Hundebesitzer dabei unterstützen, der Entstehung dieses Problems vorzubeugen und einen Hund mit guten »Hausmanieren« zu erziehen. Manchmal ist es schwierig zu unterscheiden, ob ein Hund wirklich Trennungsangst hat oder nur schlechte Hausmanieren. Lesen Sie deshalb sorgfältig, welche der beschriebenen Kategorien auf Ihren Hund zutrifft. Der anschließende Text wird Ihnen erkennen helfen, warum Ihr Hund in Ihrer Abwesenheit Probleme bekommt und wie Sie diesen Problemen künftig vorbeugen. Es wird sowohl um schlechte hündische Hausmanieren und deren Besserung als auch um wirkliche Trennungsangst gehen.

Trennungsangst – was genau ist das eigentlich?

Über Trennungsangst wurde in der Presse in letzter Zeit viel berichtet, und zwar hauptsächlich im Zusammenhang mit einem neu in der Veterinärmedizin zugelassenen Medikament zu deren Behandlung. Leider war die Aufmerksamkeit, die diesem Thema entgegengebracht wurde, nicht immer hilfreich. So las ich zum Beispiel einen Artikel, der Trennungsangst damit definierte, dass der Hund bellen, Dinge ankauen und ins Haus machen würde, wenn der Besitzer nicht da sei. Das würde bedeuten, dass etwa die Hälfte aller in den USA lebenden Hunde Trennungsangst hätte. Verstehen Sie mich nicht falsch – natürlich ist es nicht in Ordnung, wenn Ihr Hund Ihre Möbel zerbeißt oder ins Haus macht, aber alleine die Tatsache, dass er es tut, heißt noch lange nicht, dass er Trennungsangst hat. Möglicherweise ist er begeistert, dass Sie endlich weg sind und er ungestört den Mülleimer ausräumen kann. Viele der Probleme, die Hundebesitzer mit dem Alleinlassen ihrer Vierbeiner zuhause haben, können einfach dadurch gelöst werden, dass man lernt, wie man dem Hund gutes Benehmen auch beim Alleinsein beibringt. Sie werden auf den nächsten Seiten viele Tipps für Hunde finden, die keine Trennungsangst haben, aber sehr von ein wenig Nachhilfe in Sachen guter Manieren profitieren würden. Wichtig ist, dass Sie zuerst die Ursache des Problems herausfinden.

Trennungsangst bei Hunden ist ein ernsthaftes emotionales Problem, bei dem der Hund in echte Panik gerät, wenn der Besitzer ihn alleine lässt. Hunde mit voll ausgeprägter Trennungsangst benehmen sich, als seien Ihr Weggehen und das Alleinsein der blanke Horror für sie. Hunde können diese Panik über das Alleinsein im Haus auf verschiedene Weisen ausdrücken, sodass die Symptome sehr stark variieren können. Die häufigsten sind aber:

- Winseln und ruheloses Hin- und Hergehen, wenn Sie Vorbereitungen zum Weggehen treffen und/oder noch lange Zeit nach Ihrem Weggehen.
- Erweiterte Pupillen
- Hecheln und/oder Speicheln
- Schwitzige Pfoten
- Zittern
- Pausenloses Bellen oder Heulen, wenn Sie weg sind.
- Ins Haus machen
- Zerstörerisches Beißen oder Kratzen an Gegenständen, insbesondere im Ein- und Ausgangsbereich des Hauses.
- Kein Appetit
- Verzweifelte und oft verletzungsträchtige Versuche, aus dem Haus oder der Box herauszukommen.

Eine meiner Kundinnen hatte einen Hund, der unruhig zu werden begann, wenn sie sich im Bad die Haare föhnte, zu winseln begann, wenn sie sich anzog und tellerrunde Augen bekam, wenn sie die Schlüssel vom Brett nahm. Dieser arme Hund bellte und scharrte hysterisch an der Haustür, sobald sie gegangen war und schenkte den guten Leckerchen, die sie zu seiner Ablenkung zurückgelassen hatte, keinerlei Beachtung.

Die Shar-Pei Hündin Sylvia fraß die antiken, unersetzlichen französischen Häkelgardinen auf, die Leisten rund um die Fenster sowie die zugehörigen Jalousien. Die Weimaranerhündin Misty heulte nicht nur den ganzen Tag lang geradezu opernhaft, sondern sprang auch durch ein geschlossenes Fenster und verzierte ihren Rücken mit Glasscherben. Die Schäferhundmischlingshündin Maggie war in eine Box eingesperrt, damit sie nicht die halbe Einrichtung zerbeißen sollte, und ertrank dabei fast in ihrem eigenen Speichel.

Schwere Trennungsangst ist mit Panikattacken beim Menschen vergleichbar, und falls Sie je eine solche hatten, werden Sie echtes Mitleid mit einem solchen Hund verspüren. Der Hund benimmt sich absolut verängstigt und wird in extremen Fällen Leib und Leben riskieren, um seinen Besitzer oder irgendjemand anderes als Ersatztrost wiederzufinden. Wir wissen natürlich nicht genau, was in den Köpfen von Hunden mit Trennungsangst vorgeht und es kann auch gefährlich sein, unsere eigenen Gefühle auf Hunde zu projizieren. Aber es ist keine Frage, dass Hunde starke Gefühle haben können und dass einige von ihnen sich so benehmen, dass sie in blanken Horror verfallen, wenn ihre Besitzer sie alleine lassen.

Was verursacht Trennungsangst?

Wir wissen nicht viel darüber, wodurch Trennungsangst verursacht wird und wie sie sich entwickelt. Manche Autoren sind der Meinung, sie komme bei Hunden mit »übermäßiger Bindung« an ihre Besitzer vor. Das mag zwar stimmen, aber es gibt auch Hunde, die diese Angst ab dem ersten Tag zeigen, an dem ihre neuen Besitzer sie zu sich nach Hause bringen. Ich vermute, dass »Trennungsangst« von verschiedenen Dingen verursacht werden kann, darunter auch von »übermäßiger Bindung«, Frustrationsintoleranz und einer echten Phobie vor dem Alleinsein. Wir wissen es nicht genau, aber ich stelle mir jede dieser Varianten etwas unterschiedlich vor und glaube daher, dass es hilfreich ist, herauszufinden, in welche dieser Kategorien der betreffende Hund passen könnte.

Persönlichkeit
Es ist sicherlich wahr, dass manche Hunde besonders anhänglich sind und ihren Besitzern den ganzen Abend lang durchs ganze Haus folgen. Manche dieser »Klettenhunde« scheinen gar nicht genug von Ihnen kriegen zu können und möchten immer so liegen, dass sie die ganze Zeit Körperkontakt zu Ihnen haben. Es sieht so aus, als seien solche Hunde eher stressanfällig, wenn ihr Besitzer geht, als die unbekümmerten Sonnenscheinchen, die sich immer wohlfühlen, solange sie einen gemütlichen Liegeplatz zum Entspannen haben.

Sehr vom Menschen abhängige Hunde haben sogar ein Plus. Mein eigener Hund Luke passt in diese Kategorie: Ich kann mich nicht erinnern, dass ich ihn während eines Spaziergangs auch nur ein einziges Mal zu mir rufen musste. Während seine Cousine Pip irgendwo nach Hasen schnüffelt, läuft Luke niemals weiter als etwa zwanzig Meter von mir voran. Man kann auch sagen, dass Pip ein ganz normaler Hund ist, während Luke ein wenig anhänglich ist. Und so war es, wie vorauszusehen war, auch Luke, der bei meinem Wegfahren ein wenig ängstlich wurde, als ich Luke und Pip einmal bei einer Freundin ließ, weil ich verreisen musste. Lukes Tochter Lassie ist genau wie ihr Vater. Als ich sie das erste Mal mit »Hier!« zu mir rief, machte sie förmlich in der Luft kehrt, aber zuhause fällt man ständig über sie und sie hat seit dem Tag, da ich sie habe, dafür gesorgt, dass ich mich im Badezimmer niemals einsam fühle.

Der Nachteil solcher Hunde, die draußen so problemlos in der eigenen Nähe zu halten sind, ist, dass sie möglicherweise schneller ängstlich werden, wenn sie alleine gelassen werden. Weil ich das wusste, hätte ich damals, als ich für eine Fernsehserie arbeitete, niemals versucht, Luke und Lassie an ihrem ersten Tag in einem geschäftigen, lauten Studio alleine in neuen Boxen zu lassen. Stattdessen erübrigte ich fünf Minuten Zeit für eine wertvolle Vorbeugungsarbeit und ersparte mir damit stundenlange spätere Behandlungen.

Das Vater-Tochter Beispiel von Luke und Lassie lässt vermuten, dass es eine genetische Prädisposition für die Neigung zur Trennungsangst gibt. Das heißt allerdings nicht, dass Genetik der einzige Grund ist. Jedes Verhalten eines jeden Hundes ist das Ergebnis von sowohl Genetik als auch Umwelt, und man kann mit gutem Grund annehmen, dass so manche Trennungsangst auch auf Erfahrungen beruht, die ein Hund gemacht hat.

Traumatische Trennungserfahrungen
Trennungsangst scheint öfter bei Hunden vorzukommen, die irgendein traumatisches Erlebnis mit dem Alleingelassenwerden hatten. Wir vermuten, dass sie bei Hunden aus Tierheimen etwas häufiger vorzukommen scheint als bei normalen Hunden. Ich hoffe, Sie haben meinen Gebrauch der Worte »vermute« und »scheint« bemerkt! Auch wenn es noch nicht viel Forschungsarbeit zu den Ursachen von Trennungsangst gegeben hat, so stellte doch eine Studie der Universität Pennsylvania ein häufigeres Vorkommen des Problems bei Mischlingen aus dem Tierheim oder bei Findlingshunden von der Straße fest als bei Hunden aus anderen Herkunftsquellen (siehe McCrave 1991 für weitere Informationen).

Sicher kann man mit Recht annehmen, dass manche Hunde gelernt haben, sich aus gutem Grund vor dem Alleinsein zu fürchten. Erfahrungen, die wahrscheinlich zu den Mitverursachern für Trennungsangst führen, sind: mehrere Tage in einem

Haus ohne Futter und Wasser eingesperrt sein, an einem Baum angebunden ausgesetzt werden oder an einem unbekannten Ort alleine gelassen werden – umgeben von lauter fremden, bellenden Hunden, die selbst alle Angst haben. Es besteht kein Zweifel daran, dass Hunde zwei Ereignisse miteinander in Verbindung bringen können (vielleicht sind Ihre Hunde so wie meine und werden besonders anhänglich, wenn Sie die Koffer packen). Man kann deshalb auch annehmen, dass manche Hunde es mit einem schrecklichen Trauma assoziieren, wenn ihr Besitzer zur Tür geht. Immerhin sind Hunde alleine im Haus wirklich hilflos, es sei denn, sie haben gelernt, wie man Türen öffnet (wenn Ihr Hund das schon kann, blättern Sie weiter zu den Seiten über die Behandlung von Trennungsangst!). Die eigene Umwelt nur begrenzt kontrollieren zu können verursacht bei vielen Lebewesen Stress, so auch bei Hunden und Menschen.

Traumatische Erfahrungen während des Alleinseins
Andere Kandidaten für Trennungsangst sind Hunde, die irgendeine Angst auslösende Erfahrung gemacht haben, während sie alleine waren. Ich hatte einmal eine Kundin, deren Schäferhundmix praktisch über Nacht eine voll ausgeprägte Trennungsangst entwickelt hatte. Der Hund hatte stets zufrieden den ganzen Tag lang geschlummert, während er alleine war – bis zu jenem Tag, als seine Besitzerin nach Hause kam und ihn speichelnd und mit irrem Blick vorfand, die Zimmertür zu Zahnstochern recycelt und ein Dutzend netter brauner Flecke auf dem neuen Teppich (warum ist es eigentlich immer ein *neuer* Teppich?). Es stellte sich heraus, dass es in dieser Woche mehrere Einbrüche in der Nachbarschaft gegeben hatte. Die Besitzerin und ich vermuteten, dass jemand versucht hatte, ins Haus zu gelangen. Natürlich werden wir nie den genauen Grund dafür erfahren, warum dieser Hund plötzlich Trennungsangst bekam, aber er konnte innerhalb von zwölf Wochen erfolgreich behandelt werden.

Manche Symptome sehen wie Trennungsangst aus, sind aber nur Reaktionen auf andere Angst auslösende Ereignisse. Ein Hund zum Beispiel war völlig problemlos, bis seine Besitzerin umzog. Plötzlich begann er, die ganze Nacht lang zu heulen und zu jaulen, wenn die Besitzerin in der Nachtschicht arbeitete. Neben dem Heulen fand er noch Zeit, die Türen zu Spänen zu häckseln. Zu dem Zeitpunkt, als die Besitzerin mich um Hilfe bat, hatte sie ihrem Hund bereits einen Raum geopfert, der so aussah, als ob ein Tornado darin gewütet hätte. In einem langen Gespräch stellte sich dann heraus, dass die Besitzerin nicht in einem Haus, sondern in einem großen Wohnanhänger mit Metalldach wohnte und dass dieser gleich neben einem großen Elektrizitätswerk stand, das nur nachts Strom produzierte. Streuspannungen? Irgendein schreckliches Geräusch, das nur Hundeohren hören können? Wer weiß – jedenfalls war der Hund wieder vollkommen problemlos, als er nachts in einem anderen Haus alleingelassen wurde. Die Theorie vom »Spukhaus« ist deshalb gar nicht so abwegig.

Ein anderer Hund aus meiner Kundschaft hatte keine Probleme damit, wenn seine Besitzerin das Haus verließ, aber wenn sie zurückkam, hatte er stets braune, wässrige Pfützen im ganzen Haus verteilt. Willkommen zuhause, hatten Sie einen schönen Tag? (Bis jetzt schon.) Dieses Muster passte nicht zu den klassischen Symptomen für Trennungsangst, weil der Hund beim Weggehen der Besitzerin so entspannt schien. Also ließen wir tagsüber einen Videorekorder laufen und fanden heraus, dass der Hund sich erstens nur am Nachmittag aufregte und zweitens die lokale Kampfjeteinheit ihre Flugschneise geändert hatte: Jeden Nachmittag gegen zwei brachten Tiefflieger die Fenster zum Klirren und die Wände zum Zittern. Wie Sie sehen, ist es wichtig, zu unterscheiden, ob irgendein wiederkehrendes Ereignis Ihren Hund immer wieder verängstigt oder ob es ein jetzt nicht mehr vorhandenes Ereignis in der Vergangenheit gab, das die Probleme bei Ihrem Hund ausgelöst hat. Und, wie sich von selbst versteht: Sie können den Hund nicht von seiner Angst heilen, wenn in Ihrer Abwesenheit immer wieder die gleichen Angst auslösenden Dinge geschehen.

Hunde, die noch nie alleine waren
Pensionierte Greyhounds von der Rennbahn sind die klassischen Beispiele für diese Kategorie. Viele Rennhunde, aber auch manche Ausstellungshunde waren ganz einfach noch nie in ihrem ganzen Leben alleine, sondern immer von anderen Hunden in Nachbarzwingern umgeben. Wir denken oft, der Umzug in ein luxuriöses Privatheim müsste doch die tollste Sache der Welt für solche Hunde sein, aber in Wahrheit sind sie einfach nur zu Tode verängstigt. Selbst Hunde, die aus einem Haushalt mit einem zweiten Hund stammen und in ein neues Heim vermittelt werden, haben oft Schwierigkeiten damit, sich mit dem Alleinsein den ganzen Tag lang abzufinden. In meiner eigenen Praxis waren die Hunde mit den schlimmsten Trennungsangst-Problemen oft nicht nur Hunde, die noch nie alleine waren, sondern Zwingerhunde, die einen festen Tagesablauf gewöhnt waren. Solche Hunde werden »institutionalisiert« und können mit Veränderungen in der Routine nicht mehr umgehen. Eine seidige, süße Greyhound-Hündin, mit der ich einmal arbeitete, hatte kein Problem, wenn ihre Besitzerin um vier Uhr nach Hause kam. Kam sie allerdings erst eine Minute nach vier, war es aus und vorbei – die Hündin machte ins ganze Haus und blieb so lange panisch, bis die Besitzerin zurück war.

Trennungsangst ist selten
Nachdem Sie von diesen Fällen gelesen haben, stellen Sie sich vielleicht vor Ihrem geistigen Auge ein Land vor, in dem es von vor Panik schier verrückten Hunden nur so wimmelt. Tun Sie es nicht. Echte Trennungsangst bei Hunden ist selten. Bevor Sie mit der Behandlung des Problems beginnen, müssen Sie zuerst herausfinden, was überhaupt mit Ihrem Hund los ist. Erst kürzlich

lernte ich einen acht Monate alten Labrador Retriever kennen, dem man Medikamente gegen Trennungsangst gegeben hatte. Er nagte am Sofa herum, wenn seine Besitzerin tagsüber im Büro war. War dieser Hund gestresst, wenn sie wegging? Oh nein, er sagte fröhlich Auf Wiedersehen und kaute auf seinen Spielsachen herum. Irgendwelche Anzeichen für Stress bei der Rückkehr der Besitzerin? Fehlanzeige, er schlief friedlich auf dem Sofa, wenn sie nach einem Neun-Stunden-Tag nach Hause kam. Irgendwelches Scharren, Kratzen und Beißen an Fenstern und Türen, wenn sie wegging? Nö, nur das Sofa. Diagnose? Ein ernster Fall normalen Verhaltens bei einem halbwüchsigen Hund. Also sollten wir durchaus darüber sprechen, was Trennungsangst nicht ist, bevor Sie raffinierte Strategien zur Gegenkonditionierung ausarbeiten und/oder starke Medikamente einsetzen – gegen ein Verhalten, das vollkommen normal ist und nur ein wenig Erziehungsarbeit braucht.

Trennungsangst – was sie nicht ist

Wenn Ihr Hund verängstigt auszusehen beginnt, sobald Sie sich zum Weggehen fertigmachen, wenn er nicht mal das Stück Steak frisst, das Sie ihm an der Haustür zurückgelassen haben, wenn er den ganzen Tag lang heult, scharrt oder an Dingen kaut, solange Sie weg sind, wenn er verzweifelte Versuche macht, durch Tür oder Fenster zu kommen und Sie ihn abends in einer Pfütze aus Speichel vorfinden, dann brauchen Sie sich nicht die Mühe zu machen, den nächsten Abschnitt zu lesen! Ihr Hund hat vermutlich Trennungsangst. (Bevor Sie gleich zum Abschnitt über die Behandlung weiterspringen, lesen Sie zuerst den über Vorbeugung – darin finden Sie einige Vorschläge, die Ihnen helfen könnten.)

Am anderen Ende des Spektrums ist die medikamentöse Behandlung eines acht Monate alten Labradors, weil er beim Alleinsein das Sofa annagt, ungefähr vergleichbar damit, als würde man ein fünf Jahre altes Kind operieren, weil es sich im Restaurant schlecht benommen hat. Die meisten Probleme, die Menschen mit Hunden alleine zuhause haben, sind einfach schlechte Manieren. Falls Ihr Hund Ihnen also keine diesbezügliche Notiz am Kühlschrank hinterlassen hat, lesen Sie also diese Liste der Probleme, die aus anderen Gründen als aus Trennungsangst entstehen:

Uriniert oder kotet Ihr Hund im Haus?
Gut, er könnte das tun, weil er gestresst und verängstigt ist, aber vielleicht auch deshalb, weil er seine Blase leeren muss – und hey, Sie sind nicht da, um ihn daran zu hindern, also warum nicht? Vielleicht hat er ursprünglich gelernt, auf neben die Tür ausgelegte Zeitung zu gehen. Leider lernen viele Hunde damit nicht nur, auf die Zeitung zu gehen, sondern auch, dass man seine Geschäfte im Haus verrichtet!

Füttern Sie nach Belieben, hat Ihr Hund also ständig Zugang zu Futter? Wenn Futter nicht nach einem regelmäßigen Plan in den Hund hineingeht, tut es das auch nicht beim Herausgehen. Viele meiner Kunden ließen ihre Hunde hier und da nach Belieben aus dem vollen Napf naschen und waren dann an den Tagen, an denen sie mehr fraßen als sonst, nicht rechtzeitig da, um sie hinauszulassen. Haben Sie vielleicht gerade das Futter umgestellt oder Ihrem Hund gestern eine größere Menge Reste vom Abendessen gegeben? Manchmal machen Hunde ins Haus, weil sie sich einfach körperlich nicht unter Kontrolle halten können. Manche werden über die Möglichkeit, dass ihre Besitzer beim Nachhausekommen über sie wieder böse sein könnten, zu dermaßen nervösen Wracks, dass sie sich aus Angst vor dem herannahenden Besitzer »in die Hose machen«. Den Hund am Halsband zu packen, zu schütteln und ihn zu einem Kothaufen zu zerren, ist allerdings eine tolle Methode, ihm das zwanghafte Fressen von

Kot anzugewöhnen. Wenn Ihr Hund ins Haus uriniert oder kotet und keine anderen Anzeichen von Angst zeigt, wenn Sie weggehen oder wenn er alleine ist, rate ich Ihnen dringend, sich zu fragen, ob Sie den Hund wirklich zur Stubenreinheit erzogen haben. Wenn Ihr Hund sich bei Ihrem Nachhausekommen duckt und ins Haus gemacht hat, heißt das nicht, dass er eigentlich stubenrein ist. Es heißt, dass er Sie zu beschwichtigen versucht, um Ihren Zorn zu dämpfen. Es hat nichts mit der eigentlichen Handlung zu tun, den »Stoff« im Haus zu deponieren, sondern vielmehr damit, Sie zu begrüßen, wenn Sie nach Hause kommen und sich »Stoff« irgendwo im Haus befindet. Versuchen Sie, mit der Erziehung zur Stubenreinheit wieder mit den Grundlagen zu beginnen. Gehen Sie so oft wie möglich mit Ihrem Hund raus, bleiben Sie bei ihm und geben Sie ihm ein Leckerchen, wenn er sich gelöst hat. Achten Sie auf regelmäßige Futterzeiten. Vielleicht können Sie auch auf ein weniger gehaltvolles Futter umsteigen – manche der »Premium«-Hundefutter galoppieren durch Bellos Verdauungssystem wie Gras durch eine Gans. Wenn Ihr Hund noch nicht stubenrein ist, tun Sie gut daran, seinen Aufenthalt auf einen kleinen Hausbereich zu begrenzen. Weitere Tipps finden Sie im Abschnitt zur Vorbeugung. Falls Ihr Hund schon stubenrein war und dann wieder Rückschritte gemacht hat, hat er vielleicht ein körperliches Problem. Wenn dem so ist oder wenn Ihr Hund besonders schwierig stubenrein zu bekommen sein scheint, wenden Sie sich sofort an den Tierarzt.

Zerbeißt Ihr Hund Sachen oder scharrt, wenn Sie weg sind?
Hunde definieren das Herumkauen auf Ihren Sofakissen nicht als Problem. Ein Problem für einen Hund ist ein Besitzer, der vor dem Fernseher hockt anstatt draußen mit ihm zu spielen. Oder einer, der nicht versteht, dass er doch das halb verweste Eichhörnchen nicht einfach fallen lassen kann, nur weil jemand »Hier« gerufen hat. Das ist ein Problem für einen Hund. Aber kauen? Ha! Was für ein Vergnügen das ist, besonders an diesen

wunderbaren ausgestopften Dingern, die man so schön Stück für Stück ganz vorsichtig mit den Zähnen auseinandernehmen kann! Ich wette, Rocky kann gar nicht erwarten, dass Sie endlich aus dem Haus gehen, damit er endlich weitermachen kann.

Meine Border Collie Hündin Pip kann es kaum erwarten, mein Auto aus dem Hof fahren zu hören, damit sie endlich ihre kühnsten Träume verwirklichen kann – auf die Kühltruhe springen und die Reste vom Katzenfutter auffressen. Ihre einzige Sorge ist, ob ich daran denke, das Katzenfutter wegzustellen oder nicht. Ich kann mir genau vorstellen, was sie denkt: »Oh gut, gut, sie bewegt sich schneller, so wie immer, wenn sie es eilig hat, oh gutgutgut! Sie hat etwas fallen lassen, das bringt ihr noch mehr Verspätung. Da, sie zieht ihren Mantel an und nimmt die Schlüssel – könnte es möglich sein? Wird sie es vergessen? Oh bitte bitte, lass es sie vergessen. OH NEIN! Sie kommt wieder, oh neeeeiiiiin. Sie hat den Napf wegstellt. Seufz.«

Seien Sie also vorsichtig damit, einfaches, gutes altes Kauen mit Trennungsangst zu verwechseln. Das meiste »zerstörerische« Verhalten von Hunden im Haus ist einfach eine hündische Form von guter Unterhaltung. Kauen, das mit Trennungsangst zu tun hat, geschieht meistens an den Stellen, an denen Sie das Haus verlassen oder wieder hereinkommen. Hunde mit Trennungsangst beißen meistens an Türen, Türklinken, Türrahmen, Fensterrahmen und/oder den Teppichen in Türnähe. Da sie aber keine Broschüren darüber gelesen haben, wie Hunde mit Trennungsangst sich verhalten, gibt es natürlich Ausnahmen. Die Weimaranerhündin Misty ließ Türen und Fenster in Ruhe und zerrte stattdessen Sachen von der Küchenanrichte. Man hätte meinen können, sie würde einfach nur randalieren, wenn da nicht ihr mitleiderregendes Heulen gewesen wäre und ihre alarmierende Neigung zum Durchspringen geschlossener Fensterscheiben.

Bellt oder heult Ihr Hund?
Es gibt eine Menge Gründe, zu bellen oder zu heulen, wenn Sie ein Hund sind. Zum einen ist da dieses blöde Eichhörnchen, das Sie ständig vor dem Esszimmerfenster ärgert. Kein Hund mit Ehrgefühl wird sich mit einem rüpelhaften Nager anlegen, ohne ihm die Meinung zu sagen.

Und dann sind da noch diese ewigen Jogger, Spaziergänger mit Hunden und heiseren LKW, die ins Revier eindringen und eine kräftige Verwarnung brauchen. Und da Bellen offensichtlich funktioniert (immerhin sind die Eindringlinge weggegangen, oder?), wird beim nächsten Mal noch kräftiger gebellt. Heulen ist Kommunikation mit anderen, weit entfernten Hunden – oder möglicherweise auch menschlichen Rudelmitgliedern, die »zu lange« weg sind.

Andere Hunde haben vielleicht zu bellen gelernt, um die Aufmerksamkeit ihres Besitzers zu bekommen. (Haben Sie Ihrem Hund beigebracht, zu bellen, wenn er hinausgelassen werden möchte?) Also warum sollte er nicht bellen, wenn er etwas bekommen möchte? Übersetzen Sie es ruhig mit »Hey, Mensch! Mach endlich die Tür auf, Stinkstiefel.« Es heißt nicht unbedingt, dass er Angst hat, sondern er hat gelernt, dass er mit Bellen bekommt, was er möchte. Er möchte etwas, warum also sollte er nicht bellen? Manche Hunde können anhaltend bellen und sind dabei genauso wenig aufgeregt wie Sie, wenn Sie selbstvergessen an Ihren Fingernägeln kauen.

Anders gesagt: Hunde, die allein im Haus bellen, tun dies oft aus anderen Gründen als aus Trennungsangst. Wenn Ihr einziges Problem ist, dass Ihr Hund den ganzen Tag lang bellt, sind Sie besser beraten, zuerst viele andere Alternativen zu durchdenken. Ich werde Ihnen später noch Wege zeigen, wie Sie Ihren besten Freund zum Ruhigsein bringen, wenn Sie aus dem Haus sind.

Frustrationsintoleranz

Wiederholtes Bellen wirft eine andere Frage im Zusammenhang mit Trennungsangst auf, nämlich die, ob Ihr Hund sich aufgrund von Frustrationsintoleranz schlecht im Haus benimmt, wenn Sie nicht da sind. Manche Experten für Tierverhalten (mich inbegriffen) nehmen an, dass viele der angeblich unter »Trennungsangst« leidenden Hunde gar nicht so sehr Angst vor dem Alleinsein haben, sondern vielmehr erregt sind, weil sie nicht damit umgehen können, nicht zu bekommen, was sie wollen. Manchmal sehe ich Hunde in meinem Büro, die ganz außer sich geraten, wenn sie etwas nicht bekommen und dabei aussehen wie ein zweijähriges Kind, das blau anläuft und nicht zu kreischen aufhört, weil sein Eis auf den Boden gefallen ist. Ein Teil des Heranwachsens besteht darin, zu lernen, wie man mit Frustration umgeht, und ich denke eine Menge unserer Haushunde haben das noch nicht geschafft. Wie man damit umgeht, werden wir in den Abschnitten über Vorbeugung und Behandlung noch ansprechen.

Unabhängig von dem genauen Grund für den inneren Konflikt bellen viele Hunde lang anhaltend, wenn sie frustriert oder ängstlich sind. Viele Tiere wiederholen ein Verhalten immer und immer wieder – denken Sie nur an den Löwen, der in einem altmodischen Zoo ständig in seinem Käfig auf- und abgeht. Diese als Stereotypen bezeichneten wiederholten Handlungen wirken, so fand man heraus, wie milde Beruhigungsmittel, weil sie Neurochemikalien freisetzen, die den Gefühlszustand beeinflussen. Handlungen wie Auf- und Abgehen, Krallenbeißen oder wiederholtes Bellen scheinen das Tier zu beruhigen oder zu besänftigen. Mit Sicherheit werden die meisten dieser Verhalten dann gezeigt, wenn das Tier (oder der Mensch!) leicht gestresst, ängstlich oder frustriert ist.

Falls Ihr Hund ein Dauerkläffer ist, dann fragen Sie sich, was er für das Bellen bekommt, wenn Sie zuhause sind und ob er gelernt hat, stets davon auszugehen, dass er immer bekommt, was er möchte! Behalten Sie Ihre Antworten darauf im Kopf, wenn Sie weiter in diesem Büchlein lesen und bauen Sie Ihren eigenen Plan danach auf.

Trennungsangst vorbeugen

Vielleicht haben Sie einen neuen Hund und sind sich nicht sicher, ob Sie ihn alleine lassen können. Vielleicht beißt er gelegentlich an Sachen herum, wenn Sie nicht da sind, und Sie sind nicht sicher, warum er das tut. Vielleicht sind Sie in der gleichen Situation, in der auch ich mich einmal wiederfand und müssen Ihren Hund an einem neuen Ort alleine lassen, ohne viel Zeit zu haben, ihn daran zu gewöhnen. Vielleicht gibt es Gründe für die Annahme, dass Ihr Hund an einem sehr frühen, noch leichten Stadium von Trennungsangst leidet. Wenn das so ist, lesen Sie die folgenden Vorschläge und Übungen, die Ihnen zu einem stressfreien Verlassen des Hauses und fröhlichen Nachhausekommen verhelfen. Manche dieser Vorschläge sind auch zutreffend, wenn Ihr Hund eine voll ausgeprägte Trennungsangst hat – lesen Sie deshalb diesen Abschnitt auch dann, wenn Sie über das Stadium der Vorbeugung schon weit hinaus sind!

Ruhiges, aber liebevolles Kommen und Gehen
Wir überlasten unsere Hunde emotional nur zu leicht, wenn wir kommen oder gehen und tun ihnen damit nichts Gutes. Was sollen sie von Ihrer dramatischen Rückkehr halten, wenn Sie sich hinwerfen und sie umarmen, als ob Sie gerade knapp dem Tod entronnen wären? Wahrscheinlich genau das: »Meine Güte, muss das gefährlich sein da draußen! Schau sie dir nur an! Sie benimmt sich, als ob sie befürchtet hätte, nie wieder nach Hause zu kommen!« Vermeiden Sie also jede Hysterie, wenn Sie nach Hause kommen. Öffnen Sie die Tür, sagen Sie leise und liebevoll Hallo zu Ihrem Hund und gehen Sie dann weiter Ihren Ge-

schäften nach. Ich weiß, ich weiß ... das klingt so kalt und gefühllos. Aber ist es das wirklich? Begrüßen Sie nicht auch Menschen, die Sie wirklich lieben, mit Wärme und Zuneigung, ohne deshalb eine Oper zu inszenieren?

Sie können liebevoll und wirklich glücklich über das Wiedersehen mit Ihrem Hund zu sein, ohne deshalb ein Drama zu veranstalten. Wenn ich nach Hause komme, schaue ich jedem meiner Hunde in die Augen, sage »Hi Luke«, »Hi Pip«, »Hi Lassie«, »Hi Tulip« und berühre jeden von ihnen in unserem Begrüßungsritual leicht am Kinn. Wenn ich »Hi« sage, ist dieses Wörtchen voll von meiner Liebe für sie und meiner Freude, sie wiederzusehen, aber ich benehme mich nicht wie ein Wirbelsturm der Gefühle. Ich versuche, über das ganze Gesicht zu lächeln, spreche mit warmer, liebevoller Stimme und versuche, jeden meiner Hunde voll und ganz wahrzunehmen. Es dauert nicht sehr lange und ist nicht sehr dramatisch. Ich glaube nicht, dass Ihr Hund sich mehr geliebt fühlt, wenn Sie hysterisch werden. Sie steigern damit nur die Aufregung und schaffen sich vielleicht einen emotional überladenen Hund, der fünf Minuten vor Ihrer Rückkehr schon am Sofa herumzubeißen beginnt.

Halten Sie auch Ihre Verabschiedungen unaufgeregt. Ich fühlte mich früher immer fürchterlich schuldig, wenn ich meine Hunde alleine ließ. »Tut mir leid,« sagte ich immer, »arme Babys, ich komme zurück, so schnell ich kann.« Wie sie mir dann mit ihren großen, braunen, wässrigen Augen aus dem Fenster nachschauten, sahen sie wirklich ganz genauso aus wie zurückgelassene Waisenkinder in einem Erdbebengebiet. Dann geschahen zwei Dinge. Eines Tages war eine Freundin, die professionelle Hundetrainerin ist, mit dabei, als ich das Haus verließ. Sie hörte etwa eine Minute lang zu, wie ich darüber jammerte, dass ich mich ja so schlecht fühlen würde, meine armen Hunde den ganzen Tag lang allein zu lassen. Und dann sagte sie: »Moment, lass mich das mal klarstellen. Du hast einen ganzen langen Arbeitstag in einem schwierigen, anstrengenden Beruf vor dir und du musst durch Schnee, Eis und verdammt viel Verkehr, um überhaupt erst dahin zu kommen. Du tust das, damit du Geld verdienst, um dir das warme, gemütliche, mit Futter gefüllte Heim leisten zu können, in dem deine Hunde gerade sitzen. Sie rollen sich gleich auf der Couch zusammen, können klares, frisches Wasser trinken, wenn sie Durst haben und an Futter naschen, das hochwertiger ist als das, was die meisten Menschen so essen. Und DU fühlst dich schuldig! Sie sollten sich entschuldigen, wenn du gehst, nicht du!« Hmmm, eine vollkommen andere Sicht auf die Dinge!

Zweitens ließ ich einen Videorekorder laufen, um zu sehen, was nach meinem Weggang geschehen würde. Sobald mein Auto nicht mehr zu hören war, gingen die Hunde zu ihrer eigenen Tagesordnung über. Einer ging nach dem Katzenfutter sehen, einer rollte sich auf dem Sofa zusammen und einer legte sich zu einem Schläfchen hin. Ich dagegen fuhr in der Zwischenzeit die verschneite, vereiste und von Autos verstopfte Straße entlang und machte mir Sorgen um den vor mir liegenden Tag als hart arbeitende Studentin kurz vor dem Abschluss.

Also fahre ich heute mit einem anderen Ritual von Zuhause fort. Ich schaue nach, ob der Wassernapf voll ist, stelle das Katzenfutter weg (meistens!), mache die Tür zum Schlafzimmer zu, nehme meine Taschen und sage: »OK Jungs, ich bin arbeiten. Seid mir gut.« Und das meine ich auch so. Ich werde gut in meinem Job sein, wenn ihr gut in eurem seid – und euer Job ist, sich friedlich zu einem Schläfchen zu kuscheln, nur auf euren eigenen Spielsachen zu kauen, nett zueinander zu sein und die pelzigen kleinen Beinchen zusammenzukneifen, bis ich wieder zu Hause bin. Unglaublich, wie anders ich mich seitdem fühle, wenn ich weggehe: Eine so kleine Veränderung hat meine Nervosität vor dem Weggehen weniger werden lassen!

Das ist schön für mich, vielleicht auch für Sie – aber wird es auch Ihrem Hund helfen, weniger Angst zu haben, wenn Sie das Haus verlassen? Wir können nur darüber spekulieren, aber die meisten Verhaltensexperten sind sich darin einig, dass Haustiere es spüren, wenn ihre Besitzer starke Gefühle mit dem Verlassen des Hauses oder dem Nachhausekommen verbinden beziehungsweise deswegen nervös sind. Diese allgemein aufgeregtere Stimmung kann dazu führen, dass es dem Tier schwerer fällt, alleine zu bleiben. Meiner Meinung nach ist es sehr sinnvoll, beim Kommen und Gehen selbst relativ ruhig zu bleiben – ganz einfach deshalb, weil unser eigenes Verhalten dem Hund signalisiert, ob es sich um eine große Sache handelt oder nicht.

Noch einmal: Ich sage nicht, dass Sie beim Kommen oder Gehen kalt oder lieblos sein sollen. Es gibt einen klaren Unterschied zwischen Liebe und Wärme einerseits und dramatischen, aufgeregten Szenen andererseits. Beides hat seine Berechtigung – aber gehen Sie bedacht damit um und heben Sie sich die wilden Begeisterungsstürme für später auf.

Befolgen Sie ein »Rudelführer-Programm«
Wenn Sie Ihren Hund lehren, Sie als wohlwollenden Rudelführer zu betrachten, wird das zwar keine Trennungsangst heilen, aber ich glaube, dass es in einigen Fällen von Frustrationsintoleranz und einer Art allgemeiner Nervosität vorbeugen kann, deretwegen manche Hunde sich nie richtig entspannen können. Erst gestern berichteten mir zwei Kunden begeistert, wie viel entspannter ihre Hunde offensichtlich seien, seitdem sie den Vorschlägen des »Führungsprogramms« folgten. Oft habe ich in meinem Büro mit Hunden zu tun, die nicht damit umgehen können, etwas nicht zu bekommen. Sie winseln und beschweren sich, wenn sie nicht schnüffeln dürfen oder sie auf den Schoß ihres Besitzers möchten – oder sie bellen frustriert die oben im Regal liegenden Spielsachen an. Mein »Lieblingsfall« war ein Cocker Spaniel,

der abwechselnd seine Besitzerin und den Korb mit den Hundespielsachen anschaute. Die Besitzerin holte ihm dann jedes Mal ein Spielzeug, was er ebenso gut selbst hätte tun können. Als ich ihr riet, doch einmal sitzen zu bleiben, begann der Cocker, sie anzubellen, wobei er seine Intensität immer weiter steigerte, bis er gleichzeitig knurrte und bellte und auf sie lossprang. Das mangelnde Eingehen auf seine Wünsche war offensichtlich mehr, als er ertragen konnte. Er steigerte sich immer weiter hinein, bis ich schließlich einschritt.

Ein »Rudelführer-Programm« (auch Programm zur Statusreduktion genannt) bedeutet nicht, dass Sie kalt oder gemein zu Ihrem Hund sein sollen. Es geht vielmehr darum, wohlwollend Grenzen zu setzen und Ihrem Hund fröhlich beizubringen, dass die Belohnung etwas später kommt. Das Prinzip ist einfach: Verwöhnen Sie Ihren Hund nicht einfach deshalb, weil er niedlich ist, sondern erwarten Sie von ihm, dass er sich als höfliches, verantwortungsvolles Familienmitglied benimmt. Höfliche Familienmitglieder rennen Sie nicht über den Haufen, wenn sie zur Tür hinauswollen, sie betteln und tatzen nicht andauernd um Aufmerksamkeit, dringen nicht andauernd und ungeachtet der Situation in Ihren persönlichen Raum ein und bestehen nicht darauf, dass Sie ihnen jederzeit und überall auf Aufforderung eine Massage zukommen lassen. Das Grundprinzip ist, Übungen zu lernen, die dem Hund mit Hilfe positiver Bestärkung beibringen, höflich zu sein. Klingt sehr nach Kindererziehung, oder?

Erziehen Sie Ihren Hund zur Stubenreinheit
Das ist einfach – zumindest dann, wenn Sie nicht derjenige sind, der im Januar alle fünfzehn Minuten nach draußen muss. Bringen Sie Ihren Hund so oft raus, wie Sie nur können (dreimal pro Stunde bei einem Welpen, einmal pro Stunde bei einem Erwachsenen) und geben Sie ihm ein Leckerchen, wenn er sein Geschäft erledigt. Warten Sie nicht, bis er zum Haus zurückge-

trabt kommt, während Sie in Pantoffeln in der Tür stehen. Dann bekäme er das Leckerchen fürs Zurückkommen ins Haus und nicht dafür, dass er sein Geschäft draußen gemacht hat. Lassen Sie einen Welpen oder neuen Hund im Haus nie aus den Augen. Sprechen Sie mir nach: »Ich werde meinen Hund nicht für eine Sekunde aus den Augen lassen, ich werde meinen Hund nicht ...« Falls er die Treppe hinunterschießt und ins Gästezimmer uriniert, weil Sie nicht auf ihn aufpassen, möchte ich bitte, dass Sie sich selbst mit einer zusammengerollten Zeitung auf den Kopf schlagen und wiederholen »Böser Mensch, böser Mensch!« Das war Ihr Fehler, nicht seiner. Und lassen Sie Ihren Hund morgens oft genug hinaus. Nur zu oft habe ich von Menschen gehört, die mit Ihrem Hund morgens einmal rausgingen, dann zur Arbeit fuhren und beim Nachhausekommen unwillkommene Geschenke auf dem Teppich vorfanden. Die meisten Hunde scheinen morgens zwei Anläufe zu brauchen, so auch meine eigenen.

Wenn Ihr Hund immer rausgeht und Sie ihm nie Gelegenheit geben, ins Haus zu machen, dann voilà, haben Sie einen stubenreinen Hund. Wenn Sie weggehen, sollte Ihr Hund in einer Box oder einem kleinen, abgegrenzten Bereich sein, wo ein Missgeschick keine großen Probleme bereitet. Die meisten Hunde werden schnell vermeiden, diesen Bereich zu verschmutzen, wenn sie es irgendwie einrichten können. Sollten Sie bemerken, dass Ihr Hund sich anschickt, ins Haus zu machen, dann erschrecken Sie ihn so schnell wie möglich mit einem plötzlichen, lauten Geräusch (schlagen Sie an die Wand, sagen sie NA! oder werfen Sie eine leere Dose, die neben ihm landet und ihn erschreckt) und bringen Sie ihn dann raus. Rennen Sie nicht auf ihn zu und schreien Sie ihn nicht an, denn das lehrt ihn nichts – außer, dass Sie potenziell gefährlich sind. Und ihn mit der Nase in seine Hinterlassenschaften zu stoßen lehrt ihn, dieselben zu fressen und/oder, dass Sie verrückt sind. Unterbrechen Sie ihn, aber versetzen Sie ihn nicht in Angst und Schrecken.

Sie sind der Meinung, Ihr Hund sei eigentlich stubenrein, weil er sich duckt, wenn Sie nach Hause kommen und er auf den Teppich gemacht hat? Denken Sie nochmal darüber nach! Lesen Sie nochmals den Absatz »Trennungsangst – was es nicht ist« ganz genau durch. Wenn Sie Ihren Hund beim Nachhausekommen für ein im Haus gemachtes Geschäft bestrafen, dann hilft das nichts, sondern kann im Gegenteil eine Menge Schaden verursachen.

Zeigen Sie Ihrem Hund, woran er kauen darf
Hunde kauen, nagen und beißen gern – dazu sind ihre hübschen Zähnchen gemacht. Man kann ihnen nicht eine Aktivität vorenthalten, mit der sie in der freien Wildbahn viele Stunden des Tages verbringen würden und sich dann beschweren, dass sie sich schlecht benehmen. Manche Hunde lesen keine Bücher und ignorieren alle Kauspielzeuge (besonders die teuren), aber die meisten können einfach nicht davon lassen, irgendetwas mit ihren Zähnen zu bearbeiten. Natürlich gilt: Je jünger der Hund, desto schwerer fällt es ihm, sich im Zaum zu halten und desto kaubegeisterter ist er. Für Hunde sind Maul und Zähne in vielerlei Hinsicht das, was für uns die Hände sind – und versuchen Sie doch nur mal, Ihre Hände den ganzen Tag lang still zu halten!

Ihre Aufgabe ist es nicht, dem Hund das Kauen abzugewöhnen, sondern vielmehr, es auf die geeigneten Gegenstände umzudirigieren. Die einfachste Methode dazu ist, dem Hund ein hohles Kautschukspielzeug wie zum Beispiel einen Kong® zu geben, das mit wunderbar köstlichem Futter gefüllt wurde. So wird seine Aufmerksamkeit sofort dahin gelenkt, wo Sie sie haben möchten und er gewöhnt sich das Richtige an. Ein solches Spielzeug beschäftigt Ihren Hund länger als ein gewöhnliches Kauspielzeug. Manche Hunde kommen auch gut mit sterilen Rinderknochen zurecht und ich selbst habe sie über fünfzehn Jahre lang ohne Probleme benutzt, aber sie sind sehr hart, sodass möglicherweise die Zähne daran brechen können. Fragen Sie Ihren Tierarzt nach seinen Erfahrungen damit. Dinge, an denen Ihr Hund nicht kauen und nagen soll, sprühen Sie in der Zwischenzeit mit Bitter Apple oder einem anderen Kaustopp-Spray ein, das die meisten (leider nicht alle) Hunde wegen seines bitteren Geschmacks vom Beißen abhält. Entscheiden Sie nach der unten stehenden Anleitung, wo und wann Sie Ihren Hund während des Trainingsprozesses gefahrlos alleine lassen können.

Zeigen Sie Ihrem Hund, dass eine Box etwas Tolles ist
Einen Hund vorübergehend in einer Box oder in einem Drahtgitterkäfig lassen zu können hat zahlreiche Vorteile. Eingesperrte Hunde können kein »Missgeschick« auf dem Teppich haben. (Ich liebe das Wort »Missgeschick« in diesem Zusammenhang. Was Hunde wohl bei sich sagen, wenn sie auf den Boden pinkeln? Oh verflixt, mein Urin ist mir ausgelaufen?) Eingesperrte Hunde springen auch nicht aus dem Fenster bellend auf Ihrer Couch herum und verzehren nicht Tante Hildegards antiken Schaukelstuhl. Da gutes Benehmen das Ergebnis davon ist, dass man gute Gewohnheiten etabliert hat und schlechte gar nicht erst entstehen lässt, kann die Gewöhnung an eine Box jede Menge übler Probleme vorbeugen. Egal, ob Sie einen Welpen oder einen Tierheimhund übernommen haben oder einfach nur mit Ihrem Hund verreisen möchten – lehren Sie ihn, sich in einer Box wohlzufühlen. Dabei muss es gar keine ausgesprochene Box sein, jeder eng umgrenzte Raum, in dem Ihr Hund sich wohlfühlt und keinen Blödsinn anstellen kann, funktioniert. Das kann eine Box aus Kunststoff oder Drahtgitter sein, ein Zwinger oder ein kleines Zimmer.

Die einzige Ausnahme sind Hunde, die schon eine Phobie vor dem Eingesperrtsein in einer Box in einem kleinen Raum entwickelt haben. Leider kann das bei Hunden mit voll ausgeprägter Trennungsangst häufig sein. Vielleicht haben sie die Box mit der Angst in Verbindung gebracht, die sie beim Alleinsein spürten. Wer weiß, vielleicht gibt es auch Hunde, die ganz ähnlich wie ich selbst eine Klaustrophobie haben. (Ich weiß, Hunde sind zwar von Natur aus Tiere, die in Bauten leben, aber leider lesen nicht alle die Naturkunde- und Verhaltensbücher.) Ich habe schon öfter Hunde erlebt, die im Haus problemlos waren, aber in totale Panik verfielen, wenn sie in eine Box gesperrt wurden. Falls Ihr Hund sich also versteckt, wenn Sie ihn in die Box setzen möchten, zu hecheln und speicheln beginnt, sobald er darinnen sitzt, sich sträubt, hineinzugehen oder im verzweifelten Versuch, sich zu wehren, sogar aggressiv wird, dann müssen Sie schlicht und einfach einen anderen Weg finden als die Box. Sollte diese Beschreibung auf Ihren Hund zutreffen, verzweifeln Sie nicht – wir werden im Abschnitt über die Behandlung von Trennungsangst noch darüber sprechen, was Sie tun können. Bedenken Sie aber, dass die allermeisten Hunde ihre Boxen lieben. Meine Pip schläft gerade in einer, obwohl es gar nicht ihre eigene ist und sie genauso gut auf der Couch liegen könnte!

»Boxentraining« ist mit dem richtigen Timing ganz einfach. Alles, was Ihr Hund lernen muss, ist: Box = Wohlfühlen. Damit diese Assoziation stattfinden kann, müssen Sie wissen, dass ein Gefühl mit einem Ort oder einem Kontext (zum Beispiel: Frauchen geht weg) nach nur sehr wenigen Wiederholungen und in sehr kurzer Zeit verknüpft werden kann. Das ist zugleich ein großer Vorteil und eine große Gefahr. Der Schuss geht nach hinten los, wenn Sie Ihren Hund »nur für eine Minute« in eine ihm fremde Box sperren, er zu bellen beginnt und Sie daraufhin wiederkommen und ihn herauslassen. Was hat er gelernt, wenn Sie das tun? »Ich wurde an diesem fremden Ort eingesperrt, Frauchen hat mich verlassen, ich habe panisch gebellt – und das war ein Glück, denn sie kam zurück und befreite mich aus diesem Albtraum. Beim nächsten Mal werde ich noch lauter bellen, vielleicht kommt sie dann schneller zurück.« Wenn Sie aber diese gleiche Minute genutzt hätten, stattdessen das »Boxenspiel« zu spielen und fünfmal hintereinander gute Leckerchen in die Box geworfen hätten, sodass Ihr Hund es toll gefunden hätte, in die Box hinein- und wieder herauszugehen? Dann hätte er gelernt, dass die Box ein toller Ort ist und nur gute Dinge geschehen, wenn er hineingeht.

Anschließend Routine zu bekommen ist einfach. Spielen Sie das »Boxenspiel«, bei dem Ihr Hund hinein- und herausgeht, drei- bis fünfmal am Abend und wiederholen Sie es am nächsten und übernächsten Tag noch ein paar Mal. (Denken Sie dran: Wenn ich »Box« sage, meine ich damit jeden begrenzten Raum, einschließlich Zwinger oder Waschküche.) Achtung: Schließen Sie anfangs auf keinen Fall die Tür, sondern lassen Sie den Hund frei rein- und rausgehen. Sobald er beständig fröhlich in die Box hineingeht, beginnen Sie, die Tür für anfangs nur eine Sekunde zu schließen. Erst nachdem Sie das ein paar Mal wiederholt haben, werfen Sie ein Leckerchen in die Box, schließen die Tür, lassen sie zu und füttern den Hund durch die Tür. Nun findet er heraus, dass er freiwillig in die Box gegangen ist, die Tür geschlossen wurde und er trotzdem etwas Tolles erlebt hat.

Nachdem Sie das etwa eine Woche lang mehrmals täglich wiederholt haben, beginnen Sie damit, den Hund mit einem gefüllten Kong® oder einem Knochen, der ihn beschäftigt, in der Box alleine zu lassen. Wichtig ist, dass wirklich ein ausgesprochen gutes Leckerchen oder Futter in dem Spielzeug ist, das er unbedingt haben will. Sobald er darin vertieft ist, herauszufinden, wie lang er seine Zunge machen kann, gehen Sie für dreißig Sekunden weg. Kommen Sie zurück, BEVOR er mit seinem Futterspielzeug fertig ist, öffnen Sie die Tür, sagen Sie ruhig »Hallo« und nehmen das Spielzeug weg. Ihr Hund lernt: »Oh Klasse, sie geht gleich weg und ich bekomme mein Überraschungsei mit Erdnussbutter, oh toll, hoffentlich beeilt sie sich und geht endlich!« und dann »Oh verdammt, sie kommt zurück, verdammt, ich bin doch noch gar nicht fertig, wieso kommt sie nur so schnell wieder?«

Alles, was Sie jetzt noch tun müssen, ist, allmählich die Dauer zu steigern, die Ihr Hund alleine in der Box verbringt. Suchen Sie sich dazu eine Zeit aus, wenn Ihr Hund mit hoher Wahrscheinlichkeit ein Schläfchen halten wird, nachdem er die Leckerchen aus dem Spielzeug befördert hat – dann können Sie es allmählich immer weiter hinauszögern, ihn wieder herauszulassen. Wiederholen Sie jedes der folgenden Intervalle mehrere Male: Eine Sekunde, zwei Sekunden, fünf Sekunden, zehn Sekunden, 30 Sekunden, eine Minute, drei Minuten, fünf Minuten, 15 Minuten, 30 Minuten, eine Stunde, zwei Stunden, drei Stunden – bis hin zu der Dauer, die Sie Ihren Hund letztlich alleine lassen möchten. Achtung: Diese Zeitangaben habe ich mir nur als Beispiel ausgedacht. Ich kann keine allgemeingültige Formel für alle Hunde liefern, weil jeder anders reagiert. Denken Sie vor allem daran, dass Sie die Anfangsphase besonders intensiv üben müssen (was toll ist, weil es so einfach geht).

Boxen haben auch einen Nachteil. Leider sehe ich viel zu oft Hunde, die den ganzen Tag und die ganze Nacht darin verbringen, und das ist wirklich eine Schande. Boxen sind prima, wenn Sie einen Welpen großziehen oder einen Hund in eine neue Umgebung eingewöhnen – aber außer für den Fall, dass Sie es mit einem ernsten Verhaltensproblem zu tun haben, sind sie selten nötig, sobald Ihr Hund erwachsen ist und Sie abends zuhause sind. Die meisten erwachsenen Hunde können auch tagsüber frei im Haus alleine bleiben, wenn Sie ihnen von Anfang an keine Gelegenheit gegeben haben, schlechte Gewohnheiten zu entwickeln.

Frei im Haus?
Sicher möchten die meisten von uns ihren Hund am liebsten frei im Haus laufen lassen und ihn nicht in die Box sperren. Die Frage ist nur, zu welchem Zeitpunkt Sie das versuchen können. Wir werden in Kürze darauf zu sprechen kommen, aber vorher möchte ich, dass Sie bitte genau darüber nachdenken, wo Ihr Hund sich vermutlich am wohlsten fühlen wird, wenn Sie nicht da sind. Überraschenderweise fühlt sich so mancher Hund wohler, wenn er keinen Zugang zum gesamten Haus hat. Manche wandern fröhlich frei im ganzen Haus umher, aber andere fühlen sich meiner Vermutung nach sicherer, wenn sie nur zu einem Teilbereich Zutritt haben. Besonders auf territoriale und beschützerische Hunde dürfte das zutreffen, denn diese fühlen sich wie zum Wachdienst eingeteilt, wenn die Besitzer weggehen. Hunde sind in dieser Hinsicht sehr unterschiedlich. Behalten Sie aber im Hinterkopf, dass es nicht immer das Beste ist, wenn Ihr Hund aus dem Fenster schauen kann, erst recht, wenn dieses Fenster sich in Türnähe auf der Eingangsseite des Hauses befindet. »OK, alle sind gegangen und ich bin zum Wachdienst eingeteilt. Oh je, was für eine Verantwortung. Oh je – was war das denn? WAU WAU WAU WAU WAU!« und so weiter. Sie verstehen, was ich meine. Vielleicht ist es für Ihren Hund besser, anfangs in der Box zu bleiben und anschließend in nur einigen Räumen anstatt im ganzen Haus.

Wann also können Sie damit beginnen, Ihren Hund aus der Box herauszulassen? Der erste Faktor, den Sie bedenken müssen, ist das Alter des Hundes. Ein halbwüchsiges Individuum einer beliebigen Spezies in einem großen Haus alleine zu lassen ist ein klares Rezept für Ärger. Junge Hunde haben genauso wenig Gefühlskontrolle wie kleine Kinder: Es ist einfach nicht fair, einen jungen Hund mitten in einem Süßigkeitenladen alleine zu lassen und die Bonbons nicht wegzustellen. Was aber heißt jung? Das kommt wie immer darauf an. (Meine Freundin und Hütehundtrainerin Beth Miller sagt immer, dass sie eines Tages mal ein Buch mit dem Titel »Es kommt drauf an« schreiben wird, weil das die richtige Antwort auf jede beliebige Frage zur Hundeerziehung ist.) Was »jung« ist, kommt zum Teil auf die Rasse an, weil manche Hunde frühreifer sind als andere (besonders die kleinwüchsigen Rassen), während andere zweieinhalb oder drei Jahre lang welpenhaft und albern bleiben.

Wenn Ihr Hund ein typischer Retriever ist, dann denken Sie nicht einmal darüber nach, ihm freien Zutritt zu allen Räumen zu lassen, bis er nicht mindestens zwei oder zweieinhalb Jahre alt ist. Retriever wurden dazu gezüchtet, Dinge zwischen die Zähne zu nehmen und nicht mehr fallenzulassen. Aktive Hütehundrassen wie Border Collies oder Australian Shepherds laufen einige Jahre lang mit sozusagen erhöhter Drehzahl. Wenn Sie ihnen nichts zu tun geben – kein Problem. Sie finden schon selbst eine Beschäftigung. Und weil Sie ihnen das Schachspielen noch nicht beigebracht haben, könnte es gut sein, dass sie stattdessen ihren antiken Couchtisch auffressen.

Übrigens habe ich auch öfter mit Kunden zu tun, die ihre Welpen optimistisch und ohne Probleme alleine zu Hause lassen – bis diese fünf oder sechs Monate alt sind und sie eines Abends beim Nachhausekommen ein Desaster vorfinden. Das sind die Leute, deren Hunden häufig fälschlich »Trennungsangst« attestiert wird, weil sie sich ja eine Zeit lang gut benahmen und dann »aus heiterem Himmel« anfingen, das Haus zu verwüsten. Viele Hunde werden aber einfach mit dem Heranwachsen aktiver, was den Einsatz ihrer Zähne betrifft. Der Zahnwechsel beginnt meist im Alter von etwa viereinhalb Monaten und führt, wie wir alle wissen, zu erhöhtem Beiß- und Kaudrang. Hunde machen ganz ähnlich wie Menschenkinder Entwicklungsphasen durch, die auch mit Verhaltensänderungen einhergehen, und halbwüchsige Hunde ruhen nicht in sich selbst, sondern scheinen geradezu vor

Energie aus ihrem Fell zu platzen. Gehen Sie also nicht davon aus, dass Ihr sanfter kleiner Terrier mit sieben Monaten im Haus noch friedlich ist, auch, wenn er sich bis dahin gut benommen haben sollte.

Ausnahmen? Aber sicher. Gerne dürfen Sie mich widerlegen, ich wäre froh drum. Sie wetten, dass es da draußen diese wundervollen Hunde gibt, die völlig ohne Probleme allein im Haus waren, seit sie drei Monate alt waren und weder je etwas anrührten noch ins Haus machten. Diese Hunde sollten unbedingt mit einer Verdienstmedaille ausgezeichnet werden, aber erwarten Sie nicht von Ihrem Hund, dass er nur deshalb eine solche gewinnt, weil Sie ihn so sehr lieben.

Ich persönlich begrenze einen Welpen gerne auf eine Box oder einen kleinen Raum, bis er etwa sechs Monate alt ist (und wenn ich nicht da bin, um auf ihn aufzupassen). Je nach Rasse, Persönlichkeit, Tageszeit und Energie des Hundes zum gegebenen Zeitpunkt beginne ich etwa im Alter von sechs Monaten, ihn für ein oder zwei Minuten in einem Teil des Hauses frei alleine zu lassen. Ich gehe derzeit zum Briefkasten oder nach draußen, um die Enten zu füttern und lasse dem Hund ein mit Futter gefülltes Hohlspielzeug aus Kautschuk zurück. Meiner bescheidenen Meinung nach sind mit Futter befüllbare Hohlspielzeuge eine großartigere Erfindung als Autos oder Flugzeuge. Kleine Hunde können genauso wenig wie kleine Kinder auf Befehl über längere Zeit irgendwo still sitzen bleiben, aber sie können sich genau wie kleine Kinder wunderbar mit spannenden Spielsachen beschäftigen. Wenn das Spielzeug Futter enthält, das der Hund mühsam herausbefördern muss, bringen Sie ihm bei, richtig zu spielen und nehmen ihm die Gelegenheit, stattdessen Unfug zu machen.

Angenommen ich komme von meinem kurzen Ausflug zurück und finde ein intaktes Haus mit einem braven Welpen darin vor, verlängere ich künftig die Dauer meiner Abwesenheit immer ein bisschen mehr. Vielleicht können Sie Ihren Halbwüchsigen am Samstagnachmittag von 15 bis 16 Uhr eine Stunde lang alleine lassen, wenn Sie einkaufen gehen, weil Sie wissen, dass er zu dieser Zeit immer schläft, er vorher den ganzen Tag lang Bewegung hatte, Sie ihn vorher nochmal zum Lösen nach draußen gebracht und ihm drei verschiedene mit Futter gefüllte Spielzeuge dagelassen haben. Trotzdem würde ich den gleichen Hund nicht von 18 bis 19 Uhr alleine lassen, weil das die Zeit ist, zu der er auf seinen Spaziergang wartet. Verlängern Sie die Zeit des Alleinseins ganz allmählich und stellen Sie sicher, dass er zuvor genug Bewegung hatte, sich lösen konnte, sich alleine wohl fühlt und weiß, worauf er herumkauen kann.

Bewegung
Einem Hund mehr Bewegung zu verschaffen wird seine Trennungsangst NICHT heilen, aber es kann auf jeden Fall Ihr Haus vor einem gelangweilten Hund bewahren, der unbedingt Ausschau nach Beschäftigung hält. Manchmal hilft Bewegung bei Trennungsangst indirekt: Vom Menschen wissen wir, dass Bewegung die Stimmung positiv beeinflusst und können annehmen, dass dies beim Hund ähnlich ist. Auf alle Fälle macht es sowohl Sie als auch Ihren Hund gesünder und glücklicher, wenn Sie beide an die frische Luft gehen und in Bewegung kommen. Bedenken Sie aber dabei, dass ein kurzer angeleinter Gang einmal um den Häuserblock höchstens die Nase Ihres Hundes traininert, sonst aber bestimmt nichts. Ihr Hund muss LAUFEN können, also spielen Sie mit ihm Ball, finden Sie einen Spielgefährten für ihn, mit dem er toben kann, gehen Sie zu einer Hundewiese oder machen Sie Wiesen und Felder ausfindig, wo Sie ihn frei laufen lassen können und wo er seine schönen Beine so richtig ausstrecken kann.

Wenn es bei Ihnen nirgends Orte gibt, an denen Ihr Hund frei laufen kann, dann unternehmen Sie lange und flotte Spaziergänge an der Leine. Und wundern Sie sich nicht, wenn Ihr acht Monate alter Australian Shepherd zwei Stunden lang draußen gelaufen ist, eine halbe Stunde schläft und dann beim Aufwachen Ausschau hält, was er als Nächstes tun kann. Dazu wurde er gezüchtet. Er wird vor Energie nur so sprudeln, bis er mindestens drei Jahre alt ist, also schaffen Sie ihm Möglichkeiten, diese Energie loszuwerden. (Schauen Sie mich nicht so an, ich habe Ihnen nicht dazu geraten, sich einen Hütehund anzuschaffen!) Aber denken Sie daran: Hunde mit echter Trennungsangst sind nicht gelangweilt, sie sind zutiefst verängstigt (oder verrückt vor Frustration), und Sie können mit ihnen bis zur totalen Erschöpfung laufen, ohne dass dies etwas ändern würde.

Trennungsangst behandeln

Wenn Sie sicher sind, dass das unerwünschte Verhalten Ihres Hundes wirklich von Angst motiviert ist, dann lautet Ihre Aufgabe: Bringen Sie Ihrem Hund eine neue Reaktion für die Situation bei, wenn Sie aus der Tür gehen. Stellen Sie sich vor, Ihr Hund wäre genauso freudig erregt wie meine Pip, wenn ich zur Arbeit gehe: »Oh Mann oh Mann oh Mann, sie geht weg, vielleicht kann ich endlich wieder Katzenfutter klauen!« Anstatt von Panik überwältigt zu sein, könnte Ihr Hund Ihr Weggehen zumindest ertragen und sich vielleicht sogar direkt darüber freuen. Entscheidend ist, dass Ihnen klar ist: Sie versuchen, die Gefühle Ihres Hundes zu beeinflussen, nicht, ihm eine Unterordnungsübung beizubringen. Es sind die Ängste Ihres Hundes, die die Probleme schaffen, also ist es auch sein Gemütszustand, an dem Sie arbeiten müssen. Behalten Sie das stets im Kopf, wenn Sie den unten beschriebenen Schritten folgen.

1. Bestrafen Sie Fehlverhalten niemals, nachdem es schon passiert ist.

Natürlich sieht Ihr Hund schuldbewusst aus, wenn Sie nach Hause kommen und er die Küche umgestaltet hat. Das heißt aber nicht, dass er »weiß«, dass er das nicht tun soll und es absichtlich trotzdem macht. Er weiß lediglich. Wenn Sie nach Hause kommen und abgenagte Holzspäne neben dem Stuhlbein liegen oder Urinpfützen auf dem Teppich sind, dann werden Sie einen dramatischen Zornesanfall bekommen. Seine beschwichtigende Körperhaltung soll Ihren Zorn beruhigen. Lassen Sie sich also nicht von seinem Ducken und Kriechen täuschen – er schwenkt die weiße Flagge, damit Sie nicht schießen sollen, was nicht die geringste Auswirkung darauf haben wird, was er morgen tut, wenn Sie aus dem Haus gehen. Sie glauben mir nicht? Damit sind Sie nicht alleine! Der Glaube, Hunde »wüssten«, dass sie nicht am Sofa nagen dürfen, ist nur schwer zu erschüttern. Sollten Sie mir aber wirklich nicht glauben können, dann fragen Sie sich bitte, ob es denn funktioniert, wenn Sie Ihren Hund beim Nachhausekommen bestrafen. Falls es das – aus welchen Gründen auch immer – nicht tut, sollten Sie vielleicht andere Alternativen ausprobieren, es sei denn natürlich, Sie mögen zerfledderte Sofas.

Wenn Sie beim Nachhausekommen einen Wutanfall bekommen, werden Sie damit nicht bewirken, dass Ihr Hund mit dem Zerbeißen von Sachen aufhört. Vielmehr schaffen Sie sich vermutlich einen Hund, der tatsächlich echte Angst davor bekommt, alleine zuhause zu sein, weil das manchmal damit endet, dass Sie ihn beim Nachhausekommen anschreien. Eigentlich sollte ich diesen Abschnitt besser mit »Wie Sie Trennungsangst bei Ihrem Hund auslösen« betiteln, denn den Hund zu verängstigen, wenn Sie zur Türe hereinkommen, ist der schnellste Weg, das zu tun. Gewöhnen Sie sich an, beim Nachhausekommen kein großes Aufhebens zu machen – was auch immer Sie vorfinden werden.

Wenn es Ihnen hilft, reagieren Sie Ihre Wut später, wenn Ihr bester vierbeiniger Freund Sie nicht hören kann, an einem Kissen ab. Oder machen Sie es wie ich, wenn ich wirklich wütend bin und sagen Sie in ganz liebevollem, netten Ton so etwas wie »Weißt Du mein Lieber, Ich hasse jedes einzelne Haar an Dir«. Solche Worte gehen mir nach einem schlechten Tag wie Honig über die Lippen, auch, wenn sie in vollkommen nettem Ton gesagt werden.

2. Machen Sie beim Kommen und Gehen kein Aufhebens.
Wie bereits im Abschnitt über die Vorbeugung besprochen: Überfrachten Sie Ihren Hund nicht mit Gefühlen, wenn Sie das Haus verlassen oder wiederkommen. Wenn Sie sich so benehmen, als würde es sich dabei um eine große Sache handeln – warum sollte es Ihr Hund dann nicht auch tun? Bringen Sie ihm stattdessen bei, dass Ihr Kommen und Gehen nichts Großartiges zu bedeuten hat und lesen Sie dazu noch einmal den entsprechenden Abschnitt durch (Seite 18).

3. Starten Sie ein Programm zur Desensibilisierung und Gegenkonditionierung, damit Ihr Hund sich gut fühlt, wenn Sie gehen.
Dies ist die Grundlage der gesamten Behandlung – lesen Sie diesen Abschnitt deshalb jeden Morgen durch, und zwar solange, bis er Ihnen in Fleisch und Blut übergegangen ist! Der Schlüssel zu allem ist, dass Sie Situationen schaffen, in denen sich der Hund bei Ihrem Weggehen wohlfühlt und sich nicht fürchtet, sobald Sie die Tür hinter sich schließen. Ist Ihnen aufgefallen, dass ich gerade »bei Ihrem Weggehen« gesagt und habe und nicht »wenn Sie weg sind«? Die meisten Hunde mit Trennungsangst sind schon in Panik, wenn Sie gerade die Tür hinter sich schließen, viele auch schon wesentlich früher. Sie haben gelernt, die Vorbereitungen ihres Besitzers – Jacke anziehen, Schlüssel vom Brett nehmen, vielleicht sogar Haare kämmen – mit dessen

Weggehen in Verbindung zu bringen. Diese Ereignisse können dann schließlich selbst Angst hervorrufen, und zwar lange bevor Sie der Haustür auch nur nahe kommen. Ihr Ziel muss es sein, Ihr Weggehen und Ihre Abwesenheit in kleine Schritte aufzuteilen und Ihren Hund dazu zu bringen, sich über jeden einzelnen davon zu freuen. Lesen Sie zuerst die unten beschriebenen Schritte durch und stellen Sie dann Ihren eigenen Plan zusammen.

Schreiben Sie auf, welche Dinge bei Ihrem Hund als »Auslöser« für Ihr Weggehen wirken
Verwenden Sie ein paar Tage Zeit darauf, sich genau darüber klar zu werden, wann genau im Prozess Ihres Weggehens Ihr Hund unruhig zu werden beginnt. Wichtig ist, dass Sie wirklich den Anfang finden, denn wenn Ihre spätere Behandlung funktionieren soll, muss sie einsetzen, bevor der Hund nervös zu werden beginnt. Die »Auslöser« sind die Ereignisse, die in Ihrem Hund Unruhe hervorrufen und die Dinge, die Sie tun und mit denen Sie Ihrem Hund unabsichtlich ankündigen, dass Sie jetzt gleich gehen werden. Meistens ist das, die Schlüssel vom Haken zu nehmen und die Jacke oder die Schuhe anzuziehen. Aber wir alle haben unterschiedliche Gewohnheiten, und unsere Hunde sind Experten darin, das eine Ereignis mit dem anderen in Verbindung zu bringen. Manche beginnen nervös zu hecheln, wenn ihr Frauchen sich die Lippen schminkt, andere hyperventilieren, wenn Herrchen sich die Haare föhnt, die Schlafzimmertür zumacht oder das Radio ausschaltet. »Auslöser« sind also diejenigen Reize, die normalerweise Ihrem Weggehen (ohne Hund) vorausgehen. Ihr Hund kann darauf konditioniert werden, mit einem Gefühl auf sie zu reagieren – genauso, wie er lernt, seinen Körper auf eine bestimme Art und Weise zu bewegen, wenn Sie »Sitz« sagen. Die Schlüssel vom Haken nehmen und »Sitz« sagen sind beides Ereignisse, die Ihr Hund mit irgendetwas zu assoziieren gelernt hat – nur, dass das eine zu einer Handlung und das andere zu einem Gefühl führt.

Nehmen Sie den Auslösern die Bedeutung
Manche Experten raten, dass Sie Ihren Hund lehren sollen, die Assoziation zwischen den Auslösern und Ihrem Weggehen zu brechen. Machen Sie zum Beispiel fünfmal am Tag die auslösende Handlung, ohne aber irgendwo hin zu gehen. Wenn das Anziehen der Jacke ein Auslöser für Ihren Hund ist, dann nehmen Sie Ihre Jacke vom Kleiderhaken und ignorieren Sie Ihren Hund vollkommen. Tun Sie ein oder zwei Minuten lang irgendetwas: sehen Sie fern, telefonieren Sie oder spielen Sie mit Ihrem Scheckheft herum – tun Sie alles, außer aus dem Haus zu gehen. Dann ziehen Sie Ihre Jacke aus und ignorieren den Hund weiterhin. Wiederholen Sie das, so oft Sie können. Das Prinzip ist, den Hund eine neue Assoziation zu lehren – nämlich dass Jacken, Schlüssel, Schuhe oder Haarbürsten nichts zu bedeuten haben. Trotzdem glaube ich, dass man mit dieser Vorgehensweise vorsichtig sein muss: Machen Sie das nicht innerhalb einer Stunde, bevor Sie wirklich gehen, sonst könnten Sie Ihren Hund noch stärker darauf sensibilisieren, Angst vor Ihrem Weggehen zu bekommen. Wenn Ihr Hund unter schlimmer Trennungsangst leidet, sollten Sie unbedingt darauf achten, immer nur eine einzige auslösende Handlung zu machen und diese sehr kurz zu halten: Nehmen Sie zum Beispiel die Schlüssel vom Haken und legen sie dann sofort auf den Tisch, woraufhin Sie Fernsehen schauen. Der Trick an der Sache ist, dass Ihr Hund schnell lernt, diese Ereignisse nicht mehr mit Ihrem Weggehen in Verbindung zu bringen.

Beginnen Sie eine Gegenkonditionierung der Auslöser
Am wichtigsten ist, dass Sie ein Programm starten, das Ihren Hund eine neue Assoziation zwischen den Signalen für Ihr Weggehen und seinen Gefühlen lehrt. Nachdem Sie herausgefunden haben, welches die Auslöser sind, finden Sie nun heraus, was Ihr Hund so gerne mag, dass es ihn glücklich hält, während Sie mit Ihren Schlüsseln oder Ihrer Jacke beschäftigt sind. Die mei-

sten Hunde reagieren am besten auf ein Hohlspielzeug aus Kautschuk, das mit Futter gefüllt wurde. Weil sie arbeiten müssen, um das Futter daraus hervorzubekommen, sind sie länger beschäftigt, als wenn Sie nur einfach Leckerchen auf den Boden werfen. Die Rede ist hier allerdings nicht von irgendeinem ollen Futter: Es muss eins sein, das auf Ihren Hund ungefähr den gleichen Effekt wie Ihr Lieblingsessen nach einem kalten, hungrig verbrachten Tag es auf Sie hat. Die meisten Hunde finden etwas gut Riechendes anziehend, zum Beispiel Erdnussbutter oder Leberwurst in einem Kong® oder Kaustreifen in einem hohlen Rindermarkknochen. Kongs® sind meiner Meinung nach die sichersten Spielzeuge, wenn auch die hohlen Rindermarkknochen den Hund noch länger beschäftigen. Manche Hunde verletzen sich allerdings daran die Zähne – besprechen Sie am besten mit dem Tierarzt, was für Ihren Hund geeignet ist.

Machen Sie den unwiderstehlichen Leckerbissen zurecht, während der Hund Ihnen sabbernd dabei zusieht. Legen Sie es dann hin und warten Sie, bis er ganz mit dem Herausschlecken des Futters beschäftigt ist. Sobald er alles um sich herum vergessen hat, zeigen Sie kurz eine der Handlungen, die auf ihn als Auslöser wirken – nehmen wir als Beispiel noch einmal die Schlüssel, weil diese für viele Hunde eine so große Bedeutung haben. Legen Sie also den Kong® hin, warten Sie, bis er seine Zunge in ganzer Länge in die Erdnussbutter gebohrt hat, nehmen Sie Ihre Schlüssel vom Haken und legen sie sofort wieder hin. Dann gehen Sie zu ihm hin und nehmen ihm den Kong® weg. »Waaas?«, sagt Ihr Hund jetzt hoffentlich, »warte mal einen Moment, ich war damit noch nicht fertig!« Gut so, jetzt legen Sie den Kong wieder hin, lassen Sie Ihren Hund sich damit beschäftigen und klimpern Sie wieder mit den Schlüsseln. Legen Sie die Schlüssel hin und nehmen Sie ihm den Kong® weg. Wiederholen Sie das noch ein paar Mal, bevor Sie ihm das Spielzeug endgültig wegnehmen und irgendetwas ganz anderes machen.

Was hier geschah, ist: Ihr Hund hörte das Klimpern der Schlüssel, während er sich glücklich fühlte – und nicht, während er gestresst war. Wiederholen Sie diese Übung ein paar Stunden später, aber diesmal stecken Sie die Schlüssel in Ihre Jackentasche. Dann (seufz) ziehen Sie Ihre Jacke wieder aus, legen Sie die Schlüssel hin und nehmen dem Hund das Spielzeug ab. »Mist,« sagt Rex jetzt, »sie ist schon wieder zurückgekommen!« Wiederholen Sie das vier- oder fünfmal hintereinander und gönnen Sie sich dann eine wohlverdiente Pause. Fügen Sie jeden Tag ein paar Schritte zu dieser Übung hinzu, bis Sie tatsächlich aus dem Haus gehen können, während Ihr Hund sein Dessert schlürft.

Wenn Sie nach einigen Tagen sicher sind, dass Ihr Hund entspannt bleibt, wenn er die Schlüssel klimpern hört, nehmen Sie die Schlüssel vom Haken, BEVOR Sie den Kong® hinlegen und anschließend Ihre Jacke anziehen. Dies ist die eigentliche Gegenkonditionierung (zuerst die Schlüssel, dann der Kong®), die Ihren Hund lehren wird, alle Ihre »Weggeh-Auslöser« mit einem Gefühl des Glücks oder zumindest der Entspannung zu verbinden. Wie schnell Sie Fortschritte machen, hängt davon ab, wie gravierend die Trennungsangst ist. (Siehe den Beispielplan für mehr Einzelheiten.) Die meisten schweren Fälle von Trennungsangst können innerhalb von sechs bis acht Wochen geheilt werden, leichtere Fälle auch schneller.

Meiner Erfahrung nach ist der schwierigste Teil des ganzen Prozesses meistens, dem Hund Wohlbefinden für den Moment zu vermitteln, wenn Sie das Haus verlassen. Wenn er ertragen kann, dass Sie zur Tür herausgehen, wird er auch den Rest des Tages alleine ertragen. Allerdings gibt es auch Hunde, die fünf oder zehn Minuten lang problemlos alleine bleiben, sich dann aber in immer größere Angst hineinsteigern. Finden Sie deshalb so viel wie möglich über die Gewohnheiten Ihres Hundes heraus, arbeiten Sie dann schrittweise daran, sein Wohlbefinden zu verbessern.

Ein »typischer« Behandlungsplan (auch wenn natürlich jeder Hund anders ist) konzentriert sich stark auf die ersten Phasen des Weggehens und Wegbleibens. So kann es zum Beispiel einen ganzen Monat lang dauern, bis Ihr Hund entspannt erträgt, dass Sie sich fertigmachen, die Tür öffnen, herausgehen und nur ein paar Sekunden lang dort stehen bleiben, bevor Sie zurückkommen und ihm das Spielzeug wieder abnehmen. Verzagen Sie nicht: Wenn Sie erst den Punkt erreicht haben, an dem Sie aus der Tür gehen können, geht es meistens ziemlich schnell und leicht, sich von fünf auf 60 Sekunden, von einer Minute auf fünf Minuten, von fünf Minuten auf eine Stunde zu steigern und so weiter. Sie sind gut beraten, viel Zeit auf die erste Phase zu verwenden, weil Sie dann später die Dauer Ihres Wegbleibens viel schneller steigern können.

4. *Finden Sie eine Möglichkeit, Ihren Hund dann während Ihrer üblichen Abwesenheitszeiten alleine zu lassen, wenn er keine Angst hat.*

»Äh, hallo? ...«, sagen Sie jetzt vielleicht. Wenn Sie das tun könnten, warum sollten Sie dann gerade dieses Broschüre lesen, oder? Lassen Sie mich erklären, bevor Sie mich aus dem Fenster werfen. Wenn Sie jeden Tag daran arbeiten, Ihren Hund darauf zu konditionieren, sich während Ihrer Mini-Abwesenheiten entspannt wohlzufühlen, war all Ihre harte Arbeit umsonst, wenn Sie anschließend zur üblichen Tagesordnung übergehen und für acht Stunden das Haus verlassen. Gegenkonditionierung funktioniert, indem Sie dem Hund beibringen, jeden winzigen Schritt Ihres Weggehens damit zu assoziieren, dass er sich wohlfühlt. Es funktioniert nicht, wenn Sie dann jeden Tag wieder zurückgehen und dem Hund mehr zumuten, als er ertragen kann. Sie können ja auch nicht mit dem Rauchen aufhören, indem Sie nachts überhaupt nicht rauchen, dann aber anschließend den ganzen Tag lang. Sie müssen also irgendeine Möglichkeit finden, Ihren Hund entspannt alleine zu lassen, wenn Sie gerade nicht das Spiel

»Gegenkonditionierung« spielen. Das sind die schlechten Nachrichten.

Die guten sind, dass alle meine Kunden, nachdem sie erst einmal kräftig geschluckt haben, dann doch eine Lösung gefunden haben. Und Sie können das auch, ehrlich. Hier ist eine Liste der Dinge, die bei anderen funktioniert haben:

Bringen Sie den Hund tagsüber zu einem Freund/einer Freundin
Einige meiner Kunden haben gute Freunde ausfindig gemacht, die tagsüber zuhause sind und mit Vergnügen einen vierbeinigen Freund bei sich aufnehmen. Falls dieser Freund auch einen Hund hat und Ihrer andere Hunde mag, kann das ein Plus sein, weil beide dann miteinander toben können und Sie am Abend einen besonders sanften Hund vorfinden werden. Manche Hunde haben einfach Angst vor dem Alleinsein an sich und sind mit jedem anderen warmen Wesen zufrieden, während ein kleinerer Prozentsatz Sie und nur Sie allein will. Für eine erfolgreiche Behandlung ist gut zu wissen, welche Art von Hund Sie haben – je nachdem können Sie entscheiden, was Sie mit ihm tun, falls Sie ihn nicht alleine zuhause lassen können.

Finden Sie einen Hundesitter
Diese Lösung hört sich immer unmöglich an, und doch waren viele meiner Kunden erstaunt, dass sie dann doch jemanden fanden, der gerne tagsüber in ihr Haus kommt und auf den Hund aufpasst. Eine viel beschäftigte Ärztin hatte zum Beispiel einen Deutschen Schäferhundmischling aufgenommen, der am ersten Tag, als sie ihn alleine zuhause gelassen hatte, einen Schaden in Höhe von 5.000 Euro angerichtet hatte. Sie konnte sich nicht vorstellen, wie Sie Ihrem Hund Gesellschaft beschaffen sollte, bis sie in ihrem Wohnkomplex dann doch einen Flyer verteilte. Eine Nachbarin war Teilzeitstudentin, die Hunde sehr liebte, aber

selbst keinen halten konnte. Sie lernte den ganzen Tag mit dem Hund, bekam ein wenig Geld dafür und nach sechs Wochen war alles gut. Fast jeder sagt als erste Reaktion, dass es niemanden geben kann, der »Hundesitter« zu spielen bereit ist – aber ich schätze, dass etwa ein Drittel meiner Kunden trotz dieser Bedenken dann doch einen gefunden hat!

Tagesbetreuung
Vielleicht gibt es in Ihrer Nähe sogar eine Hundeschule, eine Hundepension oder eine Privatperson, die Hunde über Tag bei sich aufnimmt und betreut. Es gibt in letzter Zeit immer mehr solcher Dienstleister, es ist also durchaus nicht unmöglich, einen zu finden. Für viele Hunde funktioniert das gut, weil sie den ganzen Tag mit anderen Hunden verbringen und nie wirklich alleine sind. Wenn der Hund alleine im Zwinger oder in einer Box sitzt, kann das gut sein (manche bleiben im Zwinger leichter alleine als im Haus) oder alles nur noch schlimmer machen, weil der Hund noch mehr Angst vor Ihrem Weggehen bekommt. Seien Sie mit der Einzelzwinger-Variante also vorsichtig und probieren Sie diese nur aus, wenn Sie sicher sind, dass Ihr Hund sich gerne im Zwinger aufhält.

Nehmen Sie Ihren Hund mit
Natürlich ist das nicht überall möglich, manchmal aber kann der Hund doch mit auf die Arbeit genommen werden. Wenn der Hund nicht mit ins Büro darf, könnte er sich vielleicht im Auto wohlfühlen. Ich habe schon oft erlebt, dass Hunde, die allein im Haus zu seelischen Wracks werden, absolut ruhig und zufrieden im parkenden Auto sitzen und auf ihren Besitzer warten. Das kann also wunderbar funktionieren, wenn Sie mit angenehm kühlem Wetter gesegnet sind. Aber Vorsicht!!! Selbst bei mäßig warmem Wetter dürfen Sie den Hund nie im stehenden Auto allein lassen – Autos verwandeln sich erschreckend schnell in wahre Treibhäuser! Ihr Hund kann im Auto innerhalb von Minu-

ten sterben! Die Autovariante kommt also ausschließlich dann in Frage, wenn das Wetter ganz genau richtig ist (nicht zu warm und nicht zu kalt). Fragen Sie im Zweifelsfall Ihren Tierarzt, wenn Sie nicht sicher sind, was für Ihren Hund gut ist.

Lassen Sie Ihren Hund in einem anderen Teil des Hauses
Wenn keine dieser Optionen möglich ist, versuchen Sie am besten, zwei verschiedene Umgebungen in Ihrem Haus zu schaffen. Wenn Sie zum Beispiel möchten, dass er normalerweise im Erdgeschoss frei umherlaufen kann, können Sie ihn vielleicht oben im Schlafzimmer »ins Bett bringen«, wenn Sie länger weg sind. Oder Sie machen es ihm im Erdgeschoss gemütlich, wenn Sie nicht da sind. Hier ist jeder Hund anders, probieren Sie also vorsichtig aus, in welcher Umgebung er sich am wohlsten fühlt. Fragen Sie zuerst sich selbst: Wo und wie möchten Sie den Hund alleine lassen? Freier Zugang zum gesamten Haus bedeutet für manche Hunde einfach zu viele Reize. Überlegen Sie, ob Sie ihm nicht ein oder zwei Räume im ruhigen hinteren Teil des Hauses zuweisen können – ohne Fenster zur Straße, die zu viele Reize bieten. (Machen Sie nicht den Fehler, Ihre eigenen Bedürfnisse auf den Hund zu übertragen! Eine schöne, spannende Aussicht aus dem Fenster kann manche Hunde nervös machen, wenn sie alleine sind.) Diesen Teil des Hauses werden Sie dann für Ihre Gegenkonditionierung nutzen – der Hund soll positive Gefühle damit verknüpfen, wenn Sie ihn hier alleine lassen.

Als Nächstes überlegen Sie, wo Ihr Hund sich am wohlsten fühlen wird, wenn Sie ihn länger alleine lassen. Am meisten Angst haben Hunde in den am wenigsten genutzten Räumen des Hauses, weshalb es keine gute Idee ist, den nie genutzten Kellerraum auszuwählen. Versuchen Sie stattdessen einen Platz zu finden, an dem er nicht allzu viel Schaden anrichten kann und der sich trotzdem anfühlt wie ein Teil der »Höhle« – vielleicht ein Gästezimmer, das Sie ohnehin bald renovieren möchten, ein Zimmer, in dem Sie gelegentlich mit Ihrem Hund zusammen fernsehen oder eine Box in Ihrem Schlafzimmer. Sie können Ihrem Hund helfen, sich an diesem Ort wohler zu fühlen, wenn Sie Zeit dort verbringen. Setzen Sie sich mit einer Zeitschrift auf den Boden und hinterlassen so Ihren Körpergeruch, kraulen Sie ihm dort den Bauch und geben Sie ihm dort Leckerchen, sodass er sich immer wohler fühlt. Jeder Hund ist anders – überlegen Sie also gut, wo und wie Sie am besten ein Gleichgewicht zwischen dem Wohlbefinden Ihres Hundes und der Unversehrtheit Ihrer Wohnungseinrichtung finden können.

Gitterboxen funktionieren bei manchen Hunden wunderbar und senken ihre Angst erheblich, während andere lernen, die Box mit der Angst vor Ihrem Weggehen zu assoziieren und dann schon panisch werden, wenn Sie nur auf die Box zeigen. Ich habe schon bei ansonsten vollkommen unproblematischen Hunden erlebt, dass sie vor lauter Angst vor der Box und in dem Versuch, sie zu meiden, aggressiv wurden. Falls das auf Ihren Hund zutrifft, lassen Sie die Idee mit der Box erst einmal fallen und begrenzen Sie den Hund auf einen Bereich des Hauses, wo er keinen großen Schaden anrichten kann.

Es kann auch helfen, den Hund mehrmals am Tag in diesen Raum zu sperren, ohne das Haus tatsächlich zu verlassen. Vermeiden Sie auf jeden Fall, Ihre üblichen Alltagsgewohnheiten beizubehalten und den Hund dann plötzlich den ganzen Tag lang dort alleine zu lassen. Achten Sie auch darauf, dass Sie nicht Ihre üblichen Weggeh-Rituale (Hut, Jacke und Schlüssel nehmen) machen, bevor Sie den Hund in diesen Raum bringen. Versuchen Sie, Ihre Vorkehrungen zum Weggehen so zu treffen, dass der Hund sie nicht sieht – bringen Sie ihn rechtzeitig in diesen Raum, packen Sie Ihre Sachen für den nächsten Tag schon am Vorabend ins Auto und so weiter. Heben Sie die »Auslöser« ausschließlich für die spielerischen Übungen zur Gegenkonditionierung auf, damit Sie nicht all Ihre gute Arbeit vom Vortag wieder zunichte machen, wenn Sie am nächsten Morgen zur Arbeit gehen.

5. *Hilft ein zweiter Hund?*

Manchmal ja – aber überlegen Sie es sich gut, bevor Sie einen Hund für Ihren Hund kaufen. Ich mache mir stets Sorgen um Leute, die einen zweiten Hund anschaffen, obwohl sie selbst eigentlich gar keinen möchten. Verstehen Sie mich nicht falsch, ich finde es toll, mehrere Hunde zu haben (zur Zeit habe ich selbst vier plus eine Katze), aber es ist nicht jedermanns Sache, täglich Hundehaare auszuspucken. Zwei Hunde können mehr als das Doppelte an Arbeit machen, weshalb ich die Anschaffung eines Zweithundes nur dann empfehle, wenn Sie selbst wirklich einen wollen.

Aber es gibt auch Fälle, in denen ein anderer Hund (oder eine Katze) sehr helfen kann. Besonders Hunde, die wirklich panische Angst vor dem Alleinsein haben, nehmen viel Sicherheit aus der Anwesenheit eines anderen Hundes. Oft trifft das für Hunde zu, die früher viel Zeit in Zwingeranlagen, umgeben von anderen Hunden, verbracht haben. Manche Hunde allerdings haben nicht so sehr Angst vor dem Alleinsein an sich, sondern davor, von IHNEN getrennt zu sein, und dann hat ein anderer Hund überhaupt keine Wirkung. Manche dieser Hunde sind sogar ängstlich, wenn ein anderer Mensch als ihr Besitzer anwesend ist, und mit einem anderen Hund wird es dann ähnlich sein. Wenn das für Sie so klingt, als könnte es auf Ihren Hund zutreffen, dann sind Sie gut beraten, an einigen der unten aufgeführten Übungen zu arbeiten, damit Ihr Hund lernt, nicht pausenlos an Ihrem Rockzipfel zu hängen.

6. *So lernen »Klettenhunde«, mit Trennung umzugehen.*

Wenn Ihr Hund sich durch die Anwesenheit einer anderen Person nicht beruhigen lässt oder Ihnen zwanghaft wie ein Schatten stets durch das ganze Haus folgt, wird es nicht schaden, ihm beizubringen, wie er sich auch ohne Sie wohler fühlt. Daran können Sie arbeiten, wenn Sie zuhause sind, indem Sie ihn daran gewöhnen, sich in einem anderen Raum als Sie selbst aufzuhalten. Am leichtesten geht das, wenn Sie ihm Futter geben, das er sich erst ziemlich mühsam erarbeiten muss (siehe den Abschnitt über Futterspielzeuge auf Seite 24). Stopfen Sie also einen Kong® mit Futter und schließen Sie die Tür zwischen Ihnen beiden. Verwenden Sie möglichst Futter, das nicht so gut ist wie das, das Sie für die Konditionierungsübungen verwenden werden. Achten Sie in den ersten Wochen darauf, dass Sie zu ihm zurückgehen und ihm das Spielzeug wieder abnehmen, bevor er alles Futter herausgefressen hat und lassen Sie ihn dann allmählich immer etwas länger alleine.

Außerdem können Sie Ihrem Hund ein gutes, solides »Bleib« beibringen. Beginnen Sie mit ganz kurzer Dauer, bleiben Sie im Raum und geben Sie ihm die Belohnung, solange er noch im »Bleib« ist und nicht erst, wenn er aufsteht. Sobald er ein paar Minuten lang im gleichen Raum wie Sie im »Bleib« verharrt, verlangen Sie »Bleib« für nur ein paar Sekunden, während Sie den Raum verlassen.

Gehen Sie ganz allmählich vor: Bleiben Sie erst im Türrahmen stehen, verschwinden Sie später halb hinter der Türe und gehen Sie schließlich ganz außer Sichtweite. Irgendwann sollte er es aushalten, zehn bis fünfzehn Minuten lang alleine in einem Raum zu bleiben. Erwarten Sie von Ihrem Hund nicht, dass er diese Übung versteht, ohne dass Sie ihm diese wie einen Zirkustrick beibringen. Und seien Sie wirklich jede Sekunde aufmerksam, die Ihr Hund im »Bleib« verbringt. Vor allem aber: Werden Sie nicht ärgerlich, falls er aufsteht, sondern bringen Sie ihn einfach in den Raum zurück und geben Sie ihm die Hand- und Körpersignale, die Sie ihm für »Bleib« beigebracht haben. Widerstehen Sie der Versuchung, das Wort »Bleib« zu wiederholen, weil Sie die Übung sonst einfach neu von vorn beginnen und Ihr Hund niemals lernt, dass er nicht hätte aufstehen sollen.

Dem typischen »Klettenhund« tut es auch gut, zu lernen, dass er sich selbst im Zaum halten und mit Frustration umgehen können muss. Dazu helfen Ihnen gute Bücher, die erklären, wie ein Hund auf positive Art und Weise lernen kann, dass Warten sich lohnt.

7. Können Strafen helfen?
Wenn Ihr Hund unter ernsthafter Trennungsangst leidet, vergessen Sie die Möglichkeit des Strafens. Es wird nicht funktionieren und alles nur schlimmer machen. Ehrlich. Klar, Sie sind wütend. Beherzigen Sie in dieser Situation meinen bereits zuvor gegebenen Rat, mit süßer und netter Stimme ganz furchtbare Dinge zu Ihrem Hund zu sagen. So können Sie Ihren Ärger loswerden, ohne Ihren Hund noch mehr zu verängstigen.

In einigen sehr seltenen Fällen habe ich persönlich nach ausgiebiger anderer Arbeit milde Korrekturen eingesetzt, aber diese Fälle sind so selten und so untypisch, dass ich selbst zögere, sie zu beschreiben. Lassen Sie Ihre verständliche Wut über Ihr zuvor so schönes Sofa also an etwas aus, dem es nicht wehtun kann und überlegen Sie dann in aller Ruhe, wie Sie ähnliche Vorkommnisse in Zukunft vermeiden können.

8. Und was ist mit Medikamenten?
Manche Hunde haben so große Angst, dass es ihrer Gesundheit schadet. Der Shar Pei »Peaches« verarbeitete sein Gesicht zu Hackfleisch, als er versuchte, in einer fremden Wohnung aus seiner Gitterbox herauszukommen. Ich erwähnte auch schon die Weimaranerhündin Misty, die durch Fensterscheiben sprang und damit ihren Rücken neu dekorierte. In so schweren Fällen und wenn Sie keine Alternative dazu haben, Ihren Hund alleine zu

lassen, können Sie über eine medikamentöse Behandlung begleitend zu Ihrer Gegenkonditionierungs-Arbeit nachdenken. In der Tiermedizin ist Clomicalm® zur Behandlung von Trennungsangst zugelassen, und auch mit anderen Präparaten haben Hundebesitzer gute Erfahrungen gemacht, um ihren Tieren über das Gröbste hinwegzuhelfen, bis die Gegenkonditionierung zu greifen beginnt.

Wenn Sie mit Ihrem Tierarzt über die Wahl möglicher Mittel sprechen, dann achten Sie darauf, dass diese von der Wirkungsweise her wirklich die Angst und Panik des Hundes dämpfen und ihn nicht einfach sedieren, was lediglich zu einem Zustand der stillen Verzweiflung führen würde.

Die heute am häufigsten eingesetzten Wirkstoffe stammen aus der Gruppe der so genannten trizyklischen Antidepressiva (oder kurz »Trizyklika«) wie zum Beispiel Amitriptylin HCI (Handelsname Elavil®) oder Clomipramin (Handelsname Clomicalm® oder Anafranil®), aus der Gruppe der selektiven Serotonin-Wiederaufnahmehemmer (SSRI) wie Fluoxetin (Prozac®) und aus der Gruppe der Benzodiazepine wie Diazepam (Handelsname Valium) und Alprazolam (Handelsname Xanax®). Trizyklika und SSRIs müssen langsam im Blut bis auf einen therapeutisch wirksamen Spiegel gebracht werden und dann täglich über mehrere Wochen hinweg gegeben werden, bevor eine sichtbare Wirkung eintritt. Benzodiazepine hingegen wirken ziemlich schnell, aber bei den meisten Hunden hält die Wirkung nur vier bis acht Stunden lang an. Mit einem üblichen Sedativum wie Azepromazin habe ich keine guten Erfahrungen gemacht – vermutlich deshalb, weil ein Hund, der seine Muskeln nicht bewegen kann, trotzdem noch Angst haben kann. Im Rahmen meiner Doktorarbeit zeichnete ich auch Gehirnströme von mit Azepromazin sedierten Hunden auf – und diese Gehirne arbeiteten ungeheuer langsam. Wenn Sie also ein Medikament einsetzen, dann vergewissern Sie sich, dass es zur Besserung von Angstzuständen gedacht ist und nicht einfach nur zur Verlangsamung der Körperfunktionen.

Alle Medikamente haben Nebenwirkungen, von denen manche sogar schwer sein können. Denken Sie über diese Möglichkeit der Behandlung also wirklich nur dann nach, wenn es sich bei Ihrem Hund um einen schweren Fall handelt. Vor Einsatz des Medikaments wird der Tierarzt einige Tests mit Ihrem Hund machen müssen, um zu sehen, ob er es gefahrlos einsetzen kann und er wird ihn auch weiterhin während der gesamten Behandlung gründlich kontrollieren. Bislang gibt es nur sehr wenige Studien, die die Wirksamkeit von Medikamenten zur Behandlung von Trennungsangst untersucht haben und Clomicalm® ist als einziges Mittel ausdrücklich zur Behandlung von Trennungsangst bei Hunden zugelassen. Hier hatte die Forschung ergeben, dass das Mittel die Symptome der Trennungsangst linderte. Auf lange Sicht wirksam war es jedoch nur in Kombination mit einem Programm zur Gegenkonditionierung. Stellen Sie sich Medikamente also bitte nicht als »einfache« Problemlösung vor, sondern eher als ein Instrument, das zusammen mit anderen Programmen zur Verhaltensmodifikation eingesetzt werden muss.

Beispiele für einen Behandlungsplan

So könnte ein Trainingsplan zur Gegenkonditionierung für einen angenommenen Hund aussehen, der nervös wird, sobald seine Besitzerin die Jacke anzieht, stärker aufgeregt wird, wenn sie die Schlüssel vom Haken nimmt und sich über Tag, wenn die Besitzein auf der Arbeit ist, durch die Wohnungswände beißt und gräbt. (Aus Gründen der Einfachheit werde ich die Besitzerin im folgenden Anne und ihren Hund Lassie nennen.) Der Plan ist für einen schweren Fall von Trennungsangst gedacht und kann deutlich abgekürzt werden, wenn Ihr Hund beim Alleinsein nur ein wenig unsicher ist oder wenn Sie vorbeugend etwas tun möchten, bevor Sie Ihren Hund an einem neuen Ort alleine lassen müssen. Falls Ihr Hund jedoch wirklich voll ausgeprägte Trennungsangst hat, sollten Sie auf keinen Fall versuchen, irgendetwas abzukürzen, sonst könnten Sie Ihrem Hund versehentlich beibringen, Angst vor Kongs® mit Erdnussbutter zu haben und in einem riesigen Chaos enden.

Erste Woche:
- Anne spielt fünf- bis zehnmal täglich wie zufällig mit ihrem Schlüsselbund, zieht die Jacke an oder geht zur Tür. Jede dieser Handlungen macht sie ausschließlich für sich alleine, nie in Kombination und nie innerhalb der letzten Stunde vor ihrem tatsächlichen Weggehen. Sie können auch Ihre »Bürogehjacke« anziehen, bevor Sie mit Ihrem Hund spazieren gehen, denn Hunde scheinen sehr schnell zu lernen, welche Kleider »Spazierengehen« und welche »Frauchen geht ohne mich weg« bedeuten. So schaffen Sie eine positive Assoziation anstatt nur einer neutralen. Sie können auch Ihre Schlüssel mit auf den Spaziergang nehmen, falls Sie das normalerweise nicht tun.
- Am ersten Tag spielt Anne über den Tag verteilt drei- bis fünfmal das »Konditionierungs-Spiel«: Sie stopft ein Hohlspielzeug mit Futter, das Lassie besonders gerne mag. Sie legt es ihr hin, zieht die Jacke an und gleich wieder aus und nimmt das Spielzeug wieder weg, ohne dabei etwas zu Lassie zu sagen. In jeder »Spielsitzung« wiederholt sie diesen Vorgang drei- bis fünfmal.
- An jedem folgenden Tag fügt sie ein kleines weiteres Detail ihres normalen Aus-dem-Haus-geh-Rituals hinzu, bis sie am Ende der Woche so weit ist, dass sie das Spielzeug hinlegt, die Jacke anzieht, die Schlüssel nimmt und einen Schritt in Richtung Tür macht. Falls es sich machen lässt, sollten Sie das an einer Tür üben, durch die Sie normalerweise nicht das

Haus verlassen. Ihr Hund verknüpft die übliche Haustür bereits mit Üblem – also umso besser, wenn Sie eine andere Tür benutzen können. Vermeiden Sie vor allem Türen, durch die Ihr Hund Sie weggehen sehen kann, falls ihn das aufregt.

Zweite Woche:
- Anne führt ihrem Hund weiterhin zu zufälligen Zeitpunkten und in zufälliger Reihenfolge die bis dahin auslösenden Reize für ihr Weggehen vor, aber beginnt nun, sie miteinander zu kombinieren, wenn bis dahin alles gut funktioniert hat. So könnte sie zum Beispiel in dieser Woche die Jacke anziehen, die Schlüssel nehmen und sich dann eine Weile zum Fernsehen auf die Couch setzen. Versuchen Sie dies öfter für jeweils fünf bis zehn Minuten pro Tag, es sei denn, Ihr Hund wirkt ängstlich oder bleibt selbst dann ängstlich, wenn Sie das Haus gar nicht verlassen. Sollte das der Fall sein, gehen Sie zu schnell vor und müssen wieder bis zu einem Niveau zurück, das Ihr Hund ertragen kann. Wenn Ihr Hund am Ende der zweiten Woche immer noch genauso stark auf die Auslöser reagieren sollte, dann hören Sie mit der »Zufallstechnik« auf und arbeiten Sie stattdessen fest an der Gegenkonditionierung wie oben für Woche eins beschrieben, indem Sie Ihrem Hund ein mit Futter gefülltes Spielzeug geben und gleichzeitig die Jacke anziehen.
- Inzwischen hat Anne in ihre Gegenkonditionierung eingebaut, dass sie selbst bis ganz zur Tür geht. Sie geht jeden Tag etwas näher zur Tür, bis sie am Ende der Woche tatsächlich die Klinke herunterdrückt (die Tür aber noch nicht öffnet). Sie macht drei- bis fünfmal am Tag eine Übungseinheit zur Gegenkonditionierung, in der sie die gleiche Handlungsfolge jeweils drei- bis fünfmal wiederholt: dem Hund das Futterspielzeug geben, Jacke anziehen, Schlüssel nehmen, zur Tür gehen, Klinke drücken, umdrehen, Jacke ausziehen, Schlüssel hinlegen, Spielzeug wegnehmen. Nach und nach baut sie

das Spielzeug immer weiter hinten in der Handlungsfolge ein (z. B. zuerst Jacke anziehen, dann Spielzeug).

Dritte Woche:
- Anne hat es inzwischen gründlich satt, ständig ihre Jacke an- und auszuziehen, aber sie tut es weiter, weil sie ihren Hund liebt. Achtung: Dies ist eine harte, aber sehr wichtige Woche. Irgendwo habe ich einmal gehört, dass ein Mensch 21 bis 28 Tage braucht, um eine alte Angewohnheit zu ändern. Aus Erfahrung weiß ich außerdem, dass die meisten Menschen (mich inbegriffen) etwa zwei Wochen lang mit Begeisterung an einem neuen Projekt arbeiten können. Danach wird es langweilig. Könnte es sein, dass Hunde genauso lange brauchen, um eine Gewohnheit zu ändern? Wer weiß – jedenfalls würde es mich sehr überraschen, wenn sie darin schneller sein sollten als wir Menschen. Deshalb ist diese dritte Woche so entscheidend: Ihr Hund braucht sie dringend, aber für Sie ist sie ganz besonders hart, weil Sie der Sache überdrüssig sind. Arbeiten Sie diesem Problem entgegen, indem Sie sich selbst belohnen – hoch erfolgreiche Menschen tun das immer, wenn sie etwas besonders Anstrengendes zu bewältigen haben. Folgen Sie diesem bewährtem Rezept und lassen Sie sich von Freunden zum Essen einladen, kaufen Sie sich selbst Blumen oder tun Sie, was auch immer Ihnen hilft, Sie bei Laune zu halten und zum Durchhalten zu bringen!
- In dieser Woche dreht sich Ihre Gegenkonditionierungsarbeit darum, dass Ihr Hund entspannt bleiben soll, wenn Sie länger als eine halbe Sekunde aus der Tür bleiben. Versuchen Sie, die Dauer Ihrer Abwesenheit in dieser Woche zwischen einer und zehn Sekunden abzuwechseln. An den ersten Tagen ziehen Sie nur Ihre Jacke an, nehmen die Schlüssel, geben das Spielzeug, öffnen die Tür, schließen sie wieder und kommen wieder zurück. Wenn Lassie das nichts ausmacht, bleiben Sie für nur eine Sekunde draußen und kommen dann wieder.

Wiederholen Sie das drei- bis fünfmal hintereinander pro Übungseinheit, von denen Sie drei bis fünf über den Tag verteilen. Gönnen Sie sich zwischendrin auch einmal einen Tag Pause! Falls Sie hören, wie Ihr Hund das Spielzeug fallen lässt, winselt oder an der Tür kratzt, müssen Sie wieder mit kürzeren Zeitspannen arbeiten. Arbeiten Sie so lange mit dieser kurzen Zeitdauer, bis Ihr Hund sich entspannt und steigern Sie dann allmählich wieder die Anforderungen. Setzen Sie sich für diese Woche etwa zehn Sekunden Abwesenheit zum Ziel.

- Zeigen Sie parallel dazu weiterhin zufällig die Auslösereize, aber achten Sie darauf, dass Sie sich dabei nicht versehentlich ein festes, für den Hund vorhersehbares Muster angewöhnen. Tun Sie es nicht jeden Tag zur gleichen Zeit, nicht immer nach dem Essen oder auf irgendeine festgelegte Art und Weise.
- Oft fragen mich Besitzer, ob sie den Hund denn korrigieren sollen, wenn er bellt oder an der Türe kratzt, während sie draußen davor stehen. Falls Ihr Hund unter echter Trennungsangst leidet, rate ich entschieden davon ab. Es würde seine Angst nicht verringern und ihn eventuell auch noch für sein Verhalten belohnen, weil er ja damit Ihre Aufmerksamkeit bekommen hat. Auch negative Aufmerksamkeit (Schimpfen) ist immer noch Aufmerksamkeit, also bleiben Sie in diesem Fall still und gehen Sie beim nächsten Mal einfach wieder kürzer aus dem Raum heraus. Sollte Ihr Hund aber gar nicht so ängstlich sein, dann kann es mitunter helfen, wenn Sie kräftig an Tür oder Fenster klopfen und damit Ihren Hund erschrecken wenn er sich anzustellen beginnt. Aber Vorsicht: Lassen Sie es im Zweifelsfall lieber bleiben, anstatt die Situation weiter zu verschlimmern. Bei einem Hund, der sich selbst schon gar nicht mehr unter Kontrolle hat, kann es ohnehin nicht mehr helfen.

Vierte Woche:
- Da Ihre Gegenkonditionierung in dieser Woche beinhaltet, dass Sie immer länger außerhalb des Raumes bleiben, versuchen Sie nun, Ihre »zufällig« gezeigten Auslösereize wegzulassen oder zumindest seltener zu zeigen. So könnten Sie zum Beispiel ohne echten Grund am Montag ein- oder zweimal Ihre Jacke anziehen, am Dienstag nicht und es am Mittwoch noch einmal versuchen.
- Arbeiten Sie nun daran, immer länger aus dem Haus bleiben zu können. Wenn Sie die vergangene Woche mit zehn Sekunden Abwesenheitsdauer beendet haben, dann variieren Sie die Zeit in dieser Woche zwischen acht und fünfzig oder sechzig Sekunden. Was Sie in dieser Zeit draußen tun, hängt von Ihrem Hund und den Umständen ab. Die meisten Hunde können hören, wenn ihr Besitzer zum Auto geht, die Autotür zuschlägt und den Motor anlässt, also müssen Sie auch das mit in die Gegenkonditionierung einbauen. Vielleicht ist Ihr Hund schon zu diesem Schritt bereit, vielleicht auch noch nicht. Falls Sie Zweifel haben, warten Sie lieber noch etwas und fügen Sie jetzt noch keine weiteren Auslöser hinzu, sondern bleiben Sie in der Nähe der Tür stehen und drehen eine Minute lang Däumchen. Nach der Hälfte der Woche können Sie vielleicht den Versuch wagen, zum Auto zu gehen und die Autotür zu öffnen und wieder zu schließen. In dieser Situation ist ein Kassettenrekorder (oder die Diktiergerät-Funktion des Handys) eine prima Hilfe: Sie können überprüfen, ob der Hund in Ihrer Abwesenheit gewinselt oder an der Tür gekratzt hat oder nicht. Noch besser wäre eine Videokamera!

Fünfte bis xte Woche:
- Wenn bis hierher alles gut funktioniert hat, ist in der fünften Woche der Zeitpunkt gekommen, die letzten »echten« auslösenden Reize für Ihr Weggehen hinzuzufügen: Die Autotür schließen, den Motor starten und wegfahren. Möglicherweise

schaffen Sie es bis zum Ende der Woche, einmal rund um den Block zu fahren. Denken Sie daran, auf dem Weg bis dahin jeden kleinen Auslöser zu konditionieren (Autotür, Schlüssel umdrehen etc.). Natürlich sehen diese Auslöser bei jedem anders aus: Wenn Sie in einem Appartmentblock leben, ist es vielleicht die Tür zum Treppenhaus. Verzagen Sie nicht, wenn Ihr Hund noch nicht so weit ist: Die erste Zeit ist fast immer die härteste! Sobald Ihr Hund es aushält, dass Sie fünf Minuten lang weg sind, ist es nicht mehr sehr schwer und zeitaufwändig, ihn an viel längere Abwesenheitszeiten zu gewöhnen.

- Wenn Ihr Hund entspannt bleibt, während Sie einmal um den Block fahren, liegt der Schlüssel zu weiterem Erfolg darin, dass Sie nun immer länger wegbleiben. Falls Sie einen »Dogsitter« engagieren konnten, sollte der zuerst genau dann kommen, wenn Sie wegfahren, dann fünf Minuten später, dann zehn Minuten später und so weiter. Falls Sie Ihren Hund zu einer Tagesbetreuung bringen, beginnen Sie damit am Wochenende, wenn Sie kurz weggehen und danach wiederkommen können, um zu sehen, wie es funktioniert. Ab diesem Punkt ist es nun fast unmöglich, einen weiteren Trainingsplan vorzugeben, weil jeder Fall wieder anders ist. Bei manchen Hunden kann man die Dauer der Abwesenheit innerhalb einer einzigen Woche von zehn Minuten auf eine ganze Stunde steigern und diese Stunde dann in weiteren zwei bis drei Wochen auf einen halben Tag ausdehnen. Die meisten Hundebesitzer können das Training aber nach sechs bis acht Wochen (puh!) abschließen. Meine Kundin Aimee hat diesen Plan buchstabengetreu mit ihrem American Eskimo Dog befolgt, der jedes Mal hechelte, speichelte und sich übergab, wenn sie wegging. Wie nach der Uhr gestellt war er nach sechs Wochen ganz entspannt, wenn sie abends von der Arbeit nach Hause kam. Sharons Weimaranerhündin Misty hingegen hat die zweifelhafte Ehre, mein bisher härtester Fall von Trennungsangst gewesen zu sein – aber auch hier zahlten sich die Bemühungen aus, auch wenn sie ein Jahr lang dauerten.

Da haben Sie sie, die guten und die schlechten Nachrichten. Die schlechten sind klar: Es gibt keinen einfachen Weg aus der Trennungsangst heraus. Sie brauchen Zeit, Geduld und müssen genau wissen, was Sie jeweils gerade tun, damit Sie Ihren Hund von seiner Panik befreien können. Aber nur Mut – die guten Nachrichten kommen noch: Dieses ernste, frustrierende Problem, das einen an den Abgrund des Wahnsinns treiben kann, hat eine sehr hohe Erfolgsquote in der Behandlung. Zugegeben, bei meinen beiden härtesten Fällen hat es fast ein ganzes Jahr gedauert (sogar mit begleitender medikamentöser Behandlung), aber in den allermeisten Fällen ist es in sechs bis acht Wochen geschafft. Im Gegensatz zu vielen anderen Verhaltensproblemen ist es hier so, dass Sie mit dem Ende der Behandlung auch wirklich fertig sind. Sämtliche Schwierigkeiten verblassen zu einem interessanten Teil der Geschichte Ihres Hundes und suchen Sie nicht mehr jeden Tag aufs Neue heim. Manche Hunde können einen Rückfall erleiden, wenn Sie umziehen oder eine andere größere Änderung geschieht, aber Sie können Schwierigkeiten fast immer vorbeugen, indem Sie in den ersten Tagen des neuen Tagesablaufes kurze, einfache Versionen des Konditionierungs-Spiels spielen. Fassen Sie also Mut, stellen Sie Ihren eigenen, individuellen Behandlungsplan auf, geben Sie Ihrem Hund einen Kuss, essen Sie ein Stück Schokolade und seien Sie gewiss: Ihr netter, freundlich dreinschauender Hund wird sich eines gar nicht mehr fernen Tages zusammenkuscheln und bis zu Ihrer Rückkehr friedlich schlummern, wenn Sie sagen: »Ich bin bald zurück!«

EINMAL MEUTECHEF UND ZURÜCK

Mit mehreren Hunden leben

Patricia B. McConnell
Karen B. London

KYNOS VERLAG

Titel der englischen Originalausgabe: *Feeling Outnumbered?
How to Manage and Enjoy Your Multi-Dog Household*

© 2001 by Dog's Best Friend, Ltd., USA

Aus dem Englischen übertragen von Gisela Rau

Titelbild: Kynos Verlag

© 2008 für die deutsche Ausgabe
KYNOS VERLAG Dr. Dieter Fleig GmbH
Konrad-Zuse-Straße 3 • D – 54552 Nerdlen / Daun
Telefon: +49 (0) 6592 957389-0
Telefax: +49 (0) 6592 957389-20
http://www.kynos-verlag.de

Gedruckt in Hong Kong

ISBN 978-3-938071-51-9

Das Werk einschließlich aller seiner Teile ist urheberrechtlich geschützt. Jede Verwertung außerhalb der engen Grenzen des Urheberrechtsgesetzes ist ohne schriftliche Zustimmung des Verlages unzulässig und strafbar. Das gilt insbesondere für Vervielfältigungen, Übersetzungen, Mikroverfilmungen und die Einspeicherung und Verarbeitung in elektronischen Systemen.

Als der junge Mann mit seinen vier American Eskimo Dogs draußen unterwegs war, überholte er einen Vater, der seine beiden Zwillingstöchter im Kinderwagen vor sich herschob und von zwei Golden Retrievern begleitet wurde. Beide Männer sahen sich in einem kurzen Moment des gegenseitigen Verständnisses und der Bewunderung an, bis der Vater witzelte: »Vier von der gleichen Sorte sind sicher noch schlimmer als zwei Paar, oder?«

EINLEITUNG

Menschen, die mehr als einen Hund besitzen, gehören einem ganz speziellen Klübchen an, dessen Mitglieder alle einige unumstößliche Weisheiten kennen. Zum Beispiel die, dass zwei Hunde mehr als doppelt so viel Arbeit machen wie ein Hund und drei ungefähr so viel, wie man von sieben erwarten würde. Vermutlich haben sie aber ebenso festgestellt, dass sich die Freude schneller vervielfacht als die Arbeit und dass »mehr« tatsächlich auch »lustiger« bedeuten kann. Tatsächlich können sich manche Menschen nicht vorstellen, nur einen einzigen Hund zu haben – wie leer wären dann Haus, Hof, Auto und Herz!

In diesem Büchlein geht es darum, wie Sie die Freude am Leben mit mehr als einem Hund maximieren können. Es wird Ihnen einige konkrete, praktische Ideen vermitteln, wie Ihre Hunde Ihnen noch mehr Freude bereiten können. Egal, ob Sie nach Tipps suchen, wie Sie ein bisschen mehr

Ordnung in das hündische Chaos bei sich zuhause bringen können oder ob Sie versuchen, bestehende Spannungen zwischen zwei oder mehr Hunden in Ihrem Rudel abzubauen: Dieses Büchlein kann Ihnen helfen. Aus einigen Abschnitten hätten ohne Mühe eigene Bücher werden können, weshalb wir Ihnen unbedingt raten, zu den Themen, die für Ihr eigenes Rudel besonders wichtig sind, eingehendere Literatur zu lesen. Einige Empfehlungen dazu finden Sie im Anhang. Betrachten Sie dieses kleine Buch als kurz gefassten Einstiegsratgeber – als Eckdaten zum Multi-Hundetum!

Unsere eigene Philosophie in unserem Verhaltensberatungs-Unternehmen »Dog's Best Friend Ltd.« weicht von dem üblichen Rat ab, den man meist für Haushalte mit mehreren Hunden erteilt und demzufolge man den ranghöchsten Hund in seiner Position unterstützen müsse, indem man ihn stets zuerst füttert, streichelt und so weiter. Stattdessen bringen wir allen unseren Hunden bei, stets höflich, geduldig und respektvoll zu sein und tolerieren weder Kämpfe noch, dass sie »etwas untereinander ausmachen«. Wir bringen Hundegruppen gerne ganz bestimmte Aktivitäten bei, die der Harmonie in einem Mehrhunde-Haushalt dienlich sind.

Die von uns beschriebenen Techniken und Ansichten haben schon vielen unserer Kunden geholfen und wir hoffen, dass sie auch Ihnen helfen werden – egal, was in Ihrem Rudel vorgeht. Viele von uns müssen in erster Linie nur das Chaos in den Griff bekommen, das immer dann entsteht, wenn mehrere Hunde einen Gast begrüßen. Andere müssen dafür sorgen, dass die zwischen zwei oder mehr Hunden bestehende Spannung nicht eskaliert.

Bitte bedenken Sie aber immer: Wenn das Risiko besteht, dass Ihre Hunde untereinander ernsthafte Aggressionen zeigen könnten, dann raten wir Ihnen sehr dringend, sich an einen erfahrenen Trainer oder Verhaltenstherapeuten zu wenden. Ein schmales Büchlein kann niemals ein potenziell lebensbedrohliches Problem lösen! Das Beste in einem solchen Fall ist immer, sich professionelle Hilfe für die Einschätzung der Situation und den Entwurf eines Behandlungsplans zu holen.

Oft geht es in Mehrhundehaltungen aber gar nicht um ernsthafte Aggression, sondern eher darum, dass die Hunde einfach zügellos sind und schlicht lernen müssen, höflicher zu sein. Allzu oft bekommen ausgerechnet die Hunde, die am meisten drängeln, das was sie möchten – und das auch noch als erste und schneller. So wird eine Hundegesellschaft gefördert, in der der Einzelne gewinnt, wenn er rücksichtlos drängelt und verliert, wenn er höflich und zurückhaltend ist. Wenn Ihre Hunde lernen, dass sie im Leben »gewinnen« können, indem sie sich vordrängeln, dann werden Sie bald ein Rudel haben, mit dem das Zusammensein keinen sehr großen Spaß macht. Lernen sie hingegen, dass Höflich- und Geduldigsein zu Spielsachen, Futter und Spaß führen, wird das Leben in Ihrem Haus mit großer Wahrscheinlichkeit sehr viel angenehmer. In manchen Fällen kann diese Strategie auch helfen, das Potenzial für ernsthafte Aggressionsprobleme zwischen den Hunden Ihres Rudels zu verringern.

Das Hauptthema dieses Büchleins ist deshalb, wie Sie Ihren Hunden beibringen, höflich und geduldig anstatt rüpelhaft und fordernd zu sein. Die darin enthaltenen Ideen und Strategien sind nicht als schnelle Universalkur bei allen möglichen Problemen gedacht, sondern möchten Ihnen dabei helfen, Ihre Hunde so zu erziehen, dass das Zusammenleben mit ihnen mehr Spaß macht.

DAS FUNDAMENT WIRD GELEGT

Arbeiten Sie mit jedem Hund einzeln

Mit Ihnen ganz allein verbrachte Zeit ist für Ihren Hund eine große Bestärkung. Sie wird auch viel dazu beitragen, dass er dann auf Sie achtet, wenn Sie das möchten. Die meisten Hunde sehnen sich nach Ihrer vollen, ungeteilten Aufmerksamkeit. Das mag zwar vielleicht offensichtlich erscheinen, aber wir müssen es hier einfach erwähnen. Sobald Sie mehrere Hunde besitzen, passiert es nämlich nur zu leicht, dass Sie diese eher als Gruppe anstatt als Einzelwesen behandeln. Wenn einer Ihrer Hunde aber keine sozusagen »private« Beziehung zu Ihnen hat, dann wird er seine wichtigen Beziehungen eben zu den anderen Hunden des Rudels knüpfen. Immerhin sprechen Hunde von Natur aus »hündisch« und nicht deutsch, weshalb es für sie wesentlich einfacher und schneller ist, mit anderen Hunden zu kommunizieren als mit Menschen – selbst wenn dieser Mensch sie so sehr liebt, wie Sie das tun. Denken Sie immer daran, wenn Sie mit Ihren Hunden kommunizieren: Sie sprechen mit einem ziemlich heftigen Akzent und es kostet Ihren Hund eine Menge Anstrengung, Sie zu verstehen.

Wenn Sie mit jedem Ihrer Hunde allein wirklich wertvolle Zeit verbringen, in der Sie ihm Ihre ungeteilte Aufmerksamkeit schenken, tun Sie viel dafür, dass er sich Ihnen verbunden fühlt und bereit ist, das zu tun, was Sie von ihm möchten. So sehr Sie Ihr großes, munteres Rudel auch mögen – einige der schönsten Momente mit Ihren Hunden werden Sie vermutlich dann erleben, wenn Sie mit ihnen einzeln zusammen sind.

Arbeiten Sie immer dann einzeln mit jedem Hund, wenn Sie ein neues Verhalten trainieren möchten. Andere Hunde in der Nähe bedeuten für Sie und Ihren Hund viel zu viel Ablenkung, wenn Sie sich auf etwas zu konzentrieren versuchen. Hundeerziehung verlangt immer vollste Konzentration, damit Ihre Signale und Ihr Timing präzise sein können. Es ist einfach zu schwierig, Ihrem »Schülerhund« einhundert Prozent Ihrer Aufmerksamkeit zu widmen, wenn noch andere Hunde mitmischen.

Machen Sie es selbst nicht schwer, indem Sie etwas Neues ausgerechnet in einer Situation mit vielen Ablenkungen ausprobieren. Und das ist mit Sicherheit der Fall, wenn ein weiterer Hund anwesend ist. Verfrachten Sie Ihre übrigen Hunde also in einen anderen Raum, draußen auf den Hof, wenn sie dort sicher aufgehoben sind, in das Auto, wenn es nicht zu warm ist oder schicken Sie Ihren Partner mit ihnen spazieren – jeder sichere Ort ist gut, Hauptsache, weit genug weg von Ihnen und dem Hund, den Sie gerade trainieren.

Sobald Ihr Hund eine neue Aufgabe in Situationen ohne Ablenkung erfüllen kann, beginnen Sie, in Anwesenheit eines weiteren Hundes mit ihm zu üben. Bauen Sie die Situation wieder so auf, dass der Erfolg fast sicher ist. Das heißt konkret: Berücksichtigen Sie in Ihren Erwartungen, dass die Aufgabe für den Hund viel schwieriger wird, wenn noch andere Hunde mit dabei sind. Wenn Sie zum Beispiel ein »Bleib« von 45 Sekunden Dauer im Training ohne Ablenkungen erreicht haben, dann verlangen Sie in Anwesenheit eines zweiten Hundes anfangs vielleicht wieder nur fünf Sekunden »Bleib«. »Parken« Sie den zweiten Hund beim ersten Mal hinter einem Tor, an der Leine, einer zweiten Person oder in einem »Bleib«, wenn er das schon verlässlich kann, solange Sie mit Ihrem Schüler auf vier Pfoten arbeiten.

Bringen Sie immer nur ein weiteres Rudelmitglied mit hinzu und lassen Sie die anderen Hunde während der Trainingseinheiten nur allmählich immer etwas aktiver werden. Dieser Rat mag Ihnen vielleicht ein wenig zu einfach erscheinen, aber nur weil etwas einfach ist, ist es deshalb noch lange nicht leicht! Mit mehreren Hunden wird es eine ganz schön mühevolle Aufgabe für Sie, Zeit mit jedem einzelnen von ihnen zu verbringen – ungefähr so, als müssten Sie gegen eine starke Strömung schwimmen. Auf lange Sicht lohnt sich aber die Anstrengung. Und letzten Endes: Wenn Ihr Hund nicht auf Sie hört, solange Sie beide alleine sind, können Sie auch nicht erwarten, dass er auf Sie achtet, wenn der Rest des Rudels dabei ist.

Vertiefen Sie den Grundgehorsam

Egal, ob Sie zwei oder ein Dutzend Hunde haben: Ein solider Grundgehorsam ist fundamentaler Bestandteil eines glücklichen Mehrhunde-Haushaltes. Alle Ihre Hunde müssen lernen, welches Verhalten angebracht und welches nicht akzeptabel ist. Dabei ist am wichtigsten: Jeder Hund muss wissen, dass es stets in seinem besten eigenen Interesse ist, wenn er das tut, was Sie von ihm verlangen. Arbeiten Sie im Training so, dass es eine möglichst klare Kommunikation zwischen Ihnen und Ihren Hunden gibt. Der Hund kann nur gewinnen, wenn er das Gewünschte tut und nur verlieren, wenn er Sie ignoriert. Um ein Rudel unter Kontrolle zu bringen, das zu »unkontrolliertem Stürmischsein« neigt, hilft es, wenn jeder einzelne Hund neben seinem Namen ein Signal wie »Falsch« oder »Nein« kennt, das keine Strafe ist, sondern eher eine Anweisung, mit dem aufzuhören, was er gerade aktuell tut. Außerdem werden Sie es niemals bereuen, wenn alle Ihre Hunde wirklich felsenfest verlässlich nur ein paar wenige wichtige Grundkommandos beherrschen – Hier, Sitz oder Platz und Bleib. Wir empfehlen Ihnen dazu das Lesen eines Erziehungsbuches, das auf dem Wissen über Hundeverhalten beruht und mit positiven Trainingsmethoden arbeitet. Ob Sie dazu mit Klicker, Markerwörtern wie »Ja« oder »Gut« oder mit Locken und Belohnen arbeiten, ist nicht so wichtig, Hauptsache, Sie lernen, wie Sie positive Bestärkung zur Hundeerziehung einsetzen können. Im Anhang finden Sie unsere Buchempfehlungen dazu.

Wie, und das ist alles, fragen Sie jetzt? Habe ich dieses Buch etwa nur gekauft, um gesagt zu bekommen, dass meine Hunde besser erzogen sein werden, wenn ich sie erziehe? Natürlich ist Ihnen ohnehin schon klar, dass Erziehungsarbeit sich lohnt und gut investierte Zeit ist. Ein Teil, der die Kunst der Hundeerziehung ausmacht, ist aber auch, sich für bestimmte Schwerpunkte zu entscheiden – und dieses Buch möchte Ihnen helfen, Prioritäten zu setzen. Damit das Training so erfolgreich wie möglich wird, müssen Sie so viel mit Ihren Hunden arbeiten, dass sie die Grundkommandos wirklich *beherrschen*. Es kann zwar sehr wertvoll sein, viele verschiedene Kommandos zu kennen, aber wenn Ihre Hunde ein paar wenige Grundkommandos wirklich sicher ausführen können, werden Sie mit so gut wie jeder Situation umgehen können, die Ihnen das Leben bescheren könnte.

Es ist ein Riesenunterschied, ob man ein Kommando einfach nur *kennt* oder ob man es wirklich *beherrscht*. Viele Tennisspieler wissen zum Beispiel ganz genau, wie ein perfekter Aufschlag geht, aber bekommen ihn überhaupt nicht mehr hin, wenn sie abgelenkt oder nervös sind oder wenn das Publikum dem Gegner zujubelt. Ihre Hunde müssen dann tun, was Sie von ihnen verlangen, wenn sie gerade hysterisch bellend an der Haustür stehen – und nicht nur dann, wenn Sie mit ihnen in einer Situation ohne Ablenkungen alleine sind. Genauso ist es ein wunderbarer Anfang, wenn Ihr Hund auf Zuruf bei Ihnen im Garten und ohne weitere Ablenkung kommt. Aber kommt er auch, wenn ein anderer Hund ihn gerade zum Spielen auffordert?

Um ein Kommando zu beherrschen, müssen Sie so lange daran arbeiten, bis die Reaktion sowohl bei Ihnen als auch bei Ihrem Hund automatisch kommt. Das geht nur mit Übung, Übung und nochmals Übung. Die gute Nachricht dabei ist, dass Sie nicht sehr lange üben müssen. Schon ein paar kurze Übungseinheiten pro Tag, die jeweils nur fünf oder fünfzehn Sekunden dauern, können enorm hilfreich sein. Wiederholung kann sehr hilfreich sein, wenn Sie mit dem Training beginnen.

Verlangen Sie in den ersten »Sitzungen« also das Neue vier- oder fünfmal hintereinander. Sobald der Hund verstanden hat, worum es geht, reicht es zur Übung, das Neue mehrmals täglich ein- oder zweimal hintereinander zu verlangen. Übertreiben Sie es nicht mit den Wiederholungen, damit es für den Hund nicht langweilig oder verwirrend wird.

Ihre Hunde werden am meisten lernen und dabei am meisten Spaß haben, wenn Sie genau wissen, wofür sie am liebsten zu arbeiten bereit sind. Die Herausforderung für Sie besteht also darin, zu erraten, was die wahren Leidenschaften Ihrer Hunde sind. Viele lassen sich mit Futter motivieren, besonders, wenn es etwas wirklich Gutes ist – Käse, Hühnchen, Steak oder gekochte Karotten – und nicht nur langweiliges Trockenfutter. Andere Hunde wiederum tun fast alles für Tennisbälle, Quietschspielzeuge, eine Bauchmassage, einen Knochen oder einfach eine Runde »Fang-mich-doch«.

Die besten Ergebnisse erzielen Sie, wenn Sie verschiedene Arten der Bestärkung mischen. So lernt Ihr Hund, dass es angenehme Folgen hat, wenn er tut, was Sie sagen – aber es ist immer mit einer Überraschung verbunden, weil er nicht genau weiß, wie die Belohnung aussehen wird. Lassen Sie ihn im Ungewissen, das erhöht die Spannung!

Nachdem Sie ein neues Kommando mehrmals in kurzen Übungseinheiten ohne besondere Ablenkung geübt haben, steigern Sie nun ganz allmählich die Stärke der Ablenkungen. Gehen Sie nicht von einem in der Küche geübten

»Sitz-Bleib« zur gleichen Übung auf der Hundewiese und mit dem ganzen Rudel auf einmal über.

Zwischen den ersten Übungslektionen eines Kommandos wie »Hier!« und dem tatsächliche Einsatz dieses Kommandos im Chaos des Alltags liegen mindestens fünfzig Zwischenschritte, wobei jeder Schritt einen etwas höheren Schwierigkeitsgrad für Ihren Hund darstellt. Im Haus auf »Hier!« zu kommen, wenn Sie mit der Hundekeksdose klappern, könnte zum Beispiel Schritt 3 sein, aber auch aus einem gerade miteinander Ball spielenden Rudel heraus zu Ihnen zu kommen, wäre vielleicht Schritt Nummer 48. Gute Trainer überlegen immer ganz genau, wie schwierig es wohl für den Hund sein wird, eine Anforderung zu erfüllen und bauen ihre Arbeit immer so auf, dass vom Hund niemals etwas verlangt wird, das über seine Fähigkeiten hinausgeht. Oder würden Sie von Musikern, die noch nie öffentlich aufgetreten sind, erwarten, dass sie in der New Yorker Carnegie Hall eine tolle Leistung zeigen? Jeder Trainer weiß, wie wichtig es ist, einen Hund für einen Wettkampf oder eine Ausstellung vorher in Situationen mit steigender Ablenkung sicher zu machen, aber irgendwie scheint es nicht intuitiv klar zu sein, wie viel von diesem »Sichermachen« auch zuhause nötig ist. Weil das Alltagsleben in einem Haushalt mit mehreren Hund nun einmal zwangsweise ständig voll von Ablenkungen für jeden Hund ist, ist das »Sichermachen« so besonders wichtig. Der Schlüssel zu allem ist: Sorgen Sie dafür, dass der Hund Ihrem Wunsch nachkommen *kann* und das dann auch *gerne* tut.

Führen Sie einen Gruppennamen ein

Wenn Sie viele Hunde haben, ist es sehr hilfreich, wenn Sie die Aufmerksamkeit von allen gleichzeitig auf sich ziehen können. Bringen Sie deshalb allen Ihren Hunden eine Sammelbezeichnung wie »Hunde« bei – oder sagen Sie meinetwegen »Jungs« oder »Fellnasen« wenn Sie mögen – schließlich soll es ja Spaß machen, mehr als einen Hund zu besitzen.

Bringen Sie jedem Hund bei, aufmerksam zu sein, wenn Sie »Hunde« sagen, indem Sie dieses Wort aussprechen und dann jedem Hund, der Sie daraufhin ansieht, ein Leckerchen geben. Eine Sammelbezeichnung für alle Hunde zu haben ist ebenso praktisch, wie Ihre Kinder mit »Kinder, Abendessen!« rufen zu können anstatt »Emmy ... Anna ... Thomas ... Abendessen!«

Vielleicht wäre es für Sie sogar nützlich, Sammelbezeichnungen für verschiedene Untergruppen Ihres Rudels zu haben. Überlegen Sie, welche Untergruppen das in Ihrem Fall sein könnten, aber unterschätzen Sie nicht die Fähigkeit Ihrer Hunde, auch die Gruppennamen für andere zu verstehen!

Das Leben ist nunmal nicht immer fair

Im Grunde möchten wir alle immer freundlich und liebevoll zu allen unseren Hunden sein und es ihnen so schön wie nur irgend möglich machen. Manche Menschen glauben, das würde bedeuten, alle Hunde jederzeit gleich zu behandeln, um so fair wie möglich zu sein. Wenn man so denkt, würde das zum Beispiel bedeuten: Wenn ein Hund eine in Käse verpackte Tablette bekommt, bekommen alle anderen Hunde auch ein Leckerchen. ABER: Wenn Hunde niemals sehen und erleben, dass andere Hunde etwas bekommen und sie nicht, können sie lernen, es sehr schlecht zu tolerieren, wenn sie nicht immer das bekommen, was sie möchten.

Einem Hund immer und ständig das zu geben was er möchte, macht ihn nicht zwingend glücklich. Was er auf kurze Sicht dringend haben möchte, muss auf lange Sicht nicht immer gut für ihn sein! Wenn Sie Ihre Hunde wirklich lieben, dann widerstehen Sie der Versuchung, jedem ihrer Wünsche nachzugeben, wenn Sie flehend angesehen werden.

Die Vorstellung mag seltsam erscheinen, aber ein Weg zur Schaffung eines harmonischen Rudels besteht darin, sich von der Idee der Gleichheit zu verabschieden. Dafür gibt es mindestens zwei Gründe.

Erstens: Wenn Sie versuchen, alle Ihre Hunde jederzeit gleich zu behandeln, ist das nicht nur ein unmöglich zu erreichendes Ziel, sondern gerät auch mit Ihrer Fähigkeit in Konflikt, jeden Hund als Einzelwesen zu behandeln. Als Individuen haben alle Ihre Hunde unterschiedliche Bedürfnisse nach Aufmerksamkeit, Bewegung, Futter, Training, Spiel und nach der Art der Regeln, die sie beachten müssen, um vollwertige Hundebürger zu sein. Davon abgesehen erwarten Ihre Hunde auch gar nicht, dass das Leben immer fair sein muss. Diese Vorstellung ist kein Teil ihrer natürlichen Entwicklungsgeschichte – Hunde haben kein Problem mit dem Konzept von Unterschieden.

Zweitens, und das ist vielleicht noch wichtiger: Hunde müssen genau wie Menschen lernen, mit der Frustration umzugehen, die daraus entsteht, dass sie nicht jederzeit das bekommen können, was sie gerade möchten. Das ist einfach Teil der Lebensrealität, und wir alle, Hunde eingeschlossen, müssen lernen, das zu akzeptieren.

Hunde sind zur Produktion der gleichen Wutanfälle imstande wie Kleinkinder (und manche Erwachsene!) – nur mit dem Unterschied, dass sie nicht rot anlaufen, auf den Boden stampfen und schreien, sondern ihre Frustration oft an einem anderen Hund auslassen, der zufällig gerade in der Nähe ist. Tun Sie also sich und Ihren Hunden einen Gefallen und bringen Sie ihnen bei, geduldig und flexibel zu sein – und erteilen Sie sich selbst die Erlaubnis, jeden Ihrer Hunde anders zu behandeln, wenn das nötig ist.

Wenn also zwei Ihrer Hunde damit umgehen können, sich frei im ganzen Haus bewegen zu können, der dritte aber gerne Möbel und Wände umgestaltet, ist es dann vernünftig, den Raumdekorateur in eine Box zu sperren? Aber sicher! Wenn einer Ihrer Hunde ständig die Frisbeescheibe für sich in Anspruch nimmt, sodass die anderen nie damit spielen können, ist es dann in Ordnung, mit einem der anderen alleine Frisbee zu spielen? Natürlich! Wenn es Ihnen großen Spaß macht, einen langen Sonntagsspaziergang mit einem Ihrer Hunde zu machen, der gleiche Spaziergang mit zwei oder drei oder noch mehr anderen Hunden aber eine Strafe für Sie ist, dann gehen Sie mit dem einen Hund und lassen Sie die anderen zuhause. Das ist in Ordnung!

Wenn einer Ihrer Hunde im Bett schläft und das keine nachteiligen Auswirkungen auf sein Verhalten hat, das bei Ihren anderen Hunde aber zu einer etwas übersteigerten Einschätzung der eigenen Wichtigkeit führt, müssen dann alle Hunde auf dem Boden schlafen? Nicht unbedingt! Das Thema »Hund im Bett« wird in meinen Beratungsstunden häufig angesprochen und ist meistens sehr emotionsbelastet. Ob es in Ordnung ist oder nicht, wenn der Hund auf dem Bett schläft, ist schwierig zu bestimmen, weil es von Hund zu Hund und von Familie zu Familie so unterschiedlich ist. Bei manchen Familien funktioniert es wunderbar, wenn einige Hunde auf dem Bett schlafen und andere unten bleiben müssen.

Treffen Sie diese Entscheidung immer individuell nach Ihren Hunden und nicht nach der Vorstellung, dass alle gleich behandelt werden müssten.

Status

Ein Teil der Probleme, die sich unter Familienhunden ergeben, sind manchmal das Ergebnis von Verwirrung hinsichtlich der sozialen Ordnung, gern als »Rangfolge« bezeichnet. Ein Problem als »statusbezogen« zu bezeichnen (häufig wird in diesem Zusammenhang auch der Begriff »Dominanz« benutzt, jedoch selten korrekt) ist aber vermutlich die häufigste Fehldiagnose bezüglich Hundeverhalten überhaupt. Viele Hundebesitzer glauben oder haben gesagt bekommen, dass ihr Hund ein »Dominanzproblem« hätte, was aber gar nicht zutrifft. Trotzdem kommen statusbezogene Probleme natürlich vor, und die Tatsache, dass dieses Problem häufig fälschlich diagnostiziert wird, ist kein Grund dafür, das gesamte Konzept als solches zu verwerfen. Zwischen den Mitgliedern sozialer Gruppen, selbst wenn diese aus Angehörigen verschiedener Arten bestehen, sind Konflikte unvermeidlich.

Eine Möglichkeit, mit solchen Konflikten ohne Aggression umzugehen, ist es, eine sehr klare soziale Ordnung zu haben, in der die jeweilige Position der Mitglieder in Bezug auf die anderen jedem Gruppenangehörigen klar ist. Für alle, die mehr als einen Hund besitzen, ist es deshalb ein wichtiges Managementwerkzeug, ihren Hunden die Position im Haushalt mitzuteilen. Arbeiten Sie daran, zu einer wohlwollenden Führungspersönlichkeit zu werden und lassen Sie Ihre Hunde spüren, dass sie sich auf Sie verlassen können und dass Sie die Verantwortung und Führung übernehmen werden, wenn es nötig sein wird.

Hierarchisch geordnete soziale Strukturen bestehen nicht nur einfach aus »dem Dominanten« und dem Rest des Rudels. Die Struktur ist viel komplexer. In sozialen Gruppen von Arten wie Menschen und Hunden scheinen die meisten Aggressionen im »mittleren Management« stattzufinden oder unter hochrangigen Mitgliedern, die selbst vielleicht gar nicht dominant sind, aber vorrangigen Zugang zum Geschäftsführer oder zum Vorstand haben. Wenn es Ihnen gelingt, Ihre Hunde von dem Glauben abzuhalten, sie würden in eine dieser Kategorien gehören, können Sie sehr viel Spannung und Aggression aus der Gruppe herausnehmen.

Wenn zum Beispiel drei Ihrer Hunde glauben, dass sie miteinander um Plätze Nummer zwei, drei und vier in der Rangordnung konkurrieren, dann gibt es eine Menge, um das sich zu kämpfen lohnt. Schließlich ist eine Silbermedaille bei den Olympischen Spielen mehr wert als eine Bronzemedaille. Wenn Ihre Hunde aber lernen, dass die »Beta-Kategorie« in der Rangordnung (Nummer zwei – direkt hinter Ihnen, dem oder der Alpha!) nicht zugänglich ist, dann lassen die Spannungen nach und sie können sich damit abfinden, unter »ferner liefen« zu figurieren – unter denjenigen, die zwar teilnehmen, aber nicht um Medaillen kämpfen. Vieles in diesem Büchlein wird Ihnen beim Aufbau einer sozialen Struktur helfen, in der es keine Schlupflöcher für Beta-Individuen gibt.

Die beste Möglichkeit zur Vorbeugung statusbezogener Aggression ist es, eine ruhige und selbstsichere Führungspersönlichkeit zu sein, die wohlwollende Macht ausstrahlt. Das können Sie erreichen, indem Sie Ihren Hunden Grenzen setzen, ohne sie dabei einzuschüchtern und indem Sie sie lieben, ohne sie zu verziehen. Sie lernen, für das zu arbeiten, was sie haben möchten und höflich zu sein. Wenn Ihre Hunde lernen, dass sie im Leben mit rüpeligem, rücksichtslosem, konkurrierenden Verhalten »gewinnen« können, werden Sie bald ein Rudel sehr ungezogener Hunde haben, mit dem das Zusammensein nicht viel Freude macht. Wenn sie aber merken, dass Geduld und Höflichkeit ihnen Zugang zu Futter, Spielsachen, Spaß, Spiel und Ihrer Zuneigung eröffnet, wird das Leben in Ihrem Haus mit viel größerer Wahrscheinlichkeit dem entsprechen, was Sie sich vorgestellt haben. Sie selbst können eine Gesellschaft fördern, in der jedes Individuum Vorteile davon hat, höflich zu sein und in der es verliert, wenn es unhöflich ist.

Verhindern Sie also, dass Ihre Hunde sich benehmen wie verwöhnte Prinzchen und Prinzessinnen, denen man jederzeit jeden Wunsch erfüllt, wenn sie förmlich nur mit dem Fuß beziehungsweise der Pfote aufstampfen. Sie können liebevoll und wohlwollend sein und dabei trotzdem der- oder diejenige, der entscheidet, wann es Abendessen gibt, wann gespielt werden darf und wann die Hunde gestreichelt werden. Wenn Ihr Hund Ihnen zwischen die Beine läuft, sobald Sie zur Haustür hinausgehen, jedes Mal Ihre Aufmerksamkeit bekommt, wenn er sie einfordert und derjenige ist, der entscheidet, wann gespielt wird – warum sollte er dann auf Sie hören, wenn er sich gerade ein Kämpfchen mit dem neuen Hund liefern möchte, den Sie eben mit nach Hause gebracht haben?

Damit Sie rüpeliges Verhalten unter Kontrolle bringen, üben Sie die Gedulds- und Toleranzlektionen aus diesem Buch, wie zum Beispiel »Gruppen-Aus« oder »Gruppen-Bleib«. Manche Hunde lernen diese Lektionen leichter als andere. Für manche sind Geduld und Höflichkeit etwas sehr Natürliches, für andere kann es ein echter Kampf sein, sich sie anzueignen – so, wie es manchen Leuten sehr leicht fällt, ihren Ärger unter Kontrolle zu halten und andere ihr Leben lang damit kämpfen. Außerdem können manche Hunde besser mit Frustration umgehen als andere und wieder andere warten ganz einfach zufrieden, bis sie an der Reihe sind. Deshalb ist es so wichtig, dass Sie mit jedem Hund einzeln arbeiten und bereit sind, besonders viel Mühe in diejenigen zu investieren, für die diese Lebenslektionen schwieriger zu schlucken sind. Jeder Hund lehrt uns irgendetwas ganz Besonderes, und vielleicht ist einer Ihrer Hunde auch derjenige, der Ihnen Geduld beibringt. Ironie des Schicksals, oder?

ES WIRD PRAKTISCH: ÜBUNGEN FÜR DAS RICHTIGE LEBEN

Body Blocks

Das Verhalten Ihrer Hunde kontrollieren zu können, ohne sie dazu anfassen zu müssen, ist ein Ziel, in das Zeit und Mühe zu investieren sich lohnt. Wenn Sie sich auf Halsband und Leine oder eine Erziehung verlassen, die den Hund ständig körperlich berührt, werden Sie niemals die Art von jederzeit und an jedem Ort abrufbare Kontrolle über Ihren Hund bekommen, die wir uns doch alle so sehr wünschen. Und die wir alle brauchen, wenn wir viele Hunde haben. Manche Hunde betrachten die Leine als ein Signal, auf ihren Halter achten zu müssen, überhören aber Kommandos wie »Sitz«, »Bleib« oder »Hier« konstant, wenn die Leine nicht im Spiel ist. Dabei üben Hunde oft ein unglaubliches Maß an Kontrolle und Einfluss auf das Verhalten anderer Hunde aus, und das alles ganz ohne Leinen, Halsbänder oder gegenseitiges Festhalten. Aber wie machen sie das bloß?

Ein einflussreicher Hund kontrolliert die Bewegungen eines anderen Hundes, indem er den Raum um diesen herum kontrolliert. Er stellt seinen Körper vor einen anderen Hund, blockiert den Weg, den er nach seiner Vorstellung nicht nehmen soll und lässt den Weg offen, auf den er ihn haben möchte. Er teilt ihm mit: »Nicht diesen Weg, nimm einen anderen.« Hütehunde sind besonders gut in diesem »Raummanagement« und wenden es außer auf Hunde auch auf andere Tiere an. Arbeitende Border Collies bewegen ständig andere Tiere, ohne sie anzufassen. Sie tun das, indem sie Raum für sich beanspruchen. Es funktioniert so ähnlich, wie Verteidiger im Fußballspiel eher den Raum vor dem Tor für sich beanspruchen anstatt zu versuchen, das Verhalten des Balles direkt zu kontrollieren.

Wenn ein Hund seinen Körper zur Kontrolle des Raums einsetzt, aber ein anderer Hund trotzdem weitergeht, dann wird ein selbstbewusster Hund stehen bleiben. Er wird nicht versuchen, einem Zusammenstoß auszuweichen, sondern einfach weiterhin den Raum für sich beanspruchen wollen. Manche Hunde gehen sogar so weit, andere Hunde absichtlich wegzuschubsen. Natürlich möchten wir nicht, dass Sie Ihren Hund wegschubsen. Aber es ist sehr hilfreich, wenn Sie diese Art von Raummanagement zu einem Bestandteil Ihrer Kommunikation mit Hunden machen.

Konzentrieren Sie sich auf die Tatsache, dass Bewegungen Ihres Oberkörpers für den Hund viel leichter verständlich sind als Bewegungen Ihrer Hände. Hunde benutzen nicht ihre Pfoten, um einen anderen Hund zu kontrollieren, sondern ihren ganzen Körper. Um so effektiv wie möglich zu sein, sollten Sie deren Beispiel folgen und ihren Oberkörper anstatt ihrer »Pfoten« einsetzen, wenn Sie Körperkontakt einsetzen müssen, um das Verhalten Ihres Hundes zu beeinflussen. »Heulen Sie mit den Wölfen« – machen Sie es wie die Hunde, und Sie werden erstaunt sein, was Sie erreichen können! Mit ein paar kleinen Änderungen unter Berücksichtigung der menschlichen Anatomie (insbesondere der Sache mit der Zweibeinigkeit) können die Abblock-Bewegungen der Hunde alle in ein Repertoire an

Verhaltensweisen übersetzt werden, das Sie zur Kontrolle Ihrer Hunde mittels Beeinflussung des Raumes um sie herum einsetzen können.

Wir nennen die gesamte Kategorie dieser Raummanagement-Manöver »Body Blocks«, und wir benutzen sie in ganz unterschiedlichen Zusammenhängen. Damit Sie Body Blocks effektiv einsetzen können, müssen Sie sich der Position Ihres eigenen Körpers im Raum und Ihrer Bewegungen bewusst sein, und zwar auch der seitlichen Bewegungen, des leichten Vor- oder Zurückneigens des Oberkörpers und des tatsächlichen Hinbewegens auf den Hund zu oder des Wegbewegens von ihm. Klingt verwirrend? Body Blocks sind eigentlich ganz einfach zu erklären, wenn man sie vormachen kann, aber sie in Worten zu beschreiben ist ähnlich kompliziert, als wollte man einen doppelten Rittberger im Eiskunstlauf oder ein Korbleger im Basketball in einem Buch erklären. Trotzdem liefern wir hier ein paar Beschreibungen, wie Sie Ihren Körper für unterschiedliche Body Blocks bewegen müssen. Sie werden Ihnen hoffentlich ein klares visuelles Bild davon liefern, was Sie tun müssen und wie.

Nehmen wir an, Sie haben Ihrem Hund »Bleib« befohlen, aber er steht auf und beginnt, den Küchenboden nach heruntergefallenen Brotkrümeln abzusuchen. Wenn er sich dabei von links vorne auf sie zubewegt, kontern Sie mit einer Gegenbewegung in seine Richtung, indem Sie nur einen einzigen Schritt nach vorne-seitlich machen – in den Raum hinein, den er gerade für sich beanspruchen wollte. Das war ein Body Block. Bei vielen Hunden reicht es aus, den Raum zu blockieren, den sie gerade für sich beanspruchen wollten, um sie am weiteren Vorgehen zu hindern. Wenn Ihr Hund jetzt innehält, müssen Sie darauf antworten, indem Sie sich zurücklehnen oder zurückgehen und damit den Druck vom Hund nehmen. Seien Sie aber bereit, sich jederzeit wieder nach rechts oder links zu bewegen, wenn er einen neuen »Durchbruch« versucht. Mit wie viel Vehemenz genau Sie Ihren Raum beanspruchen müssen, hängt ganz von Ihrem Hund ab. Sehr sensible Hunde bleiben schon stehen oder weichen gar zurück, wenn Sie sich nur ein bisschen mit dem Oberkörper vorlehnen. Andere dagegen werden ein reines Vorbeugen vielleicht vollkommen ignorieren und fordern von Ihnen deutlichere Bewegungen, damit sie den Raum freigeben. Aber für jeden Hund gilt: Je schneller Sie reagieren, desto besser. Sobald Sie und Ihr Hund mehr Erfahrung und Übung in dieser Sache haben, reicht es vermutlich, wenn Sie sich ein paar Zentimeter vorbeugen, sobald Ihr Hund erste Anstalten macht, sich aus der »Bleib«-Position zu entfernen. Diese ersten Anstalten können nur ein leichtes Verlagern des Körpergewichts sein. Körperlich robustere, etwas rüpelige Hunde werden Sie anfangs vermutlich ignorieren und trotzdem weiter auf Sie zukommen. Sagen Sie dann nichts, aber »sprechen« Sie weiter mit Ihrem Körper, um weiterhin den Raum zu blockieren, in den Ihr Hund eindringen möchte. Seien Sie immer darauf gefasst, sich blitzschnell nach rechts oder links bewegen zu müssen, und das so lange, bis der Hund den Versuch aufgibt, an Ihnen vorbeizukommen und zu Ihnen hochsieht. In exakt der Sekunde, in der er sich wieder in seine Ausgangsposition des »Bleib« begibt, belohnen Sie ihn mit einem Leckerchen.

Mit Body Blocks können Sie nicht nur ein verlässliches »Bleib« einüben, sondern auch nicht eingeladene Hunde davon abhalten, auf Ihren Schoß zu springen, Ihnen die Vorderpfoten auf die Brust zu stemmen oder Ihnen auf dem Kopf herumzutanzen, so wie gewisse überfreundliche Vierzig-Kilo-Hunde es besonders gerne zu tun pflegen, wenn Sie gerade auf dem Sofa sitzen. Denken Sie wieder daran, dass Hunde nicht ihre Pfoten benutzen, um andere Hunde wegzuschieben. Lassen Sie also Ihre Hände aus dem Spiel, sondern pressen Sie diese lieber bewusst gegen Ihre Brust, beugen Ihren Oberkörper vor und schieben den Hund mit dem Körper weg, so wie Hunde das untereinander auch tun. Auch hier müssen Sie die Intensität Ihrer Bewegungen wieder daran anpassen, wie sensibel der Hund ist. Versuchen Sie diese Technik beim nächsten Mal, wenn Ihnen ein besonders enthusiastischer Hund auf den Schoß zu springen versucht. Verschränken Sie Ihre Arme vor der Brust, noch bevor der Hund bei Ihnen ankommt und beugen Sie sich dann vor, um ihn mit Ihrer Schulter, Ihrem Ellbogen oder Ihrer Hüfte abzublocken und setzen Sie sich sofort wieder aufrecht hin, sobald der Hund zurückgewichen ist. Die meisten Hunde geben nicht sofort auf, sondern versuchen es noch ein paar Mal hintereinander. Immerhin wurden sie ja zuvor lange Zeit für dieses Verhalten belohnt, und sei es nur dadurch, dass man ihnen Aufmerksamkeit entgegenbrachte. Der Schlüssel ist, den Raum für sich zu beanspruchen, bevor der Hund es tut. Genauso, wie Ihre Hunde es untereinander tun, wenn einer dem anderen den Weg zu Ihnen versperrt, indem er sich einfach zwischen Sie und den anderen Hund stellt.

Zusammengefasst lässt sich also sagen: Body Blocks können ganz verschiedene Formen annehmen. Sich Vorbeugen im Sitzen oder Stehen, auf den Hund zugehen oder sich ähnlich wie ein Torhüter benehmen, der von Seite zu Seite springt und dem Hund in den Weg tritt. Was alle diese Manöver gemeinsam haben, ist, dass sie es Ihnen ermöglichen, die Bewegungen Ihres Hundes und sein Verhalten dadurch zu kontrollieren, dass Sie den Raum um ihn und sich herum managen. Hunde reagieren sehr gut auf dieses Raummanagement, vermutlich, weil es ein so natürliches Verhalten für sie ist. Viele reagieren sogar so, als würde förmlich eine Glühbirne in ihrem Kopf angehen, wenn sie das erste Mal mit Menschen zu tun haben, die Body Blocks zeigen. Vielleicht kommt es ihnen so vor, als ob ihre Menschen nun endlich Vernunft angenommen hätten. Natürlich können sie lernen, Menschen zu verstehen – genauso, wie wir eine Fremdsprache lernen können. Aber wie schön ist es doch, auf einer Reise in einem fremden Land plötzlich die eigene Sprache zu hören!

Abgesehen davon, dass Body Blocks für Hunde verständlich sind und deshalb effektiv funktionieren, haben sie aber auch noch weitere Vorteile. Sie können sie jederzeit und überall einsetzen. Das einzige Werkzeug, das Sie dazu brauchen, ist Ihr eigener Körper, den Sie vermutlich immer bei sich haben, selbst an besonders hektischen Tagen. Keine Leinen, keine Halsbänder und keinerlei sonstigen Hilfsmittel sind nötig. Body Blocks stehen Ihnen immer zur Verfügung. Und sie bewahren Sie davor, Hunde zu haben, die nur dann reagieren, wenn Sie beide angeleint sind. Außerdem wird Ihr Hund auch nicht Ihre ausgestreckte Hand meiden, wie das häufig Hunde tun, die mit anderen Methoden trainiert wurden.

Weil Body Blocks in so vielen verschiedenen Situationen nützlich sind, werden sie in diesem Buch noch häufiger vorkommen. Setzen Sie sie für sich auf Ihre Liste der Dinge, die Sie wirklich *beherrschen* sollten – und Sie werden feststellen, dass Ihre Trainingsmöglichkeiten ungemein bereichert werden.

Wenn jemand anderes der Star des Abends ist

Eine der vielen Situationen, mit denen ein Hund in einem Mehrhunde-Haushalt umzugehen lernen muss, ist: Zusehen, wie ein anderer Hund Aufmerksamkeit oder Leckerchen bekommt. Wie bringt man einen Hund dazu, diese grausame, aber wahre Tatsache des Lebens zu akzeptieren? Ganz einfach: Bestärken Sie einen Hund für das Warten, während ein anderer von Ihnen Aufmerksamkeit bekommt. Bringen Sie jedem Hund bei, dass gute Dinge geschehen, wenn er im »Bleib« verharrt, während ein anderer Hund beachtet wird. Beginnen Sie damit, sobald der Hund verlässlich das »Bleib« beherrscht. Sagen Sie dann einem Hund, dass er sich gleich neben Sie oder hinter Sie setzen und dort bleiben soll. Dann geben Sie Ihrem anderen Hund, der ein paar Schritte von dem wartenden Hund entfernt ist, ein paar Sekunden (nicht mehr!) Aufmerksamkeit und Streicheleinheiten. Dann wenden Sie sich dem wartenden Hund zu, loben Sie ihn mit ruhiger Stimme, geben Sie ihm ein Leckerchen und entlassen Sie ihn aus dem »Bleib«. Wiederholen Sie das zwei bis drei Mal pro Übungseinheit.

Wenn der Hund aus dem »Bleib« aufsteht, schicken Sie ihn mit einem Body Block dorthin zurück. Verlässt er seine Position trotzdem wiederholt, machen Sie die Aufgabe einfacher für ihn, indem Sie zuerst »Bleib« in einer Umgebung mit weniger Ablenkungen mit ihm üben oder nur eine kürzere Zeit des Bleibens verlangen, bevor Sie ihn belohnen.

Wenn Sie die oben beschriebene Übung ein- oder zweimal erfolgreich gemacht haben, versuchen Sie diese Variante: Wenn Sie sich wieder dem im »Bleib« wartenden Hund zuwenden, loben Sie ihn und geben ihm ein Leckerchen, entlassen ihn aber dieses Mal nicht aus dem »Bleib«. Schenken Sie Ihre Aufmerksamkeit stattdessen wieder für ein paar Sekunden lang dem anderen Hund, während der erste weiter im Sitzen wartet. Dann erst wenden Sie sich wieder dem sitzenden Hund zu, loben ihn, geben ihm die Futterbelohnung und lassen ihn frei. Wenn Sie das eine Woche lang zwei oder drei Mal täglich geübt haben, können Sie die Zeit verlängern, die Ihr Hund sitzen bleiben muss, während Sie zwischen beiden Hunden hin- und hergehen. Die Idee dabei ist, dass die Hunde lernen: Es ist prima, Ihnen dabei zuzuschauen, wie Sie sich mit einem anderen Hund beschäftigen, denn das bedeutet, dass gleich tolle Dinge passieren!

Alleine bleiben können

Alle Hunde sollten dazu in der Lage sein, sich entweder in einer Box oder in einem abgetrennten Raum auch einmal selbst zu amüsieren. Damit Sie mit Ihren Hunden einzeln arbeiten können, brauchen Sie einen Platz, an dem die anderen derweil bleiben können. Das kann eine Box sein, ein Wäscheraum, ein Schlafzimmer oder auch ein Außenzwinger. Um Ihren Hund auf einen geschlossenen Bereich (egal welcher Art) zu konditionieren, spielen Sie mit ihm ein Spiel: Lassen Sie ihn drei bis fünf Mal hintereinander hinein- und wieder herausgehen, um Leckerchen zu ergattern, die Sie hineingeworfen haben. Er wird bald lernen, dass es Spaß macht, in diesen geschlossenen Bereich hineinzugehen, weil da drinnen immer etwas Gutes passiert. Spielen Sie dieses Spiel ein paar Tage lang jeden Abend. Machen Sie die Tür dabei noch auf keinen Fall zu, Ihr Hund soll hinein- und herausgehen können, wie er möchte. Sobald er verlässlich hineingeht, beginnen Sie, die Tür nur für eine Sekunde hinter ihm zuzumachen und sie wieder zu öffnen, wenn er sein Leckerchen aufgefressen hat. Nachdem Sie das ein paar Mal wiederholt haben, legen Sie nun einen Kong® mit leckerer Füllung hinein, schließen die Tür und lassen sie geschlossen, solange er damit beschäftigt ist, die Leckereien aus dem Kong® herauszubefördern. Nun haben Sie einen Hund, der freiwillig in einen umschlossenen Bereich hineingeht und sich auch darin wohlfühlt, wenn die Tür geschlossen ist.

Nach etwa einer Woche mehrfachen Übens pro Tag können Sie damit beginnen, den Hund mit einem gefüllten Kong® länger bei geschlossener Tür drinnen zu behalten. Achten Sie darauf, dass er dabei Futter bekommt, das er wirklich gerne mag. Sobald er ganz und gar mit seinem Kong® beschäftigt ist, gehen Sie für dreißig Sekunden weg. Kommen Sie unbedingt zurück, *bevor* er seinen Kong® leergefressen hat, öffnen Sie dann die Tür und nehmen ihm den Kong® ab. So lernt er, dass er dieses ganz spezielle Wunderspielzeug mit Futter darin nur dann bekommt, wenn Sie weggehen. Langsam wird er sich zu fragen beginnen, wann Sie ihn endlich wieder einsperren, damit er weiter futtern kann!

Steigern Sie allmählich die Zeitdauer, die Ihr Hund alleine in dem geschlossenen Bereich bleibt. Wählen Sie dazu eine Tageszeit aus, zu der Ihr Hund vermutlich ohnehin ein Schläfchen halten wird, nachdem er die Leckerchen aus dem Kong® gesaugt hat und lassen Sie ihn dann allmählich immer länger alleine. Wichtig ist, dass Sie sich mit den ersten Schritten, wenn Sie nur ganz kurz weggehen, am längsten beschäftigen. Sobald Ihr Hund dreißig Sekunden, eine Minute und dann fünf Minuten alleine bleiben kann, können Sie das Intervall schneller auf dreißig Minuten, eine Stunde und dann zwei Stunden ausdehnen.

Ob Sie für alle Hunde den gleichen Bereich benutzen oder verschiedene, kommt ganz darauf an, was bei Ihnen am besten funktioniert. Sind Ihre Hunde glücklicher, wenn Sie sie zusammen einsperren, dann arbeiten Sie mit Paaren. Möglicherweise müssen Sie den Vorrat an Leckerchen dann vergrößern, damit er für alle ausreicht. Wenn die Hunde untereinander Futterneid zeigen oder aus irgendeinem anderen Grund besser alleine eingesperrt werden, dann konditionieren Sie jeden von ihnen auf einen anderen Bereich des Hauses. Es ist eine feine Sache, wenn Sie Ihre Hunde einsperren können: Damit haben Sie immer eine praktische Lösung in petto, egal, wie gut erzogen Ihre Hunde auch sind. Schließlich haben wir alle doch hin und wieder mit Situationen zu tun, in denen die Hunde im Weg wären: Verwandte, die Hunde nicht mögen, kommen zu Besuch, der Küchenboden muss neu gefliest werden oder es muss eine neue Haustür eingesetzt werden. (Sie liegen richtig mit der Vermutung, dass diese Beispiele aus meiner eigenen Erfahrung gegriffen sind.)

Tischmanieren

Für viele Hunde ist das Abendessen das Ereignis des Tages. Immerhin ist es das für viele Menschen ja auch – uns inbegriffen! Snoopy hatte sogar seinen eigenen Essenszeit-Tanz, um seiner Freude Ausdruck zu verleihen. In Haushalten mit großen Hunderudeln kann diese Zeit des Tages aber leicht ein klein wenig zu aufregend werden. Was die Essens- beziehungsweise Fressenszeit in Multi-Hunde-Haushalten besonders interessant macht, ist die Frage »Wer bekommt was«. Viele Hunde scheinen der Meinung zu sein, dass das Trockenfutter im Nachbarnapf immer besser schmeckt und betrachten das Ganze unter der Philosophie »Was mein ist, ist mein, und was dein ist, ist auch mein«. Andere Hunde sind sehr besorgt darum, auch schnell genug zu fressen, bevor ein anderer Hund nachsehen kommt, was sie denn da im Napf haben.

Es gibt verschiedene Möglichkeiten, die Zeit der Abendfütterung ein wenig entspannter für alle zu gestalten. Wenn es so chaotisch zugeht, dass Ihre Hunde nicht gefahrlos und bequem in einem Raum fressen können, dann füttern Sie sie unbedingt getrennt. Füttern Sie in verschiedenen Räumen, in ihren Boxen oder weisen Sie jedem eine andere Ecke im Haus zu, in der er sein Abendessen genießen kann. Falls Ihre Hunde zwar problemlos im gleichen Raum fressen, Sie aber das Gefühl haben, dass ein oder mehrere Hunde ein wenig zu schnell nach den Nachbarnäpfen schauen gehen, dann versuchen Sie doch mal, Ihren Hunden »Nachtisch« zu geben.

Mit »Nachtisch geben« meinen wir, dass die Hunde ein Extra-Leckerchen für alternatives Verhalten bekommen – also dafür, dass sie etwas anderes tun, als die noch fressenden Hunde zu belästigen. Bringen Sie zum Beispiel all Ihren Hunden bei, in einen anderen Bereich des Hauses zu gehen, nachdem sie mit Fressen fertig sind, anstatt aus den Näpfen der anderen zu stiebitzen. Sie können ihnen zeigen, dass sie etwas Besseres als die Futterreste der anderen bekommen, wenn sie nach dem Fressen zum Hinterausgang gehen. Anders gesagt: Den Nachtisch gibt es nicht bei den noch fressenden Hunden, sondern er wird an einem anderen Ort serviert.

Um Ihren Hunden das beizubringen, stellen Sie sich zur Fressenszeit in die Nähe desjenigen Hundes, der Ihrer Vermutung nach als Erster seinen Napf leerhaben wird. Locken Sie ihn dann mit einem Leckerchen zur Hintertür (oder wohin auch immer) und von den Näpfen der anderen Hunde weg. Setzen Sie Body Blocks ein, um zu verhindern, dass er unterwegs noch die Nase in die Näpfe anderer steckt. Versuchen Sie, nichts zu sagen, um die ganze Prozedur nett und ruhig zu gestalten. Sobald Sie zum »Nachtischbereich« kommen, geben Sie Ihrem Hund schnell die besonders köstlichen Leckerchen, damit er sich wirklich freut, mitgekommen zu sein. Weil Hunde meistens unterschiedlich lange zum Fressen brauchen, kann es gut sein, dass Sie diese Prozedur alleine bewältigen können. Aber vielleicht haben Sie ja auch Glück und weitere nette Menschen im Haus, die gerne beim Hunde-Nachtisch mitmachen. Jeder kann sich dann um einen Hund kümmern. Wenn Sie Hilfe brauchen, aber nicht genügend Helfer für jeden Hund haben, können Sie Barrieren oder Tore einsetzen, damit die Hunde während des Lernprozesses keinen Fehler machen und nicht wieder zu den Näpfen der anderen gehen. Wiederholen Sie das jeden Abend zur Fressenszeit, bis Ihre Hunde wissen: Es ist wirklich eine prima Idee, nach dem Essen zur Nachtischbar zu gehen!

Anstatt die Hunde nach dem Fressen an einen anderen Ort gehen zu lassen, können Sie ihnen auch alternativ beibringen, an ihren Näpfen zu bleiben, wenn sie mit Fressen fertig sind. Das geht ganz leicht, indem Sie ihnen ein paar Sekunden nach dem Auffressen eine besonders gute Leckerei in den Napf füllen. Warten Sie allmählich immer ein wenig länger, bevor Sie das Leckerchen in den Napf tun – bis alle brav an den Näpfen auf ihren Nachtisch warten.

Besucher begrüßen

Selbst wir, die wir Hunde lieber mögen als Schokolade, sind nicht unbedingt erpicht darauf, an der Haustür von einem Hunderudel wie von einem LKW überrollt zu werden. Einmal angenommen, dass die meisten Besucher das ähnlich sehen, werden Sie bei Ihren Mitmenschen mehr

Beliebtheit genießen, wenn Sie Ihren Hunden höfliches Benehmen an der Haustür beibringen. Das ist nicht nur gut für Ihre menschlichen Freunde, sondern auch für Ihre Hunde. In vielen Fällen von Aggression unter Hunden begann der Kampf in der überschwänglichen Begrüßungssituation von Besuchern an der Haustür. Eigentlich ist die Lösung des Problems einfach: Überlegen Sie, was die Hunde Ihrer Vorstellung nach tun sollen, wenn Besuch kommt und bringen Sie ihnen das dann bei. Schon gut, gut, dass klingt wirklich blödsinnig einfach, aber seltsamerweise ist genau das ein Schritt, den viele zu überspringen scheinen. Aus irgendeinem Grund trainieren wir unsere Hunde endlos lange für Agilitywettbewerbe oder Obedience, aber nicht für gutes Benehmen an der Haustür.

Vier mögliche Herangehensweisen sind:

1. Bringen Sie Ihren Hunden bei, ein paar Meter weit von der Haustür zurückzutreten, bevor Sie diese öffnen.

2. Bringen Sie Ihren Hunden bei, sich an einer bestimmten Stelle hinzusetzen und dort zu warten, wenn Besuch kommt.

3. Bringen Sie ihnen bei, loszulaufen und eins ihrer Spielzeuge holen zu gehen, um so ihre Begeisterung über die Ankunft des Besuchs auf etwas anderes umzulenken.

4. Nutzen Sie das bereits Trainierte und sperren Sie die Hunde in Boxen oder separate Räume, bevor Sie die Besucher ins Haus lassen.

Alle vier Möglichkeiten verhindern, dass die Hunde miteinander um die Aufmerksamkeit der Besucher rangeln und verhelfen Ihren Gästen dazu, sich willkommen zu fühlen, anstatt das Weite suchen zu wollen. Bringen Sie Ihren Hunden bei, das gewünschte Verhalten dann zu zeigen, wenn es an der Türe klingelt oder klopft. Lassen Sie dazu jemanden aus der Familie oder einen Freund klingeln und sagen Sie Ihren Hunden, was sie tun sollen.

Nach vielen Wiederholungen werden Ihre Hunde das Verhalten, das Sie ihnen antrainiert haben, von alleine zeigen, wenn sie es klingeln oder klopfen hören.

Das Drängeln vor der Tür können Sie mit Body Blocks und Leckerchen abstellen: »Schieben« Sie die Hunde mit Ihrem Körper von der Tür zurück und geben Sie ihnen dann eine Bestärkung, wenn sie sich da aufhalten, wo Sie es möchten. In diesem Fall müssen Sie nicht unbedingt »Sitz und Bleib« von Ihren Hunden verlangen, aber ihnen klarmachen, dass sie erst dann in Richtung Türe laufen und den Besuch begrüßen dürfen, wenn Sie es sagen. Dieses Detail erfordert den wenigsten Trainingsaufwand, und wenn man selbst erst einmal mit der Body Block-Technik gut zurechtkommt, ist das Problem meist schnell gelöst.

Wichtig ist, dass Sie dabei die folgenden Schlüsselmomente beachten:

1. Bringen Sie Ihre Hunde zum Zurückweichen von der Tür, indem Sie einfach ruhig so weit auf sie zugehen, dass sie Ihnen Platz machen.

2. Setzen Sie Ihren Körper nach dem Vorbild eines Torwarts ein, um die Hunde nach Bedarf zurückzuhalten.

3. Geben Sie Ihren Hunden viel Bestärkung, wenn sie in dem ihnen zugewiesenen Bereich bleiben.

Arbeiten Sie anfangs mit jedem Hund einzeln. »Blocken« Sie ihn von der Tür weg zu einem Bereich, in dem er von Ihnen belohnt wird. Erst dann fügen Sie einen Besucher mit ins Bild hinzu, der an der Tür stehen bleibt, während Sie den Hund mit Hilfe von Body Blocks von der Tür weglotsen und hin zu dem Bereich, in dem er belohnt wird. Die Wahl der richtigen Belohnung kann dabei sehr entscheidend sein. Wenn Sie erfolgreich gegen ankommende Gäste konkurrieren möchten, müssen Sie sich schon mit so etwas Ähnlichem wie Filet Mignon bewaffnen anstatt mit Weizenkeimen (um Entsprechungen im menschlichen Geschmack zu nennen). Wenn Sie alle Hunde einzeln trainiert haben, arbeiten Sie mit jeweils zwei, dann mit drei Hunden gleichzeitig. Inszenieren Sie das Training so, dass Ihre hundebegeisterten Freunde zu Besuch kommen. Es übt sich besser, wenn Sie selbst entspannt sind und sich ganz der Aufgabe widmen können anstatt ausgerechnet dann, wenn Ihr Chef zum Abendessen kommt.

Den Hunden beizubringen, sich bei der Ankunft von Gästen hinzusetzen und zu warten, funktioniert nach dem gleichen Prinzip. Sie fügen einfach das Kommando »Sitz-Bleib« hinzu, während hilfsbereite Freunde immer wieder für Sie den Besuch spielen. (Sie können anfangs auch mit

Familienmitgliedern üben, die einfach nur rein- und rausgehen, um das Muster zu etablieren.) Achten Sie darauf, die Hunde mindestens zwei bis drei Meter von der Tür entfernt hinzusetzen.

Wenn Sie Hunde haben, die ganz verrückt nach Spielsachen sind, funktioniert die Methode prima, sie nach ihrem Spielzeug zu schicken. Genau wie manche fünfjährigen Kinder jedem gerne ihre Spielsachen zeigen, so können auch viele Hunde nicht widerstehen, ihr Lieblingsspielzeug herbeizuschleppen, wenn sie Besuch begrüßen. Mit solchen Hunden ist das Training einfach. Schicken Sie sie einfach zu ihrem Lieblingsspielzeug, wenn Sie selbst oder jemand anderes ins Haus kommen. Viele ballverrückte Hunde kennen ohnehin schon Worte wie »Hol deinen Ball«. Wenn Sie das jedes Mal dann, wenn Besuch kommt, sagen und anschließend auch mit Ihren Hunden spielen, werden sie sehr schnell lernen, dass Gäste eine lustige Spielzeit bedeuten. Achten Sie darauf, den Hund auch wirklich zu bestärken, wenn er Ihnen sein Lieblingsspielzeug bringt. Wenn Sie ihm das Spielzeug jetzt abnehmen, bestrafen Sie ihn! Wenn Sie aber nun ein kurzes Spielchen mitmachen, dann wird Ihr Hund Ihnen beim nächsten Mal, wenn es wieder an der Türe klingelt, mit höherer Wahrscheinlichkeit wieder sein Spielzeug bringen.

»Wartet!« für die ganze Gruppe

Warum »Alle Warten!« üben?
Wenn einer Ihrer Hunde in seiner Eile, schnell aus der Tür zu kommen, andere Rudelmitglieder über den Haufen

rennt, ist er nicht höflich und respektvoll. Wenn Sie all Ihren Hunden beibringen, an der Tür zu warten und nur auf Aufforderung einer nach dem anderen hindurchzugehen, übernehmen Sie die Kontrolle über den Hauseingang und belohnen Geduld und höfliches Benehmen. Das ist die Mühe wirklich wert! Vorbei die Zeiten, in denen Ihre Hunde Sie oder andere Hunde jedes Mal fast umwarfen, wenn Sie die Tür öffneten. Und wenn man dann noch bedenkt, dass viele Raufereien unter Hunden genau in dieser Situation vor der Tür beginnen, dann ist diese Art der Kontrolle eine hervorragende Möglichkeit zur Verhinderung von Problemen. Sie müssen das nicht unbedingt jedes Mal so machen, wenn Ihre Hunde nach draußen gehen, sondern nur oft genug, dass sie Manieren lernen.

»Warte!« einzeln üben
Bevor Sie »Warten!« mit der ganzen Gruppe üben, müssen alle Ihre Hunde alleine warten können. Arbeiten Sie also wieder zuerst mit jedem Hund einzeln. Stellen Sie sich mit dem Gesicht zu Ihrem Hund so zwischen Hund und Tür, dass Sie ihn mit Body Blocks kontrollieren können. Wenn es aus Sicherheitsgründen nötig ist, leinen Sie Ihren Hund an, aber lassen Sie die Leine unbedingt locker. (Am besten funktioniert es übrigens, wenn jemand anderer die Leine hält oder Sie sie am Treppengeländer festbinden, damit Sie sich auf Ihre Körpersprache anstatt auf die Leine verlassen.) Wenn Ihr Hund sich der Türe nähert, gehen Sie auf ihn zu und »schieben« ihn davon weg. Wenn er um Sie herumzukommen versucht, bewegen Sie sich schnell, um ihm wieder den Weg zu versperren. Wenn Sie das richtig machen, werden Sie sich fühlen wie ein Tormann beziehungs-

weise eine Torfrau beim Eishockey. Sobald Sie ihn etwa ein bis zwei Meter von der Tür weggelotst haben, sagen Sie mit ruhiger Stimme »Warte« und öffnen dann die Tür einen Spalt. Die meisten Hunde stürzen nach vorn, wenn sie sehen, dass die Tür aufgeht. Seien Sie also darauf gefasst, ihm wieder den Weg zu verstellen, wenn er hinausstürzen möchte.

Was Sie tun, hängt vom Verhalten Ihres Hundes ab. Wenn er versucht, sich zur Tür hinauszudrängen, bevor Sie ihm die Erlaubnis dazu gegeben haben, verstellen Sie ihm den Weg oder schließen Sie die Tür, bevor er hindurchschlüpfen kann. (Passen Sie auf, dass Sie die Tür nicht auf Ihren Hund zuschlagen.) Dann »schieben« Sie ihn wieder ein paar Meter weit von der Tür weg. Jetzt geben Sie ihm eine neue Chance, die richtige Wahl zu treffen: Öffnen Sie die Tür wieder ein wenig und machen den Weg frei. Widerstehen Sie der Versuchung, den gesamten Wohnungs- oder Hausflur mit Ihrem Körper besetzen zu wollen. Gehen Sie zur Seite, damit Ihr Hund selbst entscheiden kann, was er tut – warten oder hinausstürmen. Falls er sich für das Warten entscheidet, gehen Sie als Erstes durch die Tür und geben ihn dann frei, indem Sie ihn mit freundlicher Singsang-Stimme beim Namen rufen. Wenn der Name Ihres Hundes nur aus einer Silbe besteht, kann es helfen, ihn zweimal hintereinander zu sagen und die Stimme bei der Wiederholung etwas anzuheben. Bei mehrsilbigen Namen heben Sie Ihre Stimme nach der ersten Silbe an. Der Hund schafft es nur dann, aus der Tür zu kommen, wenn er mit Drängeln aufhört. Das Hinausgehen wird zu seiner Belohnung für das Warten, weshalb Sie in diesem Fall kein

Leckerchen brauchen. Für die meisten Hunde ist Draußensein das größte Leckerchen überhaupt!

Wiederholen Sie diese Übung nicht mehr als drei- oder viermal in jeder Trainingseinheit und enden Sie immer mit einem Erfolg. Beachten Sie, dass »Warte« etwas anderes ist als »Bleib«. »Bleib« bedeutet, so lange an einem Ort zu bleiben, bis man wieder entlassen wird, während »Warte« heißt, dass der Hund sich nicht nach vorn bewegen kann, bis es ihm erlaubt wird. Wenn Sie »Warte« sagen und Ihr Hund sich daraufhin ganz von der Tür wegdreht, ist das absolut in Ordnung. Alles, was Sie möchten, ist ja nur, dass Ihr Hund aufhört, sich durch die Tür zu drängeln, er muss nicht ein festes »Bleib« einhalten. Versuchen Sie zu erreichen, dass Ihr Hund allein auf das Wort »Warte!« hin zögert oder von der Tür weggeht, Sie also Ihren Körper gar nicht mehr einsetzen müssen. Sobald er das konsequent befolgt, sind Sie bereit für den nächsten Schritt.

»Warte« mit mehr als einem Hund üben
Sobald Ihre Hunde einzeln verlässlich warten, ist es an der Zeit, das Warten in der Gruppe zu üben. Hüten Sie sich aber davor, das Warten in der Gruppe ohne Hilfe zu üben, falls Sie je mit ernsthafter Aggression unter Ihren Hunden an der Haustür zu tun hatten. Zur Vorbeugung gegen dieses Problem taugt die Übung aber bestens. Beginnen Sie mit zwei Hunden, auch wenn Sie vielleicht drei oder mehr besitzen. Sagen Sie »Hunde, wartet!« in ruhiger, vernünftig klingender Stimme. Es gibt keinen Grund dafür, grob oder gemein zu klingen. Achten Sie nur darauf, dass Ihre Stimmlage tief ist und Sie die Stimme nicht anheben wie

zum Stellen einer Frage. Bedenken Sie, dass dies hier eine neue Situation für die Hunde ist und sie sich nicht unbedingt genauso verhalten werden, wie sie es bis jetzt in den Einzelübungen getan haben. Auch wenn sie beim Üben mit Ihnen alleine keine Anstalten machen, zur Tür hinauszudrängeln, kann es jetzt trotzdem sein, dass sie »sich vergessen« und doch wieder auszubrechen versuchen. Seien Sie also wie zuvor wieder darauf gefasst, Ihre berühmten Body Blocks einzusetzen. In dem Moment, in dem beide Hunde höflich warten, rufen Sie einen von Ihnen mit leiser Singsang-Stimme beim Namen, um ihn freizugeben.

Rufen Sie am besten den Hund, der sich am weitesten von Ihnen weg befindet, damit Sie den anderen notfalls besser mit Body Blocks stoppen können. Nur der gerufene Hund darf nach vorne kommen und zur Tür hinausgehen. Seien Sie darauf vorbereitet, den anderen Hund abblocken zu müssen – er könnte Ihre freundliche Stimme auch auf sich beziehen oder versuchen, dem anderen Hund zuvorzukommen. Sobald der zweite Hund höflich wartet, rufen Sie ihn mit freundlicher Singsang-Stimme und lassen ihn hinaus. Wiederholen Sie die gleiche Übung sofort mit umgekehrter Reihenfolge – jetzt geht der andere Hund zuerst. So wird jeder der beiden Hunde für das Warten bestärkt.

Die meisten Hunde brauchen nicht lange, um dieses neue Spiel zu verstehen. Hunde kennen ihre eigenen Namen in aller Regel genauso gut wie die der anderen Hunde im Haus. Sagen Sie beim Warten in der Gruppe *nicht* »okay!« oder ein anderes allgemeines Auflösungskommando, auch nicht dann, wenn Sie den Namen des Hundes voranstellen.

Eine von uns hatte einmal lange Zeit vergeblich versucht, ihren Hunden klarzumachen, dass »Spot, okay« sich nur auf Spot bezog, aber es klappte einfach nicht. Sobald die Hunde »okay« hörten, kamen sie alle in Bewegung und waren dann sehr verwirrt, von einem Body Block aufgehalten zu werden – wo sie das »okay« doch so deutlich gehört hatten.

Noch mehr Geduld beim Warten in der Gruppe üben
Wenn Sie das Warten in der Gruppe üben, ist es wichtig, dass Sie immer wieder die Reihenfolge ändern, in der die Hunde zur Tür hinausgelassen werden. Die Hunde sollen nie wissen, wer als Nächstes gehen darf. Wer jeweils als Erster gehen darf, können Sie beispielsweise danach entscheiden, welcher Hund gerade am bravsten wartet. Hoffentlich wird dann beim nächsten Mal ein anderer Hund am schönsten warten. Aber variieren Sie die Reihenfolge auch dann, wenn ein bestimmter Hund immer ganz besonders viel Geduld vor der Haustür zeigt.

Warten mit der ganzen Gruppe
Wenn Sie mit allen möglichen Paarkombinationen von Hunden in Ihrem Haushalt geübt haben, versuchen Sie es mit allen möglichen Dreierkombinationen. Sagen Sie »Hunde, warten« und warten Sie, bis alle Hunde Ihnen Folge leisten, indem Sie sie ungestört zur Tür gehen lassen und dabei keinerlei Druck auf sie ausüben.

Möglicherweise müssen Sie wieder auf Ihre Body Blocks zurückgreifen, um das zu erreichen. Lassen Sie dann einen Hund vor, indem Sie fröhlich seinen Namen sagen. Seien

Sie darauf vorbereitet, die beiden anderen eventuell mit Body Blocks zurückhalten zu müssen. Dann geben Sie den zweiten Hund mit seinem Namen frei und sind darauf vorbereitet, eventuell den dritten mit Hilfe eines Body Blocks zurückhalten zu müssen. Schließlich sagen Sie auch den Namen des dritten Hundes und lassen ihn zur Tür heraus.

Steigern Sie allmählich die Anzahl der vor der Tür wartenden Hunde, bis Ihre ganze Meute schön brav geschlossen wartet. Eine wunderschöne Sache! Das alles mag nach sehr viel Arbeit klingen, aber wenn Sie erst einmal damit anfangen, wird es Ihnen vermutlich einfacher vorkommen als Sie dachten. »Warten in der Gruppe« ist nichts, das Sie unbedingt vor jedem Verlassen des Hauses zelebrieren müssen. Machen Sie es aber regelmäßig, damit Ihre Hunde die gelernten guten Manieren beibehalten.

»Lass es!« für die ganze Gruppe

Ist Ihnen Ihr Wurstbrot vom Tisch gefallen? Kein Problem! Wenn Sie und Ihre Hunde das Kommando »Lass es« beherrschen, sagen Sie einfach »Hunde, lasst es!« und die vierpfotigen Ungeheuer werden zurückweichen. Dann können Sie einen Ihrer Hunde hinschicken, das Brot zu holen (indem Sie ihn namentlich dazu auffordern), oder Sie heben es selbst auf. Wenn Ihre Hunde nicht schon aggressiv zueinander sind, kann das Kommando »Lass es« sehr hilfreich zur Vermeidung möglicher Probleme in jeder Gruppe von Hunden sein: Sie lernen, dass sie das Gewünschte dann bekommen, wenn sie geduldig und höflich sind anstatt rüpelhaft und drängelig. Hunden das beizubringen, ist viel einfacher, als Sie denken (ehrlich!), und es ist unendlich praktisch.

»Lass es« mit jedem Hund einzeln üben

Das Kommando »Lass es« bedeutet, dass der Hund vor irgendetwas zurückweichen und es nicht nehmen soll. Manche Halter sagen dazu auch »Aus« – das ist auch in Ordnung, solange es konsequent nur für diese Bedeutung verwendet wird und nicht zum Beispiel auch dazu, dass der Hund etwas hergeben soll, das er schon zwischen den Zähnen hat. Bevor Sie »Lasst es« mit der ganzen Gruppe üben können, muss jeder Hund es einzeln beherrschen. Fangen Sie mit jeweils nur einem Hund an, indem Sie ein kleines, aber schmackhaftes Leckerchen zwischen Daumen und Zeigefinger nehmen. Setzen Sie sich neben Ihren Hund auf den Boden, sodass Sie Ihre Hand leicht auf seine Nasenhöhe halten können. Sagen Sie zuerst »Lass es« und führen Sie die Hand bis zur Hundenase (nicht darüber). Achten Sie darauf, »Lass es« zu sagen, bevor das Futter an der Hundenase ankommt. Halten Sie das Futter nur etwa einen Zentimeter weit von der Nase weg. Wenn der Hund es nehmen möchte, müssen Sie schnell reagieren und Ihre Hand mit einem freundlichen »Nasenstüber« (ohne die Nase wirklich zu berühren) nach vorn schieben, so als würden Sie damit einen Body Block machen. Ziehen Sie die Hand nicht zurück und wiederholen Sie auch nicht »Lass es«, sondern verteidigen Sie den Raum um das Futter herum mit Ihrer Hand.

Genau wie beim Kommando »Warte« ist es vom Verhalten Ihres Hundes abhängig, wie Sie vorgehen müssen. Wenn er nach dem Futter giert, müssen Sie seine Nase in dem Moment, in dem sie vorgeht, sanft mit den Fingern abblocken Falls er aber ein kleines bisschen zurückweicht und aufhört, Druck zu machen, sagen Sie fröhlich seinen Namen und lassen ihn nach vorn kommen, um sich das Leckerchen zu nehmen. Widerstehen Sie der Versuchung, ihm das Leckerchen entgegenzureichen und das Kommando zu wiederholen. Sie versuchen ja, ihm beizubringen, wann er nach vorn kommen und sich etwas nehmen darf (nur mit Ihrer Erlaubnis) und wann er sich zurückhalten muss. Er wird schneller lernen, wenn Sie es ihm überlassen, sich zu bewegen.

Wiederholen Sie das bis zu fünfmal hintereinander pro Übungseinheit und hören Sie mit einem Erfolg auf. Suchen Sie nach dem Moment, in dem Ihr Hund zögert oder vom Futter zurückweicht, wenn er »Lass es« hört, ohne dass Sie ihn noch abblocken müssen. Sobald er zuverlässig wartet, sind Sie bereit für den nächsten Schritt.

Futter auf dem Fußboden
Futter auf dem Fußboden ist etwas ganz anderes als Futter in Ihrer Hand! Bringen Sie Ihren Hunden deshalb »Lass es« in diesem Zusammenhang als eine separate Trainingseinheit bei. Wenn Ihr Hund neben Ihnen ist, sagen Sie »Lass es« und lassen auf Ihrer anderen Seite ein Stückchen Futter auf den Boden fallen. Seien Sie darauf vorbereitet, ihn mit Body Blocks zu stoppen, wenn er in Richtung Futter geht, indem Sie sich wie ein Torwart zwischen Hund und Futter stellen. Wenn er nun innehält, und sei es auch nur für einen Augenblick, sagen Sie seinen Namen und las-

sen ihn das Futter nehmen. Genau wie bei der Warte-Übung an der Tür bleiben Sie einfach zwischen Hund und Futter auf Posten. Im Idealfall stehen Sie einen Schritt hinter der Linie zwischen Hund und Futter, sind aber allzeit bereit, nach vorn zu treten und abzublocken, wenn der Hund einen Vorstoß macht. Sobald er auf die Worte »Lass es« hin zögert und den Body Block nicht mehr als Erinnerung braucht, können Sie sich allmählich weiter vom Futter wegbewegen. Falls Ihr Hund schon einmal Aggressionen im Zusammenhang mit Futter gezeigt hat, versuchen Sie dies bitte nicht ohne professionelle Hilfe.

»Lass es« mit mehr als einem Hund
Sobald alle Ihre Hunde einzeln zuverlässig »Lass es« befolgen, können Sie das Ganze in der Gruppe üben. Beginnen Sie wie beim Warten mit nur zwei Hunden. Sagen Sie »Hunde, lasst es« in einem etwas tieferen Tonfall. Weil die Situation nun wieder eine ganz neue für sie ist, kann es sein, dass sie nicht genauso reagieren wie dann, wenn sie alleine sind. Seien Sie bereit, jede Vorwärtsbewegung in Richtung Futter abzublocken. In dem Augenblick, in dem beide Hunde innehalten, geben Sie einen von ihnen frei, indem Sie seinen Namen in dieser typischen Singsang-Stimme sagen. Nur der gerufene Hund darf nach vorn kommen und das Futter nehmen. Den anderen halten Sie gegebenenfalls mit Body Blocks zurück.

Wiederholen Sie das Ganze sofort noch einmal und lassen Sie diesmal den anderen Hund das Futter nehmen, damit jeder die Chance hat, fürs Höflichsein belohnt zu werden.

Verbessern Sie die Geduld der Hunde
Wenn Sie »Lasst es« in der Gruppe üben, wechseln Sie immer ab, welcher Hund das Futter bekommt und lassen Sie Ihre Hunde im Unklaren, wer als Nächster das große Los ziehen wird. Genau wie beim Warten in der Gruppe können Sie auch hier danach entscheiden, welcher Hund sich am besten zurückhält, aber auch dann sollten Sie auf alle Fälle so abwechseln, dass jeder Hund einmal drankommt.

»Lasst es« mit der ganzen Gruppe
Wenn Sie mit allen in Ihrem Haushalt möglichen Paarkombinationen von Hunden geübt haben, versuchen Sie die gleiche Übung mit Dreiergruppen. Sagen Sie »Hunde, lasst es« und warten Sie, bis alle drei zögern oder zurückweichen und weder Sie bedrängen noch in Richtung Futter drängeln. Vielleicht müssen Sie einen oder mehrere Hunde mit Body Blocks vom Futter fernhalten. Geben Sie einen Hund frei, indem Sie ihn fröhlich beim Namen rufen. Steigern Sie die Anzahl der beteiligten Hunde allmählich, bis Ihr ganzes Rudel schön brav geschlossen wartet und das Futter liegen lässt.

Spielen

Einer der Vorteile davon, mehrere Hunde zu haben, ist ganz klar: Es ist immer jemand zum Spielen da. Die Hunde haben Bewegung und Spaß am Spielen, während Sie mit einer Tasse Kaffee gemütlich auf der Veranda sitzen und zuschauen. Allerdings kann das Spiel unter Hunden manchmal ganz schön ... na ja, stürmisch werden. Wenn

Ihre Hunde wie in einem Zeichentrickfilm als rotierendes Knäuel von Zähnen, Pfoten und Schwänzen umherrasen, dann ist es nur natürlich, sich zu fragen, ob auch alle überleben werden. Es ist gut, wenn Sie sich Sorgen darum machen, dass Ihre Hunde auf gefahrlose und akzeptable Weise miteinander spielen, denn genau wie bei uns Menschen kann das Spielen manchmal so aufregend sein, dass es von der Bahn abkommt und außer Kontrolle gerät. Wie aber kann man unterscheiden, was einfach nur überschwänglicher Spaß und was die Sorte von Spiel ist, die Schwierigkeiten nach sich zieht? Es gibt viele Variationen im Spielverhalten von Hunden, aber anhand einiger ganz bestimmter Verhaltensweisen können Sie besser beurteilen, ob Ihre Hunde gerade harmlosen Spaß miteinander haben oder ob sich eine Spirale in Richtung Rauferei aufbaut.

An einer guten Art des Spielens nehmen alle Hunde freiwillig teil. Einer jagt dem anderen nach, es ist fröhliches Herumspringen und -rasen im Kreis und auch viel gemeinsames Umherrollen auf dem Boden zu sehen. Manchmal zeigt auch der eine oder andere Hund zwischendrin die typische Spielaufforderungs-Haltung mit hochgestrecktem Hinterteil und einer Art Verneigung vorne, um die Sache in Schwung zu halten. Wenn das Spiel gerade »Umwerfen und Rumrollen« heißt und der eine Hund auf dem Rücken liegt, während der andere steht, wechseln die Hunde in einem harmlosen Spiel immer wieder die Plätze, sodass immer ein anderer oben ist. An einem schönen Spiel machen, wie bereits gesagt, alle Hunde freiwillig mit: Wenn Sie nicht ganz sicher sind, ob das Spiel wirklich noch spielerisch ist, können Sie sie freundlich voneinander trennen und schauen, ob alle gerne weiterspielen möchten. Wenn einer der Hunde sich davonschleicht, wissen Sie, dass das Spiel außer Kontrolle geraten ist.

Viele Hundehalter machen sich Sorgen, weil ihre Hunde beim Spielen so viel ihre Zähne einsetzen, aber das ist unter Caniden ein ganz normaler Teil des Spiels. Diese spielerischen Kämpfchen unter Hunden sind ein bisschen so wie die Ringkampfspiele unter Kindern, wenn jedes versucht, den anderen seine körperliche Überlegenheit zu beweisen. Der Hauptunterschied ist nur, dass die Hunde sich gegenseitig eher spielerisch beißen anstatt den anderen auf den Boden niederzuringen. In einer gut zusammenpassenden Gruppe werden die Hunde viel mit offenem Fang spielen und gehemmte Spielbisse in Richtung Läufe und Pfoten der anderen zeigen. Aber auch wenn es so aussieht, als würden sie sich gegenseitig zu beißen versuchen, sind diese Bisse doch gehemmt und die Fänge bleiben nicht mehr als ein paar Sekunden am gleichen Ort. Die Hunde werden auch höchstwahrscheinlich ihre Pfoten stark gegeneinander einsetzen, aber nicht mit so viel Kraft, dass sie sich verletzen könnten.

Manchmal kann aus einem Spiel aber eben auch ein Kampf werden. Und selbst wenn das nicht der Fall ist, hat mitunter auch nur einer der Hunde Spaß am Spiel und der andere nicht. Unangemessenes Spiel kann viele Formen annehmen, führt aber fast immer dazu, dass mindestens einer der Hunde Angst bekommt, verletzt oder überwältigt wird. Normales Spielen unter Hunden kann so laut werden und so unkontrolliert wirken, dass es manchmal schwer zu unterscheiden ist, ob die Hunde noch spielen oder schon eher kämpfen. Und weil ihre Art zu spielen nunmal größtenteils aus »Scheinkämpfen« besteht, ist nicht leicht zu sagen, was was ist. Es gibt aber einige Dinge, auf die Sie achten können und die Ihnen als Indikator für mögliche Probleme dienen können. Erstens: Wenn ein Hund immer nur oben ist oder ein Hund immer wieder zu entkommen versucht, indem er sich zum Beispiel unter Möbeln versteckt, dann ist das Spiel höchstwahrscheinlich nicht mehr harmlos. Genau wie auf Kinderspielplätzen ist es auch unter Hunden manchmal so, dass die einen auf Kosten von anderen Spaß haben.

Ein anderer Aspekt, den Sie im Auge behalten können, ist: Wie setzen die Hunde im Spiel ihren Fang und ihre Zähne ein? Spielbisse sind ein normaler Bestandteil des Spiels, wenn aber sehr viele dieser Scheinbisse in Richtung Kopf oder Hals gehen oder zu festeren Bissen werden, dann ist das Spiel vermutlich zu grob geworden.

Spielbisse sollten nie länger als ein paar Sekunden dauern. Wenn ein Hund zu grob wird und seine Bisse nicht mehr gut genug hemmt, werden Sie vermutlich hohes Winseln oder Aufjaulen von dem anderen Hund hören. Ironischerweise ist es aber normal, wenn Hunde während des Spiels häufig knurren, das gehört dazu und ist normalerweise kein Anzeichen für Probleme. Wenn aber einer der Hunde zu jaulen beginnt, hat er vermutlich Angst oder Schmerzen, und das ist ein klares Signal dafür, dass Sie eingreifen müssen. (Ein gelegentliches kurzes Aufjaulen kann aber auch einfach nur bedeuten, dass es einen versehentlichen schmerzhaften Zusammenstoß gegeben hat – so, wie wenn man seinem Tanzpartner auf die Zehen tritt. In diesem Fall sollte der andere Hund sofort innehalten, wenn er das »Aua!« seines Spielpartners hört.)

Hören Sie außerdem hin, ob das Knurren während eines Spiels lauter wird und eskaliert. Spielen ist nun einmal aufregend und emotional aufwühlend. Manchmal beginnen Hunde mit den besten Absichten miteinander zu spielen und geraten dann ganz ungewollt in eine Spirale sich steigernder Aggression. Wir kennen das alle gut von großen Sportveranstaltungen, wie die beliebte Redensart »Ich ging zu einer Prügelei und ein Fußballspiel brach aus« sagt. Hören Sie also hin, wenn Ihre Hunde miteinander spielen. Typisches Spielknurren kann ziemlich intensiv klingen und ist nichts, um das man sich Sorgen machen muss. Wenn das Knurren aber immer lauter und betonter wird, sind Sie gut beraten, wenn Sie die Aktivitäten Ihrer Hunde für eine Weile auf etwas anderes umleiten. Wichtig ist, eine Eskalation der Intensität nicht zu überhören.

Ein weiteres mögliches Anzeichen für drohendes Unheil ist, wenn die Hunde während des Spiels länger als ein paar Sekunden auf ihren Hinterläufen stehen. Wenn das längere Zeit so geht und das Knurren lauter wird, haben Sie vielleicht Hunde, die das Spiel ein wenig zu ernst nehmen und versuchen, irgendeinen Konflikt darüber auszutragen. Andere Alarmzeichen, nach denen Sie Ausschau halten sollten, sind: Ein Hund steigt ständig auf den anderen, hält ihn fest oder schiebt ihn beiseite. Hunde, die ständig versuchen, ihre Pfoten, ihren Kopf oder den gesamten Körper quer über die Schultern eines anderen Hundes zu legen, versuchen möglicherweise, einen höheren sozialen Status zu erreichen oder den anderen einfach einzuschüchtern. Achten Sie also auf dieses Verhalten und lenken Sie es um, wenn es wiederholt auftritt. In katzenähnlicher Manier auf andere Hunde zu hüpfen ist eine weitere übliche Art des Spielens, das je nachdem, wie häufig und intensiv es auftritt, akzeptabel ist. Wenn es aber pausenlos wiederholt wird und das »Opfer« zu flüchten versucht, dann unterbrechen Sie das »Spiel« unbedingt!

Selbst wenn Ihre Hunde angemessen miteinander spielen ist es möglich, dass zu viel des Guten zu Schwierigkeiten führt. Es tut Ihren Hunden (und Ihrem Herz) zwar gut, wenn sie miteinander spielen, aber manchmal ist es auch gut, sie voneinander zu trennen und eine Pause machen zu lassen. Es gibt mehrere gute Gründe dafür, warum man das Spiel unter Hunden manchmal unterbrechen oder begrenzen sollte.

Erstens ist es nicht gut für Ihre Hunde, wenn sie ständig miteinander spielen und den ganzen Tag mit ihren Kumpels auf dem Spielplatz verbringen. Sonst werden Sie zum Außenseiter, zum langweiligen Erziehungsberechtigten, der nichts anderes tut als zu reglementieren und zu kommandieren. Wenn die besten Freunde Ihrer Hunde andere Hunde sind und sie den meisten Spaß untereinander haben, wie passen Sie dann noch ins Bild?

Zweitens kann übermäßiges Spiel Hunde zu sehr aufregen und dazu führen, dass aus dem Spiel ein echter Kampf wird. Ihre Hunde brauchen Pausen – selbst davon, zu viel Spaß miteinander zu haben.

Drittens ist es ein absolut guter Grund zum Unterbrechen eines Spiels, wenn Sie davon Kopfschmerzen bekommen oder den Fernseher nicht mehr hören können! Sie müssen kein lautes und aufreibendes Herumtoben nur deshalb ertragen, weil Ihre Hunde Spaß haben. Wenn man sein Zuhause mit anderen teilt, ist es wichtig, Kompromisse eingehen zu können, egal, ob man der gleichen Spezies angehört oder nicht. Natürlich müssen sich Ihre Hunde hin und wieder auch mal so richtig austoben dürfen, aber Sie müssen das nicht immer und ständig tolerieren. Nur zu, trennen Sie Ihre Hunde dann voneinander, wenn Sie das für richtig halten. Sperren Sie sie in verschiedene Hausbereiche, geben Sie ihnen Kauspielzeuge zur Beschäftigung oder legen Sie sie ins »Platz-Bleib«. Es wird ihnen gut tun, eine Pause zu machen – und Ihnen wird es gut tun, sich auch mal um sich selbst kümmern zu können. Später, wenn Sie wieder in der Stimmung sind, Blödeleien zu ertragen und die Hunde Zeit hatten, sich zu beruhigen, können Sie sie weiterspielen lassen.

PROBLEMEN AUS DEM WEG GEHEN

Vorbeugung

Vorbeugung ist ein machtvolles, aktives Trainingsinstrument und nicht etwa eine Angelegenheit für Drückeberger. Wenn Sie an der Korrektur des Verhaltens Ihrer Hunde in einer bestimmten Situation, zum Beispiel beim Begrüßen von Gästen oder während des Fressens arbeiten, dann sollte Vorbeugung immer ein Teil Ihres Plans sein. Es hat rein gar nichts mit »aufgeben« oder »sich vor dem Problem drücken« zu tun, wenn Sie Ihre Hunde getrennt voneinander füttern oder beim Klingeln an der Haustüre nur einen Hund zur Tür gehen lassen, bis alle anderen sich auch als Gruppe benehmen können. Mit durchdachter Vorbeugung und einem Schritt-für-Schritt-Training werden Ihre Hunde sich in Situationen wiederfinden, in denen sie nur gewinnen können. Bringen Sie sie auf Erfolgskurs und verhindern Sie, dass sie schlechte Angewohnheiten entwickeln oder beibehalten. Wenn Sie nicht sicher sind, was in einer bestimmten Situation passieren könnte, ist es in Ordnung, diese Situation erst einmal zu meiden, bis Sie wissen, wie Sie damit umgehen werden. Bringen Sie sich nicht selbst in die Lage »Ich hoffe es wird gut gehen, aber ich habe Angst davor« denken zu müssen. Es ist nicht vergnüglich, gleichzeitig hoffen und fürchten zu müssen.

Einige der **vorübergehenden** Vorbeugemaßnahmen, die Sie versuchen können, sind: Die Hunde getrennt füttern, getrennt oder zu weniger belebten Tageszeiten mit ihnen spazierengehen, einen oder mehrere Hunde in die Box sperren, wenn Sie weggehen, Ihre Hunde mit Hilfe von Gitterelementen voneinander trennen und Gegenstände wie Kauknochen oder Bälle, um die es Streit geben könnte, wegräumen.

Kämpfen im Haus unerwünscht

Was Ihre Hunde lernen müssen, ist: Wenn sie sich gegenseitig bedrohen und miteinander kämpfen, bekommen sie nicht das, was sie sich aus der Situation erhoffen. Ihre Aufgabe ist es, Eskalationen in solchen Situationen zu verhindern und einen Plan für die richtige Reaktion bereitzuhalten, falls Ihre Hunde trotz aller Vorbeugemaßnahmen in einen Kampf miteinander geraten. In den meisten Haushalten bedeutet es nicht gleich eine Krise, wenn gelegentlich einmal geknurrt wird oder die Zähne gezeigt werden. Wenn aber ständig zwischen zwei Hunden ungelöste Spannungen bestehen bleiben, müssen Sie eingreifen, noch lange bevor ein echter Kampf entsteht. Reagieren Sie schnell und entschlossen auf ein tiefes Grollen oder darauf, dass ein Hund auf einen anderen losstürzt. Immer wenn zwei Hunde »etwas miteinander auszumachen haben«, ist jede Art von Drohung – egal ob Knurren, Schnappen oder aggressive Blicke – ein »Vorfall«, und ein Kampf ist nichts weiter als ein eskalierter, außer Kontrolle geratener Vorfall. Was Sie auch tun: Vermeiden Sie es in jedem Fall, laut zu werden und zu schreien. Wenn es Ihnen geht wie den meisten anderen Menschen, müssen Sie sich vermutlich selbst mit der Hand den Mund zuhalten, um nicht laut zu werden. Tun Sie ansonsten das, was auch immer Ihnen dabei hilft, ruhig zu bleiben. Wenn ein ruhiges, tief gesprochenes »Nein« oder »Hey« nicht ausreicht, um die Aggression (oder Drohung) zu stoppen, wird es höchstwahrscheinlich auch nicht helfen, wenn Sie lauter werden. Im Gegenteil, Schreien steigert meistens nur das Drama und macht oft alles schlimmer. Stattdessen ist eine Ablenkung wie »Kommt Hunde, spazierengehen« oder beide Hunde in ein langes »Platz-Bleib« zu legen besser geeignet, die Problemsituation aufzulösen.

Wenn Ihre Hunde tatsächlich in einen Kampf miteinander geraten sollten, müssen Sie sie als Erstes voneinander trennen, um Verletzungen zu verhindern. Je nach Ernsthaftigkeit des Kampfes müssen Sie Body Blocks einsetzen, die Hunde voneinander weg rufen, ein lautes, überraschendes Geräusch machen, um sie zu unterbrechen oder sie mit Körperkraft auseinander ziehen. Es gibt keine vollkommen ungefährliche Methode zum Trennen von miteinander kämpfenden Hunden: Seien Sie sich darüber im Klaren, dass Sie verletzt werden können, wenn Sie es versuchen. Vermeiden Sie es möglichst, die Hunde an den Halsbändern packen zu wollen: Aufgeregte Hunde drehen gern den Kopf nach hinten und beißen, wenn sie so festgehalten werden. Besser ist es, die Hunde an den Hinterläufen oder an der Rute zu packen und auseinanderzuziehen, aber bei größeren Hunden braucht man dazu natürlich zwei Personen. Um sich selbst von Zähnen fernzuhalten, können Sie auch den berühmten Wasserschlauch einsetzen (manchmal funktioniert das sogar), Citronella auf die Hunde sprühen oder in ganz großer Verzweiflung den Feuerlöscher nehmen. Eine meiner Kundinnen hat ihre miteinander kämpfenden Hunde in den Pool gestoßen. Diese Methode funktioniert wunderbar, ist aber leider ein wenig kostspielig, wenn man nicht gerade ohnehin einen Pool zur Hand hat.

Sobald die Hunde sicher voneinander getrennt sind, nehmen Sie eine strenge, aber gefasste Haltung an und teilen ihnen so mit, dass Sie innerlich ganz ruhig sind (auch wenn das nicht stimmt!) und alles unter Kontrolle haben. Denken Sie daran, dass Schreien die Aufregung nur noch steigert. Stellen Sie sich zwischen die Raufbolde und legen Sie beide so weit wie möglich voneinander entfernt, aber noch in Sichtweite ins »Platz-Bleib« – aber nur, wenn Sie sich sicher sind, dass nicht einer von beiden wieder aufsteht und die Streiterei fortführt. Das »Platz-Bleib« kann ein paar Minuten oder eine halbe Stunde lang dauern, je nachdem, welche Zeitspanne Ihre Hunde schon beherrschen. Das »Platz-Bleib« sorgt für Abkühlung der Gemüter, ohne einen der Hunde zu belohnen. Wenn Sie einen Hund aus dem Raum bringen, kann der andere das als »Sieg« für sich auffassen – immerhin hat er es dann geschafft, diesen miesen Köter loszuwerden, und sei es auch nur vorübergehend! Wenn Sie Ihre Hunde aus dem »Platz-Bleib« entlassen, ignorieren Sie sie und trennen sie dann, falls es aus Sicherheitsgründen nötig ist, indem Sie sie in verschiedene Zimmer oder in ihre Boxen sperren. Wenn Ihre Hunde das »Platz-Bleib« nicht beherrschen, trennen Sie sie mit Hilfe von Gittern oder Boxen, aber möglichst immer so, dass sie sich noch weiterhin sehen können.

Wie lange Sie die Hunde ignorieren müssen hängt von der Ernsthaftigkeit des Kampfes ab. Für einen kleineren Übergriff könnten Sie sie beispielsweise eine halbe Stunde lang ignorieren, aber bei einem ernsten Kampf wäre es durchaus angebracht, sie einen ganzen Tag lang zu ignorieren. Ignorieren bedeutet, dass Sie sich zwar im gleichen Raum aufhalten, aber sich aktiv weigern, die Existenz der Hunde zur Kenntnis zu nehmen. Es bedeutet nicht, die Hunde von Ihnen wegzusperren! Falls Sie die Hunde aus Sicherheitsgründen voneinander trennen mussten, gehen Sie zu demjenigen, dessen Verhalten Ihnen am inakzeptabelsten erschien und verlangen Sie ein weiteres »Platz-Bleib«. Loben Sie Ihre Hunde nicht für dieses Platz-Bleib. Hunde, die gerade miteinander gekämpft oder sich bedroht haben, müssen keine anerkennende Stimme hören. Sie sind zu Recht abgestoßen von dem Verhalten, dessen Zeuge Sie eben geworden sind. Wenn sich gerade außer Ihnen noch jemand im Haus befindet, umso besser – dann kann jeder sich um einen Hund kümmern.

Irgendwann in Ihrem Leben hat man Ihnen sicherlich schon einmal den Rat gegeben, »das die Hunde unter sich ausmachen zu lassen«. Ihre Hunde werden aber mehr lernen und das Risiko ist geringer, wenn Sie sich der Situation bemächtigen und inakzeptables Verhalten unterbinden. Genau wie Eltern oder Lehrer einschreiten, um einen Streit zu beenden, unterbrechen auch wir lieber einen Streit unter Hunden, bevor er völlig eskaliert. Dafür gibt es zwei Gründe: Erstens werden Ihre Hunde lernen, dass Kämpfen nicht zu dem gewünschten Ergebnis führt. Es passiert nämlich nur zu leicht, dass ein Hund »gewinnt« und damit lernt, dass Kämpfen eine Erfolg versprechende Strategie ist. Zweitens können Kämpfe zu ernsthaften Verletzungen oder sogar zum Tod führen und tun es auch. Riskieren Sie das nicht. Selbst wenn die Verletzungen nur klein sind und schnell heilen, ist es schrecklich, mit ansehen zu müssen, wie zwei Tiere, die Sie lieben, sich gegenseitig verletzen.

Sie müssen sich also keineswegs schlecht fühlen, wenn Sie einen Kampf erfolgreich beendet haben. Gratulieren Sie sich lieber selbst. Und oft sind die Hunde auch erleichtert anstatt verärgert, dass der Kampf gestoppt wurde. Sind nicht auch schließlich viele Menschen dankbar dafür, wenn gute Kumpel sie festhalten und daran hindern, eine allzu große Lippe zu riskieren? So verlieren sie weder ihr Gesicht noch müssen sie kämpfen.

KOMMEN UND GEHEN

Sie möchten einen weiteren Hund?

Das kann sowohl die beste als auch die schlechteste Idee sein, die Sie je hatten. Ein weiterer Hund im Haus kann die Freuden des Hundebesitzes vervielfachen. Er kann aber auch die dunklen Seiten im Verhalten aller beteiligten Hunde wachrufen und zu Eifersucht, Ungeduld, Frustration, Schlafmangel (bei Ihnen) und sogar Kämpfereien führen.

Wenn Sie darüber nachdenken, einen weiteren Hund in Ihr Haus und in Ihr Leben zu lassen, dann fragen Sie sich vor der Entscheidung, ob diese Idee im Interesse aller Beteiligten ist: Ihrem eigenen, dem Ihrer Hunde, dem es neuen Hundes und dem Ihrer Familie. Auch wenn es noch so verständlich wäre – treffen Sie Ihre Entscheidung für einen weiteren Hund nicht deshalb, weil Sie Ihr Herz an einen Hund verloren haben, der dringend ein neues Zuhause braucht oder der genauso aussieht wie Ihr alter Hund, dessen Verlust Sie gerade betrauern. Die Versuchung, »nur noch einen« zum Rudel hinzuzufügen, ist manchmal sehr groß – aber wir alle haben unsere Grenzen, genau wie unsere Hunde. »Nur einer mehr« macht nur zu oft großes Chaos aus dem, was zuvor ein eingeschworenes Rudel war.

Denken Sie also zweimal nach, bevor Sie Ihr Herz verlieren und stellen Sie sich die folgenden Fragen:

- Wie kommen meine Hunde jetzt im Moment miteinander aus?

- Wie kommen meine Hunde mit anderen Hunden aus, denen sie begegnen?

- Kommt der Hund, über den ich gerade nachdenke, gut mit anderen Hunden aus?

- Habe ich die Zeit, um einen neuen Hund sorgfältig in die Gruppe zu integrieren?

- Habe ich genug Zeit, um eine Beziehung zu dem neuen Hund aufzubauen, indem ich Zeit nur mit ihm alleine verbringe?

- Habe ich zuhause die räumlichen Voraussetzungen, um die Hunde vorerst voneinander getrennt zu halten?

- Sind alle anderen Familienmitglieder auch der Meinung, dass ein weiterer Hund eine gute Idee ist?

- Will ich, dass mein Ehemann / meine Ehefrau wahnsinnig wird?

Neue Hunde miteinander bekannt machen

Um einen neuen Hund auf der richtigen Pfote zu erwischen hilft es, über die Einführung in das bestehende Rudel vorab ein wenig nachzudenken. Ihr Hund oder Ihre Hunde und der neue Hund müssen so etwas ähnliches wie eine Kombination aus Blind Date und arrangierter Heirat über sich ergehen lassen. (Oh hallo! Nett dich kennen zu lernen. Na dann lass uns mal das Leben zusammen verbringen ...) Tun

Sie deshalb Ihr Möglichstes, um eine gute Atmosphäre zu schaffen und die ersten Eindrücke so positiv wie möglich zu gestalten.

Bringen Sie als Erstes so viel wie möglich darüber in Erfahrung, wie der neue Hund bis jetzt mit anderen Hunden zurechtgekommen ist. Wenn sowohl Ihre schon vorhandenen Hunde als auch der neue Hund sich bei Begegnungen mit anderen Hunden sozial und entspannt verhalten, stehen Ihre Chancen gut, dass die Einführung glatt verlaufen wird.

Wird allerdings einer von ihnen ängstlich oder unausstehlich, wenn er einem anderen Hund begegnet, müssen Sie das berücksichtigen und sowohl langsamer als auch vorsichtiger vorgehen. Machen Sie den neuen Hund zuerst mit immer nur einem Ihrer Hunde bekannt, damit er nicht gleich von einem ganzen Rudel überwältigt wird.

Die besten Chancen für ein friedliches und erfolgreiches Kennenlernen haben Sie, wenn sich die Hunde erstmalig »außerhalb des Reviers« begegnen anstatt in Ihrem Haus oder in Ihrem Garten. Eine neutrale Umgebung wie zum Beispiel der Garten des Nachbarn, eine Wiese oder ein Tennisplatz funktionieren am besten. Ideal ist es, wenn sich die Hunde zuerst etwa eine halbe Stunde lang durch einen Maschendrahtzaun oder ein Tor hindurch sehen und beschnüffeln können. Wenn sich dann beide ohne Abgrenzung begegnen, ist der neue Hund schon nicht mehr ganz so aufregend und es ist wahrscheinlicher, dass das Zusammentreffen zu einer positiven Erfahrung für beide wird.

Eine andere Möglichkeit, die Aufregung des Neuen erst ein wenig abklingen zu lassen, ist, mit beiden Hunden zusammen spazieren zu gehen. In manchen Fällen ist es am besten, die Hunde erst so weit auseinander zu halten, dass sie sich nicht begrüßen können. Gehen Sie mit beiden in die gleiche Richtung, vermeiden Sie, dass sie sich gegenseitig anstarren und halten Sie sie anfangs auf mindestens drei Meter Abstand voneinander.

Wenn beide so weit sind, lassen Sie sie sich unangeleint begrüßen. Die Leine führt nur dazu, dass die Hunde unter stärkerer Spannung stehen. (Wenn Kampf oder Flucht die beiden ersten Reaktionen auf eine Situation der Unsicherheit sind und die Leine die Möglichkeit zur Flucht nimmt, dann raten Sie mal, was übrig bleibt?) Aus Gründen der Sicherheit ist also ein großer umzäunter Bereich ideal. Wenn Sie so etwas nicht zur Verfügung haben und es nicht anders geht, als dass die Hunde sich angeleint kennen lernen, dann achten Sie wenigstens darauf, dass die Leinen nicht straff gespannt sind. All diese ganze Spannung an Halsband und Hals setzt sonst die falschen Akzente! Was Sie haben möchten, ist ein fröhliches, entspanntes, sorgenfreies Kennenlernen und nicht »Oh mein Hals, arrgghhhh!«

Vermeiden Sie bei der Auswahl des Kennenlern-Platzes besonders spannungsgeladene Orte wie Tore, Türen, Hausflure, Hofeinfahrten oder eng begrenzte Räume. Je mehr sich die Hunde frei bewegen können, desto wahrscheinlicher ist es, dass sie gute Erfahrungen machen. Berücksichtigen Sie beim Nachdenken über diesen Freiraum auch, wie sehr anwesende Personen den Raum wiederum beeinflussen können, der den Hunden zur Verfügung steht. Verhindern Sie, dass Menschen in engen Kreisen gedrängt um die Hunde herumstehen und achten Sie darauf, dass die Hunde wirklich Platz haben, um sich zu bewegen. Wenn sie beginnen, sich gegenseitig zu beschnüffeln, rufen Sie sie auseinander und bewegen Sie sich ein, zwei Minuten lang umher. Indem Sie sich von den Hunden weg bewegen, können Sie Spannung abbauen und die Stimmung entspannt halten.

Falls die Hunde gleich miteinander zu spielen beginnen und alles perfekt erscheint, lassen Sie sie ein paar Minuten lang miteinander spielen und beenden Sie dann die Sitzung. Schließlich möchten Sie, dass die erste Begegnung mit einer guten Erfahrung endet und so, dass jeder Hund den anderen am liebsten so schnell wie möglich wiedersehen will. Riskieren Sie nicht, dass die neue Bekanntschaft einen faden Beigeschmack bekommt, indem Sie das erste Treffen so lange dauern lassen, bis irgendetwas Dummes passiert.

Wenn Sie guten Grund zu der Annahme haben, dass es Probleme geben wird oder einfach nicht wissen, was Sie erwartet, dann ist die beste Strategie, so radikal das auch klingen mag, beide Hunde an Maulkörbe zu gewöhnen und die erste Begegnung damit stattfinden zu lassen. So werden nicht nur Verletzungen unwahrscheinlicher, sondern Sie selbst haben mehr Ruhe und Vertrauen, um selbst entspannt bleiben zu können und Ihre Anspannung nicht auf die Hunde zu übertragen.

Wenn sich die Hunde auf fremdem Territorium kennen gelernt haben, ist der nächste Schritt, dass Sie sich bei Ihnen zuhause begegnen. Lassen Sie diese Begegnung am besten zuerst einmal draußen im Hof stattfinden, besonders, wenn dieser umzäunt ist. Dann erst treffen sich die Hunde im Haus. Beginnen Sie, indem Sie die alteingesessenen Hunde aus dem Haus bringen und dann den neuen Hund zuerst hereinlassen, denn wenn ein neuer Hund ins Haus hineinkommt, ist das immer eine sehr spannungsgeladene Situation. Wenn ein neuer Hund das Haus betritt ist die Wahrscheinlichkeit, dass es Schwierigkeiten gibt, viel größer als dann, wenn Ihre »alten« Hunde beim Hereinkommen einen anderen Hund vorfinden. Halten Sie diese ersten Treffen kurz (höchstens ein paar Minuten), damit die Hunde von den neuen sozialen Aufgaben, die an sie gestellt werden, nicht überfordert werden.

Betrachten Sie diese Richtlinien zur Einführung eines neuen Hundes in ein Rudel bitte als einen groben Generalplan. Wie überall wird es Ausnahmen davon geben. Wenn Sie Probleme befürchten oder der Meinung sind, dass eine ganz andere Methode zum Bekanntmachen der Hunde viel besser funktionieren wird, bitten Sie einen Profi, Ihnen bei den ersten Treffen behilflich zu sein. Die erste Begegnung kann die Grundstimmung für die ganze nachfolgenden Beziehung schaffen – tun Sie deshalb alles in Ihrer Macht stehende, damit das erste Treffen so positiv wie möglich verläuft.

Seien Sie vorsichtig mit dem Alleinlassen der Hunde, solange die Beziehung noch neu ist. Lassen Sie anfangs nicht einfach alle miteinander alleine, wenn Sie aus dem Haus gehen. Trennen Sie sie mit Gittern oder sperren Sie sie in verschiedene Räume oder in ihre Boxen. Beginnen Sie sofort mit all den Übungen, die wir zu Beginn dieses Büchleins besprochen haben, einschließlich des Alleinebleibens. Sofort den richtigen Start zu finden kann Wunder dabei wirken, die Harmonie zu schaffen, die Sie sich wünschen (und die Sie verdienen). Wenn Ihr neuer Hund bis jetzt ein schweres Leben hatte, dann widerstehen Sie der Versuchung, ihn jetzt besonders stark zu »bemuttern«. Das wird seine schmerzhafte Vergangenheit nicht ungeschehen machen, ihm möglicherweise aber seine Zukunft verderben.

Anzeichen, die auf ernsthafte Probleme hindeuten können

Wir haben dieses Büchlein mit der Absicht geschrieben, dass Sie noch mehr Spaß an Ihren Hunden haben sollen und die Spannungen, die vielleicht zwischen Ihren Hunden be- oder entstehen, sich verringern. Wenn die Probleme unter Ihren Hunde mit ernsterer Aggression zu tun haben, kann dieses Büchlein Ihnen zwar immer noch Rat geben, aber wir raten Ihnen dann dringend, sich von einem kompetenten Trainer oder Verhaltenstherapeuten beraten zu lassen. Unten finden Sie eine Auflistung der Anzeichen, die auf ernsthafte Probleme zwischen Ihren Hunden hindeuten können.

Nicht alle der aufgeführten Möglichkeiten müssen unbedingt bedeuten, dass Ihre Hunde ein Aggressionsproblem haben. So haben zum Beispiel viele von uns Hunde, die ein wenig eifersüchtig werden, wenn wir uns um andere Hunde kümmern. Geraten Sie nicht gleich in Panik, wenn Sie einige der harmloseren Symptome bei Ihren Hunden erkennen, aber bleiben Sie achtsam und beobachten Sie, ob irgendwelche Spannungen sich verstärken.

- Ein Hund drängelt die anderen andauernd zur Seite, um von Ihnen gestreichelt zu werden und Aufmerksamkeit zu bekommen.
- Ihre Hunde verteidigen die Futternäpfe voreinander.
- Ihre Hunde stehen während des Spielens sehr oft auf den Hinterläufen.
- Ein Hund scheint »eifersüchtig« zu sein, wenn Sie sich um einen anderen kümmern.
- Ihre Hunde scheinen sich ständig gegenseitig argwöhnisch zu beobachten.
- Ein Hund verteidigt Sie wie einen Kauknochen vor den anderen Hunden.
- Zwischen zwei oder mehreren Ihrer Hunde werden häufig »böse Blicke« gewechselt.
- Sie selbst sind ängstlich und angespannt, was wohl zwischen Ihren Hunde passieren könnte.
- Ihre Hunde zeigen sich gegenseitig in steifen Körperhaltungen.
- Ein Hund drangsaliert die anderen, indem er ihnen alle Knochen und Spielsachen wegnimmt.
- Ein Hund hindert einen anderen daran, sich im Haus frei bewegen zu können.
- Einer der Hunde schleicht sich durchs Haus und versucht, einem anderen aus dem Weg zu gehen.

- Ihre Hunde knurren sich an, schnappen, zeigen die Zähne oder springen aufeinander los.
- Und, natürlich: Ihre Hunde kämpfen miteinander.

Ein neues Zuhause

Eins der am schwierigsten zu behandelnden Verhaltensprobleme hat damit zu tun, wenn in ein und demselben Haushalt lebende Hunde sich so benehmen, als würden sie sich gegenseitig verachten. In manchen Fällen sind die Hunde willens, sich ernsthaft zu verletzen oder setzen sogar ihr eigenes Leben aufs Spiel, um den Rivalen zu eliminieren. In sehr ernsten Konflikten verlässt entweder ein Tier das Rudel dauerhaft oder wird getötet. Besonders für rivalisierende Hündinnen trifft das zu. Weil ein so verfolgter Hund aber nicht fliehen kann, wenn er muss, ist die Abgabe in ein neues Zuhause manchmal das beste, was Sie für ihn tun können. Das kann zwar für uns selbst sehr hart sein, aber wichtig ist doch, einmal über die Lebensqualität nachzudenken, die jedes Tier bei uns zuhause hat. Während die im Haus lebenden Menschen möglicherweise jeden Hund als liebevollen und vollwertigen Bestandteil der Familie erleben, kann es sein, dass die Hunde selbst die Dinge ganz anders empfinden. Genau derjenige Hund, den Sie als freundlich und anhänglich wahrnehmen, kann für einen anderen Hund im Haus der gefährliche Rowdy überhaupt sein. Wenn einer Ihrer Hunde geduckt im Haus umherschleicht, manche Hausbereiche ganz meidet und ständig auf der Hut ist, wo sich der andere Hund gerade befindet, dann ist es um die Lebensqualität dieses Hundes nicht sehr gut bestellt.

Wir wissen, dass man nur zu leicht in eigenen Schuldvorwürfen ertrinkt, wenn man über die Abgabe eines Hundes nachdenkt. Es kommt einem so vor, als würde man einen besten Freund oder ein Familienmitglied verraten. Aber denken Sie an die Verantwortung, die Sie damals zusammen mit dem Hund, als er zu Ihnen kam, übernommen haben. Verantwortungsvolle Hundebesitzer erklären sich bereit, im besten Interesse ihrer Tiere zu handeln und alles in ihrer Macht Stehende zu tun, damit sie das bestmögliche Leben leben können. Manchmal ist dieses bestmögliche Leben eben nicht ein Leben mit Ihnen. Ihr Haus, Ihre Familie und Ihre Tiere können ein wunderbarer Ort für manche Tiere sein, für andere eben aber vielleicht nicht. Wenn das der Fall ist, kann es eine sehr verantwortungsvolle Handlung sein, einen geliebten Hund in ein neues Zuhause abzugeben – und das Humanste und Liebevollste, was Sie für einen Hund tun können. Wenn Sie lebenslange Verpflichtungen für ein Tier übernommen haben, bedeutet das manchmal auch die Überlegung und Erkenntnis, dass Ihr Zuhause – ganz ohne irgendeine Schuld Ihrerseits – nicht die ideale lebenslängliche Umgebung für einen bestimmten Hund sein kann. Eine von uns hat bereits selbst mehrere Hunde abgegeben und unter unseren Hunden sind aktuell drei, die wir als Erwachsene von anderen übernommen haben. Wenn wir uns also dafür aussprechen, Hunde unter bestimmten Umständen besser abzugeben, dann tun wir das aus sehr reeller und persönlicher Erfahrung.

...UND ZUM SCHLUSS:

Sie müssen uns nicht erzählen, dass es (1) wundervoll sein kann, mehr als einen Hund zu besitzen und (2) eine ungeheure Herausforderung sein kann, mehr als einen Hund zu besitzen. Unsere Hoffnung ist, dass der in vielen Jahren und Beratungsstunden entwickelte Plan zum Management von Multi-Hunde-Haushalten aus diesem Büchlein auch bei Ihnen bewirkt, dass das Wundervolle der Herausforderung gegenüber bei Weitem überwiegt. Wir wünschen Ihnen von Herzen, dass sie alles Vergnügen der Welt mit allen Ihren Hunden erleben.

BUCHEMPFEHLUNGEN DER AUTORINNEN

Suzanne Clothier: Es würde Knochen vom Himmel regnen. Animal Learn Verlag, 2004.

Stanley Coren: Die Geheimnisse der Hundesprache. Franckh Kosmos Verlag, 2002.

Jean Donaldson: Hunde sind anders. Franckh Kosmos Verlag, 2000.

Patricia McConnell: Das andere Ende der Leine. Kynos Verlag, 2004.

Patricia McConnell: Die Hundegrundschule. Kynos Verlag, 2008.

Karen Pryor: Clicker – Positives Lernen für den Hund. Kynos Verlag, 2002.

Karen Pryor: Positiv bestärken, sanft erziehen. Franckh Kosmos Verlag, 1999.